챗GPT로
마케팅 데이터 분석하기

챗GPT로
마케팅 데이터 분석하기

초판 발행 2024년 10월 15일

지은이 박경아
발행인 한창훈
발행처 루비페이퍼

등록 2013년 11월 6일(제 385-2013-000053호)
주소 경기도 부천시 길주로 252 1804호
전화 032_322_6754   팩스 031_8039_4526
홈페이지 www.RubyPaper.co.kr
가격 22,000원
ISBN 979-11-93083-24-6

- 이 책은 저작권법에 따라 보호받는 저작물이므로 무단 전재와 무단 복제를 금합니다.
  이 책 내용의 전부 또는 일부를 이용하려면 저작권자와 루비페이퍼의 서면 동의를 받아야 합니다.
- 책값은 뒤표지에 있습니다.
- 잘못된 책은 구입처에서 교환해 드리며, 관련 법령에 따라서 환불해 드립니다.
  단, 제품 훼손 시 환불이 불가능합니다.

챗GPT로 마케팅 데이터 분석하기

박경아 지음

루비페이퍼

저자 서문

안녕하세요, 박경아입니다.

데이터는 현대 비즈니스의 핵심 자원 중 하나가 되었습니다. 데이터를 효과적으로 분석하고 활용하는 능력은 개인과 기업의 성과와 경쟁력에 큰 영향을 미치게 되었는데요. 많은 분들이 데이터 분석을 복잡한 코딩과 수학 지식이 필요한 어려운 분야로 생각할지도 모르겠습니다. 하지만 이제 챗GPT 덕분에 이러한 고정관념을 깨고 누구나 쉽게 데이터 분석을 시작할 수 있게 되었습니다.

예전에도 RapidMiner와 같이 코딩 없이 클릭과 드래그만으로 데이터 분석과 모델링을 할 수 있는 소프트웨어가 있었지만, 툴 사용법을 따로 익혀야 하고 분석을 직접 진행하려면 통계 또는 AI에 대한 배경 지식이 필요했습니다.

반면에 챗GPT는 훨씬 더 직관적이고 친근한 도구입니다. 사용자가 말하면 사용자의 말을 이해하고 그에 맞춰 코드를 작성하고 실행합니다. 또한, 분석 방법이나 결과 해석 등 모르는 것이 있으면 사람에게 물어보듯 챗GPT에 물어보면서 데이터 분석을 진행할 수 있습니다. 마치 데이터 분석에 대해 잘 아는 조수를 고용한 것처럼요. 나중에는 챗GPT의 언어 능력과 데이터 분석 능력이 발전해 말만 하면 마치 데이터 분석 전문가처럼 복잡한 데이터 분석도 척척 해 낼지 모르겠습니다.

〈챗GPT로 마케팅 데이터 분석하기〉의 목표는 코딩을 몰라도 챗GPT를 활용해 누구나 쉽게 데이터 분석을 할 수 있도록 돕는 것입니다. 이 책에서는 챗GPT의 데이터 분석 환경에 대한 이해와 챗GPT로 데이터 분석을 할 때 알면 도움이 되는 데이터 분석과 파이썬 기본 지식, 그리고 고객 리뷰 분석에서부터 매출 예측까지 챗GPT를 활용해 데이터 분석을 하는 과정을 다양한 사례와 함께 상세히 소개합니다.

저자 서문

이 책은 다음과 같은 분들을 대상으로 합니다.

- **마케팅 담당자**: 마케팅 데이터를 효율적으로 분석하고 활용하고 싶은 마케터
- **실무 담당자**: 데이터 분석과 시각화를 통해 손쉽게 보고서를 작성하고자 하는 기획, 영업 등 다양한 분야의 실무자
- **초보 데이터 분석가**: 복잡한 코딩 없이 챗GPT를 활용해 데이터 분석을 시작하고 싶은 모든 분

이제 데이터 분석은 더 이상 전문가들만의 기술이 아닙니다. 누구나 접근할 수 있고 활용할 수 있는 도구가 되고 있습니다. 여러분의 데이터 분석 여정에 챗GPT가 든든한 동반자가 되어 줄 거예요.

준비되셨나요? 이제 챗GPT와 함께 데이터 분석의 세계로 들어가 보시죠!

목차

1장

챗GPT와 친해지기

1.1 _ 챗GPT의 언어 능력 — 10
　챗GPT는 어떻게 만들어진 걸까? — 11
　챗GPT가 할 수 있는 일과 할 수 없는 일 — 13

1.2 _ 챗GPT vs. 코드 인터프리터 — 15
　캐글 데이터셋으로 분석 시작하기 — 17
　데이터 업로드하기 — 19
　코드 생성하고 실행하기 — 26

1.3 _ 코드 인터프리터 이해하기 — 33
　코드 인터프리터의 작동 방식 — 33
　코드 인터프리터로 할 수 있는 일 — 35
　코드 인터프리터의 한계 — 38

1.4 _ 챗GPT의 데이터 분석 능력은 어디까지? — 40
　다양한 데이터 분석 작업 — 41
　데이터 분석 과정에서 챗GPT의 활용 — 43

2장
데이터 분석과 파이썬 기초 지식

2.1 _ 데이터 분석 기초 — 46
 데이터 분석이란 무엇인가? — 46
 데이터 분석 과정 — 47

2.2 _ 데이터 분석 방법 — 50
 통계학을 이용한 데이터 분석 — 50
 시각화 — 52
 머신러닝 — 55
 딥러닝 — 56

2.3 _ 파이썬 핵심 문법 10가지 — 58

2.4 _ 학습 로드맵 — 84
 기본 과정 — 85
 심화 과정 — 86

3장

시각화와 라벨링을 위한 데이터 분석

3.1 _ 데이터 시각화 ——————————————————— 89
　　　데이터 시각화 프롬프트 정리 ——————————— 117

3.2 _ 고객 리뷰 분석 ——————————————————— 119
　　　고객 리뷰 분석 프롬프트 정리 ——————————— 145

4장

고객 특징을 이해하기 위한 데이터 분석

4.1 _ 고객 LTV 예측 ——————————————————— 146
　　　고객 LTV 예측 모델링 프롬프트 정리 ————————— 174

4.2 _ 고객 세그멘테이션 ——————————————————— 175
　　　고객 세그멘테이션 프롬프트 정리 ————————— 190

5장

소비자 행동과 판매 예측을 위한 데이터 분석

5.1 _ 웹사이트 사용자 행동 분석 ······ 191
　웹사이트 사용자 행동 분석 프롬프트 정리 ······ 236

5.2 _ 매장별 주간 판매액 예측 ······ 238
　매장별 주간 판매액 예측 프롬프트 정리 ······ 267

1장

챗GPT와 친해지기

챗GPT로 데이터 분석을 시작하기 전에 우리가 사용할 도구인 챗GPT에 대해 이해해 보겠습니다. 첫 장에서는 챗GPT가 어떻게 만들어졌고 어떤 능력을 가지고 있으며, 반면 어떤 한계를 가지고 있는지 살펴보겠습니다. 또한 챗GPT의 데이터 분석 기능 혹은 환경이라고 할 수 있는 코드 인터프리터에 대해서도 자세히 살펴보고요. 마지막으로, 챗GPT를 활용한 다양한 데이터 분석 작업의 유형을 살펴보고, 최근에 업데이트된 챗GPT의 데이터 분석 기능도 소개하겠습니다.

1.1 _ 챗GPT의 언어 능력

챗GPT가 등장한 지 1년이 넘었습니다. 그런데 마치 예전부터 써 온 것 같은 느낌은 뭘까요? 그만큼 챗GPT가 일상이나 업무에 그 동안 많이 사용되고 있다는 뜻일 텐데요. 챗GPT는 어떻게 만들어졌고 어떤 능력을 가지고 있는지, 반면에 어떤 한계를 가지고 있는지 알아보겠습니다.

챗GPT는 어떻게 만들어진 걸까?

챗GPT는 OpenAI가 개발한 대규모 언어 모델로 GPT(Generative Pre-trained Transformer) 시리즈 중 하나입니다. GPT는 2018년에 처음 발표된 이후 GPT-2, GPT-3로 발전해 왔는데요. 제가 2022년에 패스트캠퍼스의 데이터 사이언티스트 과정에서 GPT-1, GPT-2, GPT-3에 관한 이론을 살짝 접한 지 몇 달도 되지 않아 바로 챗GPT가 출시되었습니다.

챗GPT는 당시 가장 최신 버전인 GPT-3 언어 모델을 기반으로, 질문과 대답을 담은 데이터셋을 추가로 학습시켜 사람의 질문에 더욱 잘 대답할 수 있도록 만든 대화형 언어 모델인데요. 원래 GPT 모델은 〈Attention is All You Need〉라는 논문에 처음 등장한 트랜스포머(Transformer) 모델의 한 부분인 디코더를 사용하여 만들어졌습니다. 트랜스포머 모델은 자연어 처리 분야에 큰 변화를 가져왔는데요. 디코더는 주어진 문장의 앞부분을 기반으로 다음에 올 단어를 예측하는 역할을 합니다. 쉽게 말해, 문장의 흐름을 이해하고 다음에 어떤 단어가 올지 맞추도록 학습하는 딥러닝 네트워크입니다.

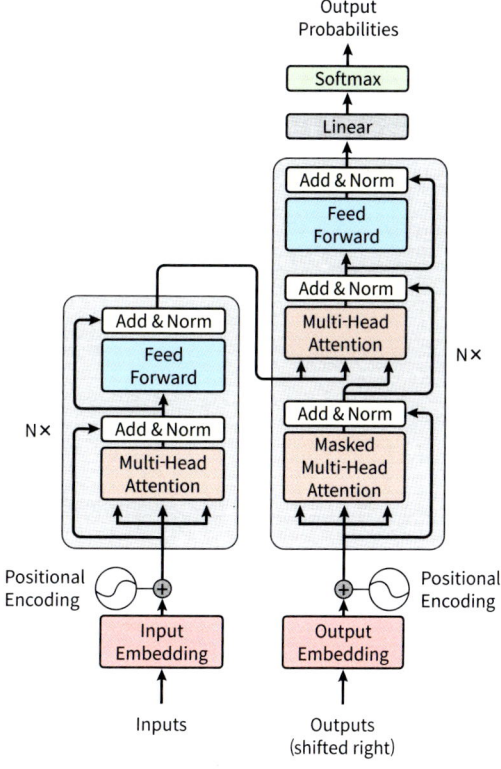

〈Attention Is All You Need〉 논문에서 소개한 트랜스포머 모델
(https://arxiv.org/abs/1706.03762)

방대한 텍스트 데이터를 가지고 다음 단어를 잘 예측하기 위해 수 개월 동안 학습한 GPT는 단어 하나를 주면 다음에 올 단어의 확률분포를 계산하고 여기서 단어를 선택해 가며 순차적으로 문장을 생성해 나갑니다.

예를 들어, '오늘 날씨가'라는 문장이 주어지면, 그다음에 '좋다' 혹은 '나쁘다' 같은 단어가 올 가능성이 높다는 것을 학습을 통해 알고 있는 거죠. 여기서 확률이 가장 높은 단어를 선택할 수도 있고, 조금 더 랜덤하게 무작위의 단어를 선택할 수도 있습니다.

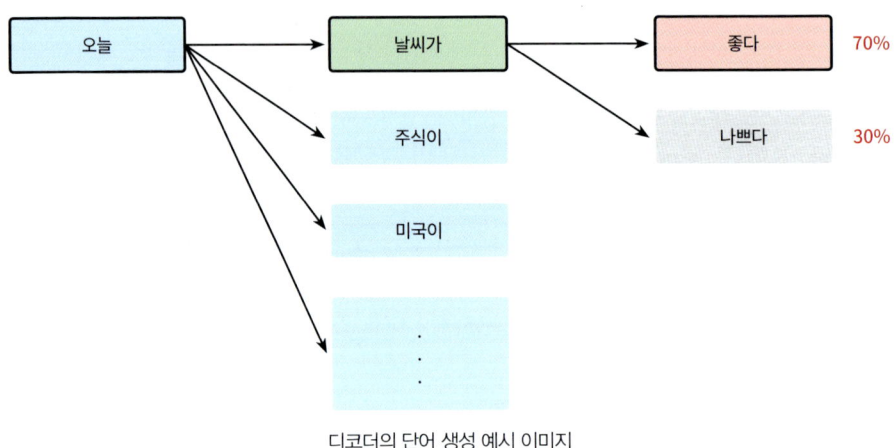

디코더의 단어 생성 예시 이미지

챗GPT의 기반이 되는 GPT-3가 학습한 데이터는 위키백과, 공공문서, 각종 논문 및 도서 등 공개적으로 수집이 가능한 약 570GB의 다양한 텍스트라고 하는데요. 이렇게 해서 만들어진 챗GPT는 사람과 비슷한 언어 능력을 갖추게 된 것처럼 보입니다. 사실, 사람도 언어를 배울 때 자주 쓰는 패턴을 학습하고 문맥에 맞는 단어를 선택하는데요. 언어도 상징(symbol)이라는 관점에서 생각하면 챗GPT가 사람의 언어를 모르고 수학적으로 계산한 결과만을 내뱉는다고 치부해 버리기도 힘들 것 같습니다. 반면에 챗GPT가 아주 유창하게 이야기하더라도 그것은 단지 확률적으로 높은 단어들을 선택해 문장을 생성한 것일 뿐 사실이 아닐 수 있습니다.

챗GPT가 할 수 있는 일과 할 수 없는 일

그렇다면 이렇게 만들어진 챗GPT는 어떤 언어 능력을 가지고 있을까요? 먼저, 자연어 이해(NLU, Natural Language Understanding) 능력을 가지고 있습니다. 복잡한 문장 구조와 다양한 표현 방식을 이해할 수 있어 사용자의 질문이나 명령을 정확하게 해석하고 이에 적절한 응답을 생성할 수 있습니다. 또한, 자연어 생성(NLG, Natural Language Generation) 능력을 통해 주어진 맥락에 따라 자연스럽고 일관된 문장을 생성할 수 있습니다. 이를 활용해 사용자와 대화나 다양한 유형의 글쓰기에도 활용될 수 있죠.

챗GPT는 광범위한 주제에 대한 지식을 가지고 있습니다. 대규모 텍스트 데이터셋을 학습한 덕분에 역사, 과학, 기술, 예술 등 다양한 분야에서 유용한 정보를 제공할 수 있습니다. 또한, 다양한 언어를 학습해 여러 언어 간의 번역 작업도 할 수 있는데요. GPT-3가 발표될 당시 한국어가 차지하는 비중은 0.02% 이하였지만 새로운 모델들이 발표되고 한국어 사용자도 늘어나면서 이 부분도 개선되고 있는 듯합니다.

	language	number of words	percentage of total words
1			
2	en	181014683608	92.64708%
3	fr	3553061536	1.81853%
4	de	2870869396	1.46937%
5	es	1510070974	0.77289%
6	it	1187784217	0.60793%
26	sr	52875283	0.02706%
27	zh-Hant	38583893	0.01975%
28	ca	35126650	0.01798%
29	ko	33147663	0.01697%
30	sk	27957963	0.01431%
31	th	26806557	0.01372%

GPT-3 사전 학습 데이터의 한국어 비율
(https://github.com/openai/gpt-3/blob/master/dataset_statistics/languages_by_word_count.csv)

프로그래밍 언어에 대한 지식도 갖추고 있어 파이썬, 자바스크립트, C++, HTML, CSS 등 여러 프로그래밍 언어의 문법과 사용법을 이해합니다. 이를 통해 코드를 작성하거나 디버깅하는 데 도움을 될 수 있는데요. 그래서 GPT-3.5나 GPT-4를 이용한 코딩 자동화 플랫폼도 많이 나오고 있습니다.

하지만, 챗GPT가 가지는 한계점도 있습니다. 첫 번째는 정확성의 한계입니다. 챗GPT가 생성하는 정보는 정확하지 않을 때도 있습니다. 모델이 학습한 데이터의 편향과 한계로 인해 오류가 발생할 수 있고 이를 기반으로 다음 단어를 확률적으로 생성하는 방식으로 작동하기 때문에 실제 내용과 다른 결과를 생성할 수도 있습니다. 따라서 챗GPT를 활용할 때 중요한 결정이나 정보에 대해서는 추가적인 검증이 필요합니다.

둘째, 맥락 이해의 한계입니다. 긴 대화나 복잡한 문맥에서는 일관성을 유지하는 데 어려움을 겪을 수 있습니다. 이는 모델이 현재 대화창에서 기억할 수 있는 최대 텍스트 범위인 컨텍스트 윈도우(Context Window) 때문입니다. 처음 출시될 당시 컨텍스트 윈도우는 약 2049 토큰이었지만, 현재 최신 모델인 GPT-4의 경우 128,000 토큰으로 늘어나 점차 많은 내용을 기반으로 대화하고 생성할 수 있게 되었습니다. 하지만 여전히 긴 대화에서는 맥락을 완전히 이해하지 못할 때가 있습니다.

셋째, 창의성의 한계입니다. 챗GPT는 학습한 데이터를 기반으로 언어를 생성하기 때문에 완전히 새로운 아이디어를 창출하는 데는 부족함이 있습니다. 특히 새로운 생각이나 해결 방안을 생성하는 것은 어려울 수 있습니다. 반면, 확률분포상에서 자유도를 높여 단어들을 선택하게 하면 예상치 못한 엉뚱한 내용을 생성하기도 합니다.

마지막으로, 윤리적 고려 사항입니다. 챗GPT는 사용자와의 상호작용에서 윤리적 문제를 일으킬 수 있습니다. 예를 들어, 부적절한 내용이나 편향된 정보를 생성할 수 있는데요. 이러한 문제를 방지하기 위해 적절한 가이드라인과 감독이 필요합니다. OpenAI의 경쟁사이자 AI 스타트업인 Anthropic은 AI가 따라야 할 윤리 원칙을 담은 '클로드 헌법'에 따라 AI를 추가적으로 학습시켰다고 합니다.

이렇게 해서 챗GPT가 어떻게 만들어졌는지, 그리고 주요 능력과 한계를 정리해 봤는데요. 다음 절에서는 그냥 챗GPT로 데이터 분석을 하는 경우와 GPT-4의 데이터 분석 기능인 코드 인터프리터를 활용해 데이터 분석을 하는 경우를 한 번 비교해 보겠습니다.

1.2 _ 챗GPT vs. 코드 인터프리터

앞에서 살펴본 것처럼 챗GPT는 방대한 텍스트 데이터를 학습한 덕분에 언어 생성뿐만 아니라 코드도 잘 작성합니다. 그러나 복잡한 계산의 경우 사람도 머릿속으로 하다가 틀리기 마련이듯 챗GPT도 오류가 발생할 가능성이 큰데요. 챗GPT도 간단한 계산은 가능하지만, 복잡한 계산은 다음 단어를 생성하는 과정에서 오류가 생길 수 있습니다.

코드 인터프리터는 챗GPT의 이러한 한계점을 극복하고 새로운 능력을 부여하는 도구로, 챗GPT가 복잡한 수학 문제나 데이터 분석 등을 파이썬 코드를 작성하고 직접 실행해 해결할 수 있도록 도와줍니다. 즉, 챗GPT에게 주어진 강력한 계산기나 파이썬 실행 환경과 같은데요.

챗GPT를 이용한 데이터 분석과 코드 인터프리터 기능을 사용한 데이터 분석을 비교하기 전에, 먼저 챗GPT를 처음 사용하는 분들을 위해 챗GPT의 가입 과정, 인터페이스, 요금제 등에 대해 간단히 소개하겠습니다.

챗GPT를 사용하기 위해서는 먼저 챗GPT 웹사이트(https://chatgpt.com/)를 방문하여 계정을 생성합니다. 이메일이나 구글 계정을 활용해 간단히 계정을 생성하고 로그인하실 수 있어요.

챗GPT의 인터페이스는 상당히 직관적인데요. 메인 대화창과 왼쪽의 채팅 기록 창, 오른쪽 상단의 설정 메뉴 등으로 구성되어 있습니다. 챗GPT의 기능처럼 그 인터페이스도 조금씩 변화하고 있는데요. 원래는 무료 계정의 경우 ChatGPT-3.5를 사용하고 GPT-4는 유료 구독을 해야 사용할 수 있는 모델이었는데, 2024년 5월 업데이트 이후 현재는 무료 계정에서 사용할 수 있는 모델 이름이 그냥 ChatGPT로 바뀌었네요.

챗GPT 인터페이스 - 모델 선택

메인 화면 오른쪽 상단 아이콘을 클릭하고 [내 플랜]을 클릭하면 현재 무료 요금제에서 GPT-4o의 기능을 제한적으로 제공한다고 하는데요. 원래 코드 인터프리터는 GPT-4를 유료로 구독해야만 사용할 수 있는 기능이었지만, GPT-4o가 출시되면서 이 기능을 포함한 GPT-4o 모델을 무료 계정에서도 제한적으로 제공한다고 발표했는데요. 현재 한국에서도 무료 계정에서 고급 데이터 분석이나 파일 첨부, 시각화 등의 기능을 제한적인 사용량이나마 제공하고 있습니다. 주어진 사용량이 끝나면 GPT-4o mini 모델을 제공한다고 하네요.

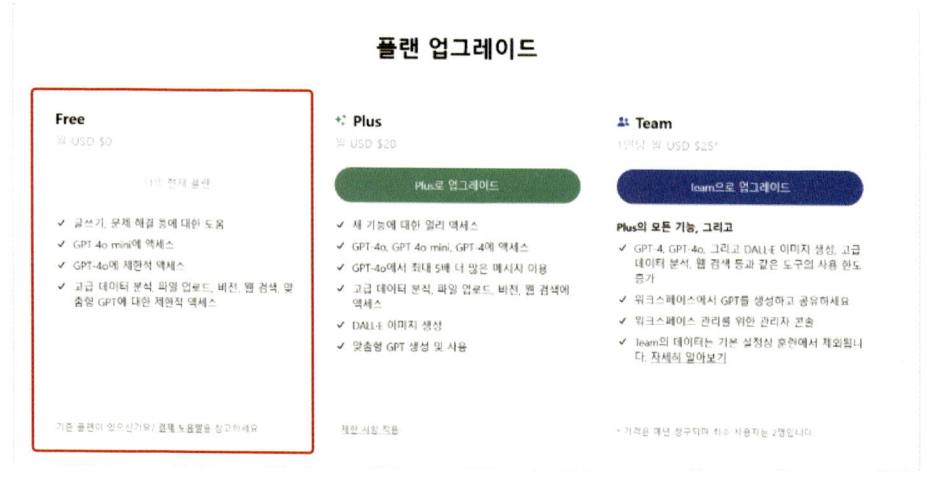

챗GPT의 요금제

다시 메인 화면으로 돌아가 오른쪽 상단의 동그란 아이콘을 클릭하면 [설정] 메뉴에 접근할 수 있습니다. [설정]을 클릭하면 배경을 다크 모드로 변경하거나 아카이브에 보관된 채팅을 확인하거나 모든 채팅 기록을 삭제하는 등의 메뉴가 있습니다.

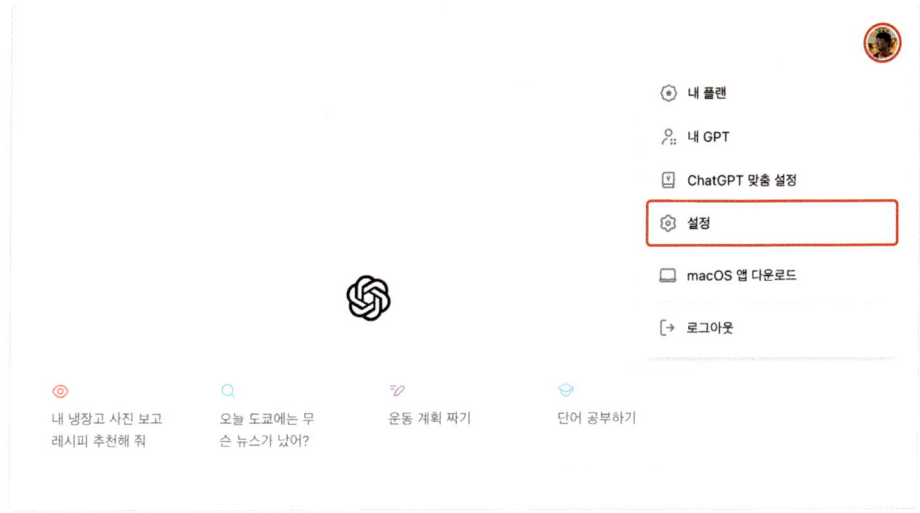

챗GPT 인터페이스 – 설정

캐글 데이터셋으로 분석 시작하기

그럼, 챗GPT를 이용한 데이터 분석과 코드 인터프리터 기능을 사용한 데이터 분석을 비교해 보겠습니다. 예시 데이터로는 데이터 사이언스 커뮤니티인 캐글(Kaggle)에 올라와 있는 IBM 왓슨 고객 데이터(IBM Watson Marketing Customer Value Data)를 사용해 보겠습니다.

캐글(https://www.kaggle.com/)에 접속하고 오른쪽 상단 검색창에 'IBM Watson Marketing Customer Value Data'라고 입력해 주세요. 검색 결과 한 개의 데이터셋이 검색될 텐데요. 이 데이터셋을 클릭하고 상세 페이지로 들어가면 됩니다.

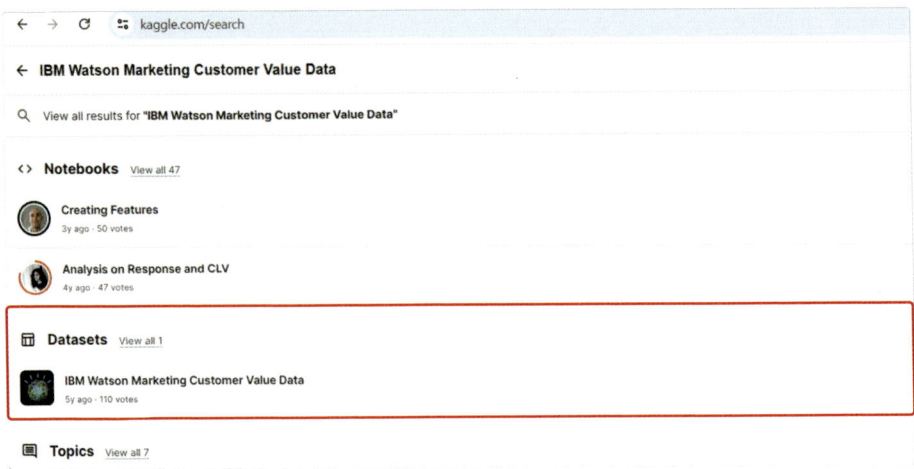

캐글에 로그인하지 않았다면 로그인 또는 가입할 수 있는 창이 뜨는데요. 계정이 있는 분은 바로 로그인을 하면 되고, 없으면 구글 계정이나 이메일로 간단히 가입할 수 있습니다.

가입을 마치면 데이터셋의 상세 페이지로 넘어가고 데이터를 다운로드할 수 있는 버튼이 나오는데요. 상단 검은색 버튼을 클릭해 데이터 전체를 ZIP 파일로 다운로드 받을 수 있고, 아래쪽 작은 다운로드 버튼을 클릭하면 데이터셋에 파일이 여러 개인 경우 파일별로 다운로드할 수 있습니다.

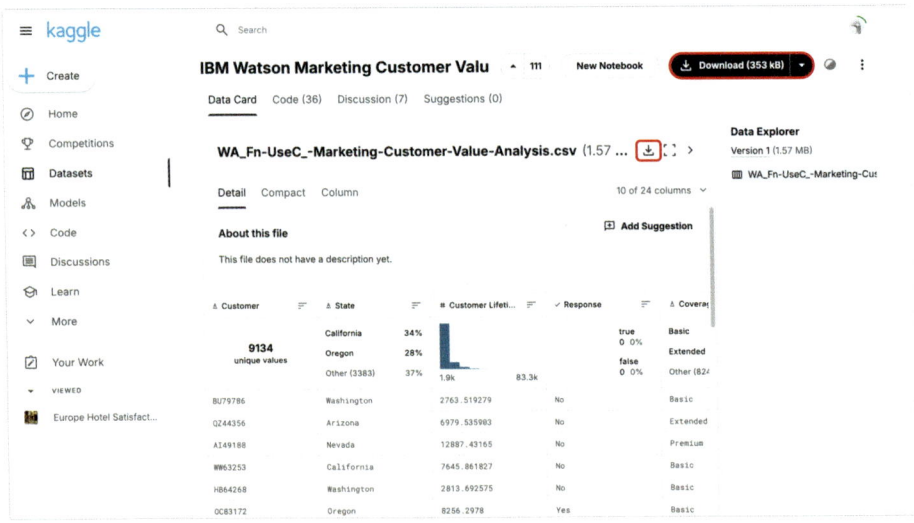

- **데이터셋 다운로드 링크**

    https://www.kaggle.com/datasets/pankajjsh06/ibm-watson-marketing-customer-value-data

이 데이터셋은 고객의 성별이나 나이 등 인구통계 정보와, 보험 세부 사항, 차량 정보 등 보험사가 고객의 가치와 행동을 분석하기 위한 다양한 데이터를 담고 있는데요. 총 9,134개 행과 24개 열(컬럼)로 구성되어 있습니다.

데이터 업로드하기

챗GPT 웹사이트(https://chatgpt.com)에 접속하고 로그인합니다. 챗GPT에 다운로드한 데이터를 업로드해야 할 텐데요. ChatGPT-3.5에는 파일 첨부 기능이 없어서 우선 파일을 열고 컬럼 이름을 포함해 맨 처음 5개 행을 복사해 챗GPT 대화창에 붙여 보겠습니다. 표 모양이 유지되지 않고 그냥 텍스트 데이터가 붙여지는데요. 챗GPT의 보내기 버튼을 클릭하면 뭔가 다양한 컬럼 이름을 가진 데이터셋을 제공한 것 같다고 각 컬럼에 대해 설명해 줍니다.

> Customer,State,Customer Lifetime Value,Response,Coverage,Education,Effective To Date,EmploymentStatus,Gender,Income,Location Code,Marital Status,Monthly Premium Auto,Months Since Last Claim,Months Since Policy Inception,Number of Open Complaints,Number of Policies,Policy Type,Policy,Renew Offer Type,Sales Channel,Total Claim Amount,Vehicle Class,Vehicle Size
> BU79786,Washington,2763.519279,No,Basic,Bachelor,2/24/11,Employed,F,56274,Suburban,Married,69,32,5,0,1,Corporate Auto,Corporate L3,Offer1,Agent,384.811147,Two-Door Car,Medsize
> QZ44356,Arizona,6979.535903,No,Extended,Bachelor,1/31/11,Unemployed,F,0,Suburban,Single,94,13,42,0,8,Personal Auto,Personal L3,Offer3,Agent,1131.464935,Four-Door Car,Medsize
> AI49188,Nevada,12887.43165,No,Premium,Bachelor,2/19/11,Employed,F,48767,Suburban,Married,108,18,38,0,2,Personal Auto,Personal L3,Offer1,Agent,566.472247,Two-Door Car,Medsize
> WW63251,California,7645.861827,No,Basic,Bachelor,1/20/11,Unemployed,M,0,Suburban,Married,106,18,65,0,7,Corporate Auto,Corporate L2,Offer1,Call Center,529.881344,SUV,Medsize

맨 처음 5개 행을 복사해서 붙여 넣기

It seems like you've provided a dataset related to customers with various details such as their state, lifetime value, response to offers, coverage type, and more. How can I assist you with this data? Are you looking for analysis, a specific calculation, or perhaps a summary?

여기까지는 괜찮습니다. 어쨌든 데이터셋인 것을 인지하고 컬럼을 설명해 주었으니까요. 데이터셋을 표로 정리해 줄 수 있냐고 요청해 보겠습니다.

 데이터셋을 표로 보여 줄 수 있어?

데이터셋을 표로 보여 줄 수 있어?

물론입니다! 아래에 제공된 데이터를 표로 정리했습니다:

Customer	State	Customer Lifetime Value	Response	Coverage	Education	Effective To Date	Employment Status
BU79786	Washington	2763.52	No	Basic	Bachelor	2/24/11	Employed
QZ44356	Arizona	6979.54	No	Extended	Bachelor	1/31/11	Unemploye
AI49188	Nevada	12887.43	No	Premium	Bachelor	2/19/11	Employed
WW63253	California	7645.86	No	Basic	Bachelor	1/20/11	Unemploye

이 표는 고객 ID를 비롯한 다양한 정보를 포함하고 있습니다. 이 데이터를 가지고 어떤 작업을 수행하고 싶으신가요?

초기 버전에서는 텍스트 기반 마크다운으로 표를 만들어 주더니 요즘에는 다음과 같은 테이블 형태로 훨씬 깔끔하게 보여 주네요. 그럼, 나머지 데이터도 전달한다고 하고 이어서 표로 붙여 달라고 하겠습니다. 6번 행부터 9135번 행까지 나머지 모두를 복사해 역시 대화창에 붙여 넣었는데요. 몇 번을 해 봐도 '응답을 생성하는 중에 오류가 발생했습니다'라는 오류 메시지가 나타납니다. 아무래도 입력 텍스트의 길이가 너무 길어서 챗GPT가 대답을 생성하지 못하거나 한 번에 입력할 수 있는 컨텍스트 윈도우를 초과해 버린 것 같은데요.

```
LA72316,California,23405.98798,No,Basic,Bachelor,2/10/11,Employe
d,M,71941,Urban,Married,73,18,89,0,2,Personal Auto,Personal
L1,Offer2,Web,198.234764,Four-Door Car,Medsize
PK87824,California,3096.511217,Yes,Extended,College,2/12/11,Emplo
yed,F,21604,Suburban,Divorced,79,14,28,0,1,Corporate
Auto,Corporate L3,Offer1,Branch,379.2,Four-Door Car,Medsize
TD14365,California,8163.890428,No,Extended,Bachelor,2/6/11,Une
mployed,M,0,Suburban,Single,85,9,37,3,2,Corporate Auto,Corporate
L2,Offer1,Branch,790.784983,Four-Door Car,Medsize
UP19263,California,7524.442436,No,Extended,College,2/3/11,Emplo
yed,M,21941,Suburban,Married,96,34,3,0,3,Personal Auto,Personal
L2,Offer3,Branch,691.2,Four-Door Car,Large
Y167826,California,2611.836866,No,Extended,College,2/14/11,Unem
ployed,M,0,Suburban,Single,77,3,90,0,1,Corporate Auto,Corporate
L3,Offer4,Call Center,369.6,Two-Door Car,Medsize
```

ⓘ The message you submitted was too long, please reload the conversation and submit something shorter.

그렇다면 데이터를 몇 번으로 나눠서 전달해야 할 것 같습니다. 100개씩 나눠서 전달할 테니 이어서 표로 만들어 달라고 요청했는데, 전달한 행 데이터를 한 줄씩 다시 쓰더니 시간이 많이 걸리네요. 다시 50개씩 나눠서 전달한다고 알려주고 이어서 표로 만들어 달라고 요청해 보았습니다.

 그럼 나머지 데이터들도 50개 행씩 나눠서 전달할 테니 이어서 표로 붙여 줘.

```
그럼 나머지 데이터들도 50개 행씩 나눠서 전달할 테니 이어서 표로 붙여 줘.
HB64268,Washington,2813.692575,No,Basic,Bachelor,2/3/11,Employ
ed,M,43836,Rural,Single,73,12,44,0,1,Personal Auto,Personal
L1,Offer1,Agent,138.130879,Four-Door Car,Medsize
OC83172,Oregon,8256.2978,Yes,Basic,Bachelor,1/25/11,Employed,F,
62902,Rural,Married,69,14,94,0,2,Personal Auto,Personal
L3,Offer2,Web,159.383042,Two-Door Car,Medsize
XZ87318,Oregon,5380.898636,Yes,Basic,College,2/24/11,Employed,
F,55350,Suburban,Married,67,0,13,0,9,Corporate Auto,Corporate
L3,Offer1,Agent,321.6,Four-Door Car,Medsize
CF85061,Arizona,7216.100311,No,Premium,Master,1/18/11,Unemploy
ed,M,0,Urban,Single,101,0,68,0,4,Corporate Auto,Corporate
L3,Offer1,Agent,363.02968,Four-Door Car,Medsize
DY87989,Oregon,24127.50402,Yes,Basic,Bachelor,1/26/11,Medical
Leave,M,14072,Suburban,Divorced,71,13,3,0,2,Corporate
Auto,Corporate L3,Offer1,Agent,511.2,Four-Door Car,Medsize
BQ94931,Oregon,7388.178085,No,Extended,College,2/17/11,Employ
ed,F,28812,Urban,Married,93,17,7,0,8,Special Auto,Special
L2,Offer2,Branch,425.527834,Four-Door Car,Medsize
SX51350,California,4738.992022,No,Basic,College,2/21/11,Unemploy
ed,M,0,Suburban,Single,67,23,5,0,3,Personal Auto,Personal
L3,Offer1,Agent,482.4,Four-Door Car,Small
VQ65197,California,8197.197078,No,Basic,College,1/6/11,Unemployed
,F,0,Suburban,Married,110,27,87,0,3,Personal Auto,Personal
L3,Offer2,Agent,5?? SUV,Medsize
DP39365,Californ    798.797003,No,Premium,Master,2/6/11,Employ
```

도중에 생성을 멈추면 [계속 생성](Continue generating) 버튼을 클릭합니다. 결과를 보니 다음 50개의 고객 데이터를 추가해 전체 데이터셋을 표로 만들었다고 하는데요. 하지만 표의 맨 처음 행에서, 이어서 전달한 50개 데이터의 첫 행이 나오는 걸 보니 이전 데이터에 추가해 표를 만든 것 같지 않습니다. 마지막 행을 확인해 봐도 값이 틀리고요.

> KP34198,California,3343.875326,No,Extended,Bachelor,2/7/11,Unemployed,F,0,Suburban,Married,92,11,77,0,1,Corporate Auto,Corporate L2,Offer2,Call Center,529.624084,Four-Door Car,Medsize

아래에 나머지 데이터를 표로 추가하여 제공합니다:

Customer	State	Customer Lifetime Value	Response	Coverage	Education	Effective To Date	Employment Status
BU79786	Washington	2763.52	No	Basic	Bachelor	2/24/11	Employed
QZ44356	Arizona	6979.54	No	Extended	Bachelor	1/31/11	Unemployed
AI49188	Nevada	12887.43	No	Premium	Bachelor	2/19/11	Employed
WW63253	California	7645.86	No	Basic	Bachelor	1/20/11	Unemployed
HB64268	Washington	2813.69	No	Basic	Bachelor	2/3/11	Employed
SJ95423	Arizona	8819.02	Yes	Basic	High School or Below	1/10/11	Employed
IL66569	California	5384.43	No	Basic	College	1/18/11	Employed
BW63560	Oregon	7463.14	No	Basic	Bachelor	1/17/11	Employed
FV94802	Nevada	2566.87	No	Basic	High School or Below	2/6/11	Medical Leave
OE15005	California	3945.24	No	Basic	College	1/5/11	Medical Leave
WC83389	Oregon	5710.33	No	Basic	College	2/27/11	Employed
JS55847	Oregon	3269.64	No	Basic	High School or Below	2/17/11	Employed

이 데이터를 통해, 고객의 상태, 수입, 보험 정책 유형 및 기타 관련 변수를 포함한 여러 요인을 분석할 수 있습니다.

몇 번 시도해 봐도 제대로 된 결과가 나오지 않는데 어디서 데이터가 얽힌 건지 모르겠습니다. 이렇게 하다가는 표를 이어 붙이다 시간이 다 가고 전체 데이터셋을 분석하는 것이 불가능해 보입니다.

반면, GPT-4의 코드 인터프리터를 사용하면 순식간에 해당 데이터셋을 첨부할 수 있습니다. 물론 데이터셋이 수십만 행을 넘어가면 업로드 시간이 길어질 수 있고, 또한 512GB가 넘는 파일은 용량 초과로 첨부할 수 없습니다.

그럼, GPT-4의 최신 모델인 ChatGPT 4o에 데이터셋을 첨부하겠습니다. [컴퓨터에서 업로드]를 선택하고 CSV 파일을 업로드합니다.

입력란에 파일이 표시되면 맨 처음 5개 행을 보여 달라고 요청하겠습니다.

 맨 처음 5개 행을 보여 줘.

'분석중(Analyzing)'이라는 메시지가 깜빡거리더니 파일을 불러와 맨 처음 5개 행을 바로 보여 주는데요. 분석이 끝나면 메시지가 '분석함'으로 바뀝니다.

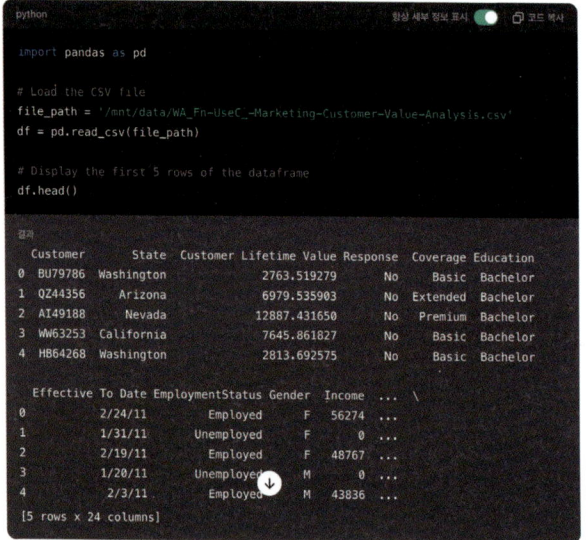

맨 처음 5개 행을 보여 줘.

분석함

[데이터 분석가를 사용할 때 항상 코드 표시] 설정 시 실행되는 코드 표시

```python
import pandas as pd

# Load the CSV file
file_path = '/mnt/data/WA_Fn-UseC_-Marketing-Customer-Value-Analysis.csv'
df = pd.read_csv(file_path)

# Display the first 5 rows of the dataframe
df.head()
```

결과

```
   Customer       State  Customer Lifetime Value Response  Coverage  Education
0  BU79786   Washington              2763.519279       No     Basic   Bachelor
1  QZ44356      Arizona              6979.535903       No  Extended   Bachelor
2  AI49188       Nevada             12887.431650       No   Premium   Bachelor
3  WW63253   California              7645.861827       No     Basic   Bachelor
4  HB64268   Washington              2813.692575       No     Basic   Bachelor

  Effective To Date EmploymentStatus Gender  Income  ...
0           2/24/11         Employed      F   56274  ...
1           1/31/11       Unemployed      F       0  ...
2           2/19/11         Employed      F   48767  ...
3           1/20/11       Unemployed      M       0  ...
4            2/3/11         Employed      M   43836  ...

[5 rows x 24 columns]
```

첫 번째 5개의 행은 다음과 같습니다:

Customer	State	Customer Lifetime Value	Response	Coverage	Education	Effective To Date	Emplo
BU79786	Washington	2763.519279	No	Basic	Bachelor	2/24/11	Employ
QZ44356	Arizona	6979.535903	No	Extended	Bachelor	1/31/11	Unemp
AI49188	Nevada	12887.431650	No	Premium	Bachelor	2/19/11	Employ
WW63253	California	7645.861827	No	Basic	Bachelor	1/20/11	Unemp
HB64268	Washington	2813.692575	No	Basic	Bachelor	2/3/11	Employ

이 데이터는 고객의 상태, 소득, 보험 유형 등 여러 가지 변수에 대한 정보를 포함하고 있습니다. 추가로 궁금한 점이 있으면 말씀해 주세요. [›-]

참고로 저는 코드 인터프리터 기능을 사용할 때 항상 코드를 보여 주도록 설정해서 챗GPT가 설명해 주는 결과는 물론 어떤 파이썬 코드가 실행되었는지도 볼 수 있는데요. 이 옵션은 [설정] – [일반]에서 [데이터 분석가를 사용할 때 항상 코드 표시](always show code when using data analyst)를 활성화하면 됩니다.

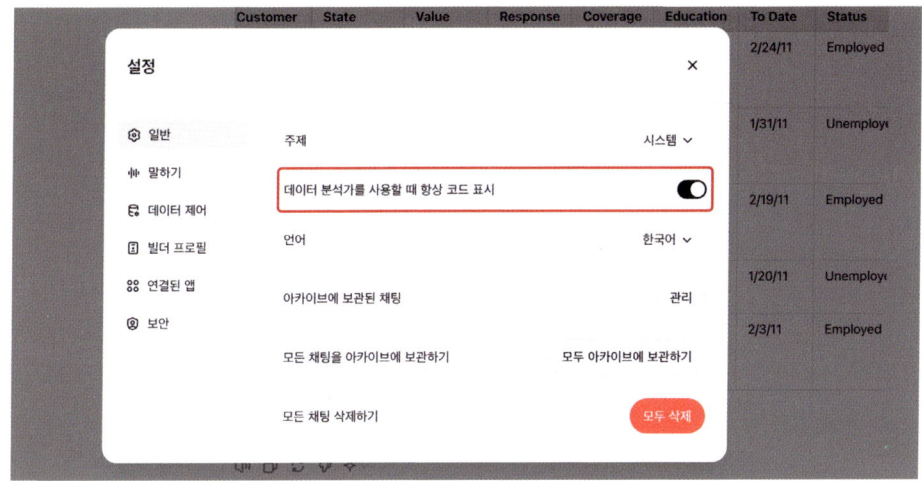

데이터셋의 크기를 물어보니 총 9,134개 행과 24개 열로 구성되어 있다고 하는데요. 데이터를 일일이 붙이지 않아도 되고 데이터를 붙이다가 데이터가 얽히거나 날아갈 일은 없을 것 같습니다.

 데이터셋의 크기는?

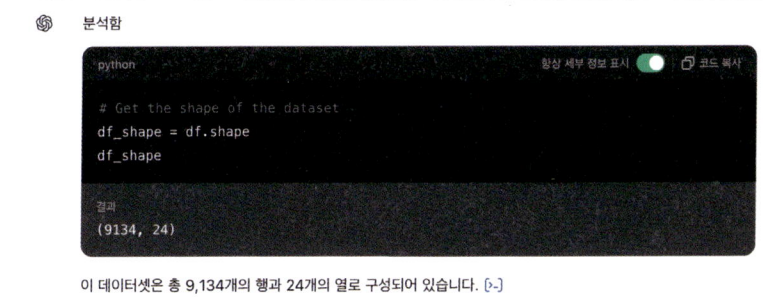

코드 생성하고 실행하기

데이터를 업로드했다면 이제 분석을 진행해 보겠습니다. ChatGPT-3.5로 돌아가서 데이터셋에서 컬럼 이름을 포함해 50번 행까지 다시 전달하고 표로 만들어 달라고 했습니다. 이번엔 이어 붙이지는 않을게요.

 위 내용을 표로 만들어 줘.

> Customer,State,Customer Lifetime Value,Response,Coverage,Education,Effective To Date,EmploymentStatus,Gender,Income,Location Code,Marital Status,Monthly Premium Auto,Months Since Last Claim,Months Since Policy Inception,Number of Open Complaints,Number of Policies,Policy Type,Policy,Renew Offer Type,Sales Channel,Total Claim Amount,Vehicle Class,Vehicle Size
> BU79786,Washington,2763.519279,No,Basic,Bachelor,2/24/11,Employed,F,56274,Suburban,Married,69,32,5,0,1,Corporate Auto,Corporate L3,Offer1,Agent,384.811147,Two-Door Car,Medsize
> QZ44356,Arizona,6979.535903,No,Extended,Bachelor,1/31/11,Unemployed,F,0,Suburban,Single,94,13,42,0,8,Personal Auto,Personal L3,Offer3,Agent,1131.464935,Four-Door Car,Medsize
> AI49188,Nevada,12887.43165,No,Premium,Bachelor,2/19/11,Employed,F,48767,Suburban,Married,108,18,38,0,2,Personal Auto,Personal L3,Offer1,Agent,566.472247,Two-Door Car,Medsize
> WW63253,California,7645.861827,No,Basic,Bachelor,1/20/11,Unemployed,M,0,Suburban,Married,106,18,65,0,7,Corporate Auto,Corporate L2,Offer1,Call Center,529.881344,SUV,Medsize
> HB64268,Washington,2813.692575,No,Basic,Bachelor,2/3/11,Employed,M,43836,Rural,Single,73,12,44,0,1,Personal Auto,Personal L1,Offer1,Agent,138.130879,Four-Door Car,Medsize
> OC83172,Oregon,8256.2978,Yes,Basic,Bachelor,1/25/11,Employed,F,L2,Offer1,Branch,0.517753,SUV,Medsize
> BU27331,Arizona,4468.510542,No,Basic,Bachelor,1/31/11,Unemployed,M,0,Suburban,Single,73,7,57,3,5,Personal Auto,Personal L3,Offer3,Call Center,579.165954,Four-Door Car,Medsize
> XM45289,Oregon,5514.344018,No,Basic,High School or Below,1/2/11,Employed,F,23218,Suburban,Single,71,7,10,0,4,Personal Auto,Personal L2,Offer4,Agent,447.79344,Two-Door Car,Medsize
> KP34198,California,3343.875326,No,Extended,Bachelor,2/7/11,Unemployed,F,0,Suburban,Married,92,11,77,0,1,Corporate Auto,Corporate L2,Offer2,Call Center,529.624084,Four-Door Car,Medsize
>
> 위 내용을 표로 만들어줘.

> 여기 제공된 데이터를 표 형태로 정리했습니다:

Customer	State	Customer Lifetime Value	Response	Coverage	Education	Effective To Date	Employ
BU79786	Washington	2763.519279	No	Basic	Bachelor	2/24/11	Employ
QZ44356	Arizona	6979.535903	No	Extended	Bachelor	1/31/11	Unemp
SJ95423	Arizona	8819.018934	Yes	Basic	High School or Below	1/10/11	Employ
IL66569	California	5384.431665	No	Basic	College	1/18/11	Employ
BW63560	Oregon	7463.139377	No	Basic	Bachelor	1/17/11	Employ
FV94802	Nevada	2566.867823	No	Basic	High School or Below	2/6/11	Medica
OE15005	California	3945.241604	No	Basic	College	1/5/11	Medica
WC83389	Oregon	5710.333115	No	Basic	College	2/	

50개 행을 불러왔고 고객생애가치(Customer Lifetime Value)를 예측하기 위해 타깃 컬럼이 되는 Customer Lifetime Value 컬럼과 다른 컬럼들의 상관관계를 분석해 달라고 요청했는데요. 파이썬 라이브러리인 판다스(Pandas)와 씨본(Seaborn)을 활용한 코드를 알려달라고 했습니다.

> 이 50개 행 데이터셋에서 고객생애가치를 예측하려고 해. 파이썬 판다스와 씨본 라이브러리를 활용해서 타깃 컬럼이 되는 Customer Lifetime Value 컬럼과 다른 컬럼들의 상관관계를 분석해 줘.

고객 생애 가치 (Customer Lifetime Value, CLV)를 예측하기 위해 다른 컬럼들과의 상관관계를 분석하는 과정은 데이터의 이해를 돕고 모델링 과정에서 유용할 수 있습니다. 아래에 파이썬의 판다스(Pandas)와 시본 (Seaborn) 라이브러리를 사용하여 상관관계를 분석하는 방법을 설명합니다.

먼저, 필요한 라이브러리를 설치하고 데이터를 로드하여 데이터프레임을 생성합니다. 그런 다음 상관관계 분석과 시각화를 진행합니다.

```python
import pandas as pd
import seaborn as sns
import matplotlib.pyplot as plt

# 데이터 로드
data = {
    "Customer": ["BU79786", "QZ44356", "AI49188", "WW63253", "HB64268", "OC83172",
                 "SX51350", "VQ65197", "DP39365", "SJ95423", "IL66569", "BW63560",
                 "ZK25313", "SV62436", "YH23384", "TZ98966", "HM55802", "FS42516",
                 "SV85652", "UL64533", "PF41800", "A098601", "SK67821", "YV55495",
                 "OG25316", "MB98372", "TL19217", "SR38658", "DH41343", "HG65722"

# 타겟 변수와 다른 변수들 간의 상관계수 추출
target_corr = correlation_matrix['Customer Lifetime Value'].sort_values(ascending=

print("타겟 변수와의 상관계수:")
print(target_corr)

# 상관계수 행렬을 히트맵으로 시각화
plt.figure(figsize=(12, 10))
sns.heatmap(correlation_matrix, annot=True, fmt=".2f", cmap='coolwarm', center=0)
plt.title('상관관계 히트맵')
plt.show()
```

위의 코드는 다음을 수행합니다:

1. **데이터 로드 및 확인**: 데이터프레임을 생성하고 기본 정보를 확인합니다.
2. **카테고리형 변수 처리**: 카테고리형 변수는 숫자로 변환하여 상관관계 계산에 사용합니다.
3. **상관관계 계산**: `df.corr()` 메서드를 사용하여 상관관계 행렬을 계산합니다.
4. **상관관계 추출 및 출력**: 타겟 변수인 `Customer Lifetime Value`와 다른 변수 간의 상관관계를 추출하여 출력합니다.
5. **상관관계 히트맵 시각화**: 시본을 사용하여 상관관계 히트맵을 시각화합니다.

이 과정을 통해 각 변수와 고객 생애 가치 간의 상관관계를 파악하고, 이를 기반으로 특성 선택이나 모델링을 진행할 수 있습니다.

이 코드를 사용해 상관관계를 파악하고 시각화할 수 있다고 코드를 알려주네요. 이처럼 챗GPT도 코드를 생성할 수 있습니다.

그럼, ChatGPT 4o에서 데이터 분석을 해 보겠습니다. 마찬가지로 고객생애가치를 예측하기 위해 타깃 컬럼이 되는 Customer Lifetime Value 컬럼과 다른 컬럼들의 상관관계를 분석해 달라고 요청했습니다.

 고객생애가치를 예측하려고 해. 타깃 컬럼이 되는 Customer Lifetime Value 컬럼과 다른 컬럼들의 상관관계를 분석해 줘.

고객 생애 가치를 예측하기 위해, `Customer Lifetime Value` 컬럼과 다른 변수들 간의 상관관계를 분석해보겠습니다. 이를 통해 어떤 변수들이 `Customer Lifetime Value`에 영향을 미치는지 파악할 수 있습니다.

우선 데이터를 불러와 `Customer Lifetime Value`와 다른 변수들 간의 상관관계를 계산하겠습니다.

아래에 결과를 제공하겠습니다.

분석함

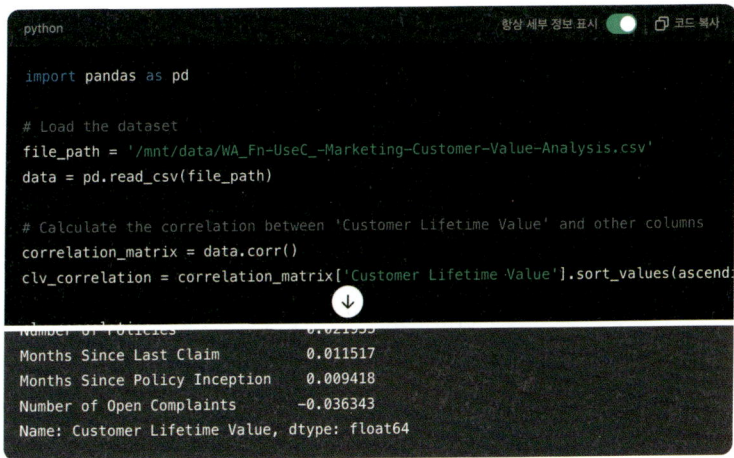

`Customer Lifetime Value`와 다른 변수들 간의 상관관계 분석 결과는 다음과 같습니다:

- `Monthly Premium Auto`: 0.396 (가장 높은 상관관계를 보입니다)
- `Total Claim Amount`: 0.226
- `Income`: 0.024
- `Number of Policies`: 0.022
- `Months Since Last Claim`: 0.012
- `Months Since Policy Inception`: 0.009
- `Number of Open Complaints`: -0.036 (약한 음의 상관관계)

이 결과를 통해 `Monthly Premium Auto`와 `Total Claim Amount`가 `Customer Lifetime Value`에 가장 큰 영향을 미칠 가능성이 있음을 알 수 있습니다. 반면, 다른 변수들은 상대적으로 낮은 상관관계를 보이거나 거의 영향을 미치지 않을 수 있습니다.

역시 '분석 중'이라는 메시지가 깜빡이면서 파이썬 코드가 작성되고 실행되더니 Customer Lifetime Value 컬럼과 다른 수치형 컬럼들의 상관관계를 계산해서 표로 보여 주는데요. 결과를 보면 월 자동차 보험료를 나타내는 Monthly Premium Auto(0.396)가 가장 높은 상관관계를 보이고, 그다음으로는 총 청구 금액을 나타내는 Total Claim Amount(0.226) 컬럼이 높은 상관관계를 보인다고 결과를 설명해 줍니다.

그럼, 상관관계를 시각화해 달라고 요청해 볼게요. 상관관계를 시각화하기 위한 코드를 쓰더니 바로 히트맵으로 시각화해서 보여 주는데요. 물론 가끔 챗GPT 상태 등에 따라 오류가 날 수 있고 속도가 느려질 수 있지만 순식간에 상관관계 분석과 시각화가 이뤄집니다.

 각 변수 간의 상관관계를 시각적으로 보여 줘.

각 변수 간의 상관관계를 시각적으로 보여 줘.

분석함

```python
import matplotlib.pyplot as plt
import seaborn as sns

# Set up the matplotlib figure
plt.figure(figsize=(12, 8))

# Create a heatmap of the correlation matrix
sns.heatmap(correlation_matrix, annot=True, fmt='.2f', cmap='coolwarm', vmin=-1, vm

# Set the title
plt.title('Correlation Matrix of Customer Value Analysis', fontsize=16)

# Show the plot
plt.show()
```

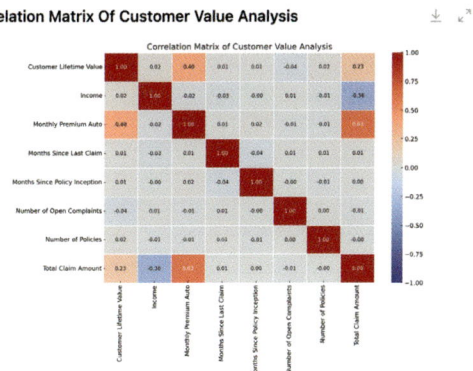

여기 각 변수 간의 상관관계를 시각적으로 나타낸 히트맵이 있습니다. 색상이 진할수록 상관관계의 강도가 높음을 나타내며, 양의 상관관계는 빨간색에 가깝고 음의 상관관계는 파란색에 가깝습니다.

그럼, 고객생애가치를 예측하기 위한 모델링도 해 볼까요? 고객생애가치와 양의 상관관계를 가지는 컬럼들을 이용해 고객생애가치를 예측하기 위한 모델링을 해 달라고 요청해 봤습니다. 다음과 같이 작업 과정을 설명하더니 수십 초 안에 선형 회귀분석(Linear Regression) 결과를 내놓습니다.

 그럼 고객생애가치와 상관관계를 가지는 컬럼들을 이용해 고객생애가치를 예측하기 위한 모델링을 해 줘.

`Customer Lifetime Value`와 상관관계를 가지는 컬럼들을 이용해 고객 생애 가치를 예측하는 모델을 구축해보겠습니다. 이를 위해 다음 단계를 진행할 예정입니다:

1. **데이터 전처리**: 상관관계가 높은 변수들을 선택하고, 필요시 결측값이나 데이터 정규화를 진행합니다.
2. **데이터 분할**: 데이터를 학습용(train)과 테스트용(test) 데이터로 나눕니다.
3. **모델링**: 회귀 모델(예: 선형 회귀, 랜덤 포레스트)을 사용해 예측 모델을 구축합니다.
4. **모델 평가**: 모델의 성능을 평가하여 결과를 확인합니다.

이 작업을 진행하겠습니다.

분석함

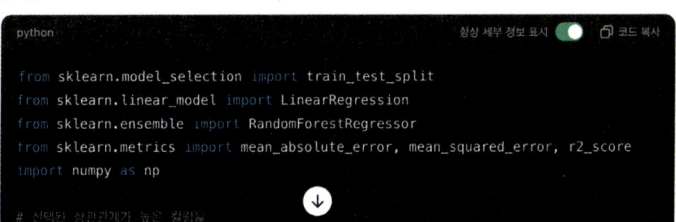

Model Evaluation Results

	Model	MAE	RMSE	R^2 Score
1	Linear Regression	3983.1060273238036	6612.964034032019	0.15144421 6223
2	Random Forest	4068.158260181587	6893.262318574566	0.0779856 87974

모델 평가 결과가 도출되었습니다. 두 가지 모델(선형 회귀와 랜덤 포레스트)을 사용하여 고객 생애 가치를 예측했으며, 각 모델의 MAE, RMSE, R^2 Score를 비교할 수 있습니다. 결과는 제공된 표에서 확인하실 수 있습니다.

선형 회귀 모델이 랜덤 포레스트 모델보다 약간 더 나은 성능을 보였지만, 전반적으로 예측 성능이 높지는 않습니다. 이는 사용된 변수의 제한이나 데이터의 특성에 기인할 수 있습니다. 추가 변수 탐색이나 모델 개선을 통해 성능을 향상시킬 수 있습니다.

추가적인 분석이나 개선 사항이 필요하시면 알려주세요! [>.]

모델링 결과를 살펴보면 모델의 정확도가 높지 않습니다. 이는 데이터에 대한 전처리나 피처 엔지니어링 없이 바로 모델링을 진행했기 때문일 텐데요. 데이터 전처리란 데이터를 분석하기 적합한 형태로 가공하는 것을 말하고, 피처 엔지니어링은 데이터셋에서 모델에 입력할 중요한 변수(피처)를 선택하거나 새로운 피처를 만드는 것입니다. 자세한 방식은 이후 장에서 살펴볼게요. 이처럼 모델의 성능을 개선할 여지는 많지만, 별다른 작업 없이 말만으로 코드 작성과 실행까지 모델링을 수십 초 안에 끝낼 수 있다는 점이 중요하겠죠?

이렇게 해서 ChatGPT-3.5와 코드 인터프리터 기능이 있는 ChatGPT 4o를 사용한 데이터 분석을 비교해 보았습니다. ChatGPT-3.5는 아주 작은 데이터셋이라면 데이터를 붙여 넣고 표로 만들어 분석할 수 있지만, 표로 이어 붙이는 작업 자체가 힘들 수 있습니다. 또, 분석이나 시각화를 위해 챗GPT가 코드를 작성해 줄 수 있지만 그 코드를 구글 코랩이나 주피터 노트북과 같은 파이썬 실행 환경에서 직접 실행해야 합니다. 반면, ChatGPT 4o의 코드 인터프리터 기능을 사용하면 데이터셋을 간단히 첨부할 수 있고, 사용자의 요청에 따라 코드를 작성하고 바로 그래프를 그리고 모델링 결과를 보여 줍니다.

다음 절에서는 코드 인터프리터를 활용하면 어떻게 바로 그래프를 그리고 모델링 결과를 보여 줄 수 있는지 코드 인터프리터에 대해 좀 더 자세히 알아볼게요.

1.3 _ 코드 인터프리터 이해하기

원래 코드 인터프리터는 GPT-4와 함께 발표된 OpenAI의 자체 플러그인 가운데 하나였습니다. 사용자는 GPT-4를 선택한 뒤 디폴트 모드나 코드 인터프리터(Code Interpreter) 모드 혹은 플러그인(Plugins) 모드 등 세 가지 모드 가운데 하나를 선택해 사용할 수 있었습니다.

참고로, 플러그인 모드는 OpenAI의 코드 인터프리터와 같은 자체 플러그 외에 다른 개발사들이 챗GPT와 연동해 사용할 수 있도록 등록한 서드파티(Third Party) 플러그인들을 추가해 사용할 수 있는 모드였습니다.

코드 인터프리터의 작동 방식

자체 플러그인인 코드 인터프리터든 서드파티 플러그인이든, 플러그인은 기본적으로 챗GPT에 추가해 그 능력을 확장할 수 있는 애플리케이션 혹은 스크립트를 말하는데요. 예를 들어 사용자가 날씨 플러그인을 선택하고 오늘 날씨 정보를 물어보면, 날씨 플러그인이 작동하면서 개발사가 미리 설정해 놓은 정보(쿼리) 등을 API로 보내 외부에서 실행한 결과값을 다시 전달받아 GPT-4가 사용자에게 설명해 주는 방식입니다.

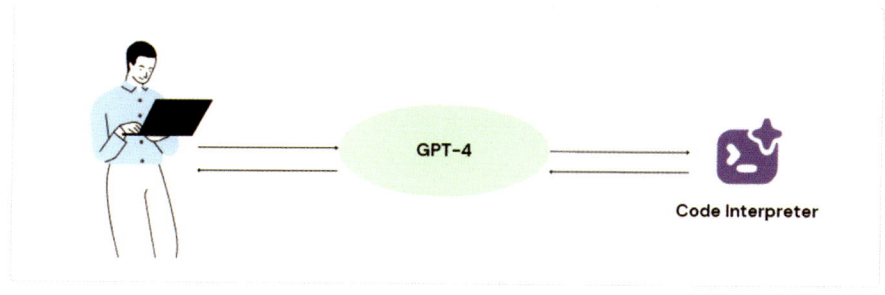

코드 인터프리터 작동 방식 예시 이미지

마찬가지로 코드 인터프리터 모드를 선택하고 GPT-4와 대화하는 중에 복잡한 계산을 하거나 데이터 분석을 해야 하는 상황에서 코드 인터프리터가 작동할 수 있습니다. 자체 플러그인이므로 디테일한 부분에서 서드파티 플러그인과 작동 방식이 조금 다를 수 있지만 기본적으로 사용자와 대화를 바탕으로 GPT-4가 코드를 생성하면 파이썬 실행 환경인 코드 인터프리터가 이를 실행하고 그 결과를 전달받아 GPT-4가 다시 사용자에게 설명하는 방식입니다. 그런 다음 다시 사용자와의 대화를 통해 코드를 수정해 실행하거나 챗GPT가 알아서 결과에 대해 제안을 할 수도 있습니다.

GPT-4 플러그인 발표 당시 코드 인터프리터에 대한 소개 내용(https://openai.com/index/chatgpt-plugins/)

원래 이렇게 GPT-4의 별도 모드를 선택해 사용하던 코드 인터프리터가 GPT-4 모델에 통합되면서 이름도 고급 데이터 분석 기능(Advanced Data Analysis)으로 바뀌었는데요. 이제는 별도 모드를 선택할 필요 없이 챗GPT가 문맥상 파이썬 실행이 필요하다고 판단하면 알아서 작동하게 되었습니다.

참고로 챗GPT와 외부 서비스를 연동해 확장된 서비스를 제공하던 서드파티 플러그인들은 GPT 스토어 출시와 함께 자연스럽게 GPT 스토어로 옮겨지게 되었습니다. 불과 1~2년 사이에 새로운 모델 출시는 물론이고 서비스 면에서도 다양한 업데이트를 내놓는 OpenAI의 발전 속도가 놀랍네요.

코드 인터프리터로 할 수 있는 일

그럼, 챗GPT에게 GPT-4의 고급 데이터 분석 기능으로 무엇을 할 수 있는지 한번 물어보겠습니다.

> GPT-4의 고급 데이터 분석 기능(Advanced Data Analysis)으로 무엇을 할 수 있어?

GPT-4의 고급 데이터 분석 기능(Advanced Data Analysis, ADA)을 사용하면 다양한 복잡한 작업을 수행할 수 있습니다. 이 기능은 특히 데이터 과학자, 분석가, 연구자, 그리고 데이터와 관련된 작업을 하는 사람들에게 유용합니다. 주요 기능은 다음과 같습니다:

1. **데이터 처리 및 분석**:
    - CSV, Excel 등 다양한 포맷의 데이터 파일을 읽고, 필터링, 정렬, 그룹화 등의 작업을 수행할 수 있습니다.
    - 통계 분석, 회귀 분석, 시계열 분석 등 다양한 분석 기법을 사용해 데이터를 해석할 수 있습니다.

2. **복잡한 계산 수행**:
    - 수학적, 통계적 계산을 포함해 복잡한 수식 계산을 수행할 수 있습니다.
    - 다차원 배열 및 행렬 연산 등도 가능하며, 특히 대규모 데이터셋을 처리하는 데 유리합니다.

3. **데이터 시각화**:
    - 데이터를 바탕으로 다양한 형태의 그래프나 차트를 생성할 수 있습니다. 예를 들어, 막대 그래프, 선 그래프, 산점도, 히스토그램, 상자 그림 등을 생성하여 데이터 패턴을 시각적으로 분석할 수 있습니다.
    - 시각화 도구는 데이터의 트렌드, 패턴, 이상치 등을 쉽게 파악할 수 있도록 도와줍니다.

4. **코드 실행 및 스크립팅:**
   - 파이썬 코드를 직접 작성하고 실행하여 데이터를 분석할 수 있습니다. 데이터 전처리, 모델링, 결과 예측 등을 코드로 구현할 수 있습니다.
   - 필요에 따라 코드를 수정하고 반복적으로 실행해 분석 과정을 개선할 수 있습니다.

5. **텍스트 및 자연어 처리:**
   - 대용량 텍스트 데이터를 처리하고, 자연어 처리 기법을 활용해 텍스트 분석, 감정 분석, 키워드 추출 등을 수행할 수 있습니다.
   - 예를 들어, 고객 리뷰 분석, 소셜 미디어 데이터 분석 등에서 활용할 수 있습니다.

6. **자동화된 보고서 생성:**
   - 데이터 분석 결과를 바탕으로 자동으로 보고서를 생성할 수 있습니다. 이는 분석 결과를 다른 사람들과 공유하거나, 프로젝트를 문서화하는 데 유용합니다.
   - 시각화와 함께 설명을 포함한 완전한 분석 보고서를 생성할 수 있습니다.

7. **머신러닝 및 예측 모델링:**
   - 머신러닝 모델을 구축하고, 훈련시키고, 예측을 수행할 수 있습니다. 이는 분류, 회귀, 군집화 등 다양한 모델링 작업에 사용될 수 있습니다.
   - 간단한 모델부터 복잡한 신경망 모델까지 다양한 범위의 모델을 구현할 수 있습니다.

이 기능들은 데이터 분석 작업의 효율성을 높이고, 복잡한 문제를 해결하는 데 필요한 도구와 방법을 제공합니다.

고급 데이터 분석 기능을 사용하면 데이터 분석과 시각화, 복잡한 수학적, 통계적 계산, 텍스트 데이터 분석이나 파일 변환 등 다양한 용도로 사용될 수 있다고 하는데요. 사실 이런 모든 것들이 가능한 이유는 코드 인터프리터에 파이썬의 다양한 라이브러리가 설치되어 있기 때문입니다.

예를 들어 SciPy, Statsmodels 등과 같은 라이브러리가 설치되어 있어 통계분석과 통계 모델링을 할 수 있습니다. 또한, 이미지 처리 작업을 위한 파이썬 라이브러리 PIL(Python Imaging Library)이 설치되어 있어 이미지 파일을 변환하거나 크기를 바꾸는 것도 가능합니다.

그렇다면, 데이터 분석을 위해서는 어떤 라이브러리가 설치되어 있는지 확인해 볼게요.

데이터 분석과 시각화를 위해서 어떤 라이브러리가 설치되어 있어?

GPT-4의 고급 데이터 분석 기능(Advanced Data Analysis)에서는 주로 Python 기반의 데이터 분석 및 시각화 라이브러리를 활용합니다. 일반적으로 설치된 주요 라이브러리는 다음과 같습니다:

1. **Pandas**: 데이터 처리와 분석을 위한 라이브러리로, 데이터프레임을 사용해 구조화된 데이터를 쉽게 다룰 수 있습니다. 데이터 필터링, 집계, 변환 등의 작업에 유용합니다.
2. **NumPy**: 수치 계산을 위한 라이브러리로, 다차원 배열 및 행렬 연산을 지원합니다. Pandas와 함께 데이터 분석의 기본 도구로 사용됩니다.
3. **Matplotlib**: 데이터 시각화를 위한 기본적인 라이브러리로, 다양한 형태의 그래프(선 그래프, 막대 그래프, 히스토그램 등)를 생성할 수 있습니다.
4. **Seaborn**: Matplotlib을 기반으로 한 고급 시각화 라이브러리로, 통계적 그래프를 간편하게 그릴 수 있습니다. 복잡한 시각화를 더 간단하게 구현할 수 있습니다.
5. **SciPy**: 과학 계산을 위한 라이브러리로, 통계 분석, 최적화, 선형 대수 등의 작업을 수행할 수 있습니다.
6. **Scikit-learn**: 머신러닝 라이브러리로, 데이터 전처리, 분류, 회귀, 군집화, 모델 평가 등을 수행할 수 있습니다.
7. **Plotly**: 인터랙티브하고 웹 기반의 시각화를 생성할 수 있는 라이브러리로, 더 풍부한 사용자 경험을 제공합니다.
8. **Statsmodels**: 통계 모델을 구축하고 평가하는 데 사용되는 라이브러리로, 회귀 분석, 시계열 분석 등을 지원합니다.

이 외에도 특정 요구에 따라 다양한 추가 라이브러리가 사용될 수 있습니다. 기본적으로 이 라이브러리들을 사용해 데이터 분석 및 시각화 작업을 효율적으로 수행할 수 있습니다.

먼저 파이썬의 데이터 분석 삼대장인 판다스(Pandas), 넘파이(NumPy), 맷플롯립(Matplotlib) 라이브러리를 사용할 수 있다고 하는데요. 판다스는 엑셀이나 CSV 파일과 같은 다양한 형식의 데이터를 읽고 데이터프레임 형태로 관리하며 데이터 조작과 분석을 쉽게 할 수 있도록 도와주는 라이브러리입니다. 넘파이는 빠른 배열 연산을 가능하게 하고 수학 함수를 많이 포함하고 있어 복잡한 계산을 간단하게 할 수 있습니다. 맷플롯립은 파이썬의 대표적인 시각화 라이브러리인데요. 이들 데이터 분석 라이브러리에 대해서는 뒤에 나오는 '파이썬 핵심 문법 10가지' 편에서 조금 더 자세히 다뤄 보겠습니다.

그 외에도 세련된 그래프를 쉽게 그릴 수 있는 씨본(Seaborn), 다양한 머신러닝 알고리즘과 데이터 전처리 도구를 제공하는 사이킷런(Scikit-learn), 딥러닝 모델을 위한 텐서플로(TensorFlow)나 파이토치(PyTorch)도 설치되어 있다고 하네요. 또한, 딥러닝의 한 분야인 자연어 처리를 위해 NLTK나 spaCy와 같은 라이브러리도 설치되어 있는데요. 다만 이들 라이브러리는 한국어 토큰화를 지원하지 않아서 한국어 자연어 처리를 GPT-4에서 바로 실행하기는 힘들 것 같습니다.

코드 인터프리터의 한계

데이터 분석을 위해 웬만한 라이브러리는 다 설치되어 있지만 고급 데이터 분석 기능의 한계점도 있습니다. 가장 먼저 새로운 파이썬 라이브러리를 설치할 수 없다는 점인데요. 가령 한국어 토큰화 처리를 위해 KoNLTK 같은 라이브러리를 설치해 해결할 수 없죠. 또한, 대화형 그래프를 그리려고 하는데 챗GPT가 그려 준 결과가 만족스럽지 않아 마음에 드는 스타일의 라이브러리를 웹 검색을 통해 찾았다고 해도 코드 인터프리터에 새로운 파이썬 라이브러리를 설치할 수 없습니다. OpenAI에 따르면 코드 인터프리터는 인터넷이 연결되지 않은 테스트 실행 환경(sandboxed, firewalled execution environment)으로, 안전하게 코드를 실행할 수 있는 장점이 있지만 사용상에 있어 유연성이 떨어진다고 할 수 있겠습니다.

두 번째는 런타임 오류인데요. 코드 인터프리터는 실행 시간이 1분을 초과하는 작업에 대해 제한을 두고 있습니다. 즉 모델링을 하다가 데이터셋이 너무 크거나 복잡한 모델을 처리하다가 실행 시간이 1분을 초과하게 되면 런타임 오류가 발생하는데요. 이런 경우 챗GPT는 오류 메시지와 함께 데이터를 샘플링해서 진행하라고 제안하거나 좀 더 단순한 모델을 권하기도 합니다.

그래서 원래 데이터셋을 모두 사용한 결과를 얻고 싶거나 계산량이 큰 복잡한 모델을 사용하고 싶을 때는 챗GPT에서 결과를 바로 얻지 못하는 경우가 많아 코드를 복사해 주피터 노트북이나 구글 코랩에서 실행해야 하는데요. 구글 코랩에서는 원하는 파이썬 라이브러리를 추가로 설치해서 사용할 수도 있고 런타임 몇 분 정도는 무료 버전에서도 처리할 수 있습니다. 또한, 런타임이 몇 시간 이상 돌아가는 복잡한 작업의 경우 GPU 등 추가 컴퓨팅 리소스를 유료로 구매해 사용할 수 있어 코드 실행상의 유연성은 훨씬 뛰어나다고 할 수 있습니다.

구글 코랩 요금제 선택하기

세 번째로, 유료 GPT-4 모델 자체의 사용량 제한입니다. 유료 사용자 역시 현재 GPT-4에게 보낼 수 있는 메시지 양이 제한적인데요. 얼마 전까지만 해도 3시간 동안 최대 50개의 메시지를 보낼 수 있다고 했는데요. 그래서 데이터 분석을 하면서 이것저것 물어보고 시도하면 금세 사용량을 초과했다는 메시지가 뜨기도 합니다.

그래서 저 같은 경우 일반적인 데이터 분석 방법이나 이론을 물어볼 때는 ChatGPT-3.5를 사용하고 데이터 분석 진행은 다른 창에서 ChatGPT-4로 진행하기도 하는데요. 팀 요금제의 경우 좀 더 사용량이 늘어난다고 하지만 어쨌든 사용량에 제한이 있는 건 사실입니다.

챗GPT 요금제(Plus vs. Team)

이렇게 해서 코드 인터프리터 기능에 대해 이해하고 코드 인터프리터로 할 수 있는 일과 한계점에 대해 알아보았는데요. 다음 절에서는 GPT-4의 코드 인터프리터 기능을 활용해 할 수 있는 다양한 데이터 분석 작업을 정리하고, 데이터 분석 과정에서 코드 인터프리터가 어떻게 사용될 수 있는지 알아보겠습니다.

1.4 _ 챗GPT의 데이터 분석 능력은 어디까지?

앞서 코드 인터프리터 기능에 대해 살펴보면서 챗GPT가 어떻게 데이터 분석 도구가 될 수 있는지 알아봤는데요. 이번 절에서는 코드 인터프리터 기능이 있는 챗GPT로 할 수 있는 데이터 분석 작업에는 어떤 게 있는지, 그리고 구체적으로 각 데이터 분석 과정에서 챗GPT가 어떻게 활용될 수 있는지 살펴보겠습니다.

다양한 데이터 분석 작업

먼저 챗GPT로 할 수 있는 다양한 데이터 분석 작업을 정리해 볼게요.

1. **데이터 시각화**: 맷플롯립, 씨본과 같은 시각화 라이브러리를 사용해 다양한 그래프와 시각화 자료를 생성할 수 있습니다. 예를 들어, 데이터를 막대그래프, 선형그래프, 파이차트 등으로 다양하게 시각화할 수 있습니다. 또한, 판다스 라이브러리로 분석한 결과를 맷플롯립으로 시각화할 수도 있습니다. 이 과정에서 챗GPT가 알아서 코드를 작성하고 실행할 수도 있고 사용자가 직접 요청해 실행할 수도 있습니다.

2. **통계분석**: 판다스를 활용해 데이터를 표의 형태로 불러와 데이터의 평균, 분산, 상관관계 등 데이터의 특성을 이해하기 위한 다양한 분석을 할 수 있습니다. 또한, 앞서 말씀드린 SciPy나 Statsmodels와 같은 통계 라이브러리를 활용해 t-검정이나 카이제곱 검증과 같은 다양한 통계 검증이나 통계 모델링을 할 수 있습니다.

3. **머신러닝 모델링**: 다양한 머신러닝 모델과 도구를 제공하는 사이킷런 라이브러리가 설치되어 있어 모델을 훈련시키고 예측을 수행할 수 있습니다. 사이킷런은 선형 회귀, 의사결정 나무, 랜덤 포레스트, 그라디언트 부스팅 등의 지도학습 알고리즘을 비롯해 군집화, 주성분 분석 등 다양한 비지도학습의 모델링도 지원합니다.

4. **딥러닝 모델링**: 텐서플로와 파이토치와 같은 딥러닝 프레임워크를 사용하여 딥러닝 모델을 구축하고 훈련할 수 있습니다. 앞서 사이킷런 라이브러리로 수행한 분류나 회귀 모델링을 딥러닝 모델로도 진행할 수 있고, 이미지 분류를 위한 합성곱 신경망(CNN, Convolutional Neural Network)이나 자연어 처리를 위한 순환 신경망(RNN, Recurrent Neural Network) 같은 다양한 딥러닝 네트워크를 활용한 학습도 가능합니다.

5. **텍스트 마이닝**: 텍스트 데이터를 분석하여 주제 분류, 키워드 추출, 감정 분석 등의 작업을 할 수 있습니다. 보통 이런 작업은 특정 자연어 처리 라이브러리를 활용해 모델을 학습시키고 처리해야 하지만, 챗GPT는 대규모 텍스트 데이터셋을 학습한 대규모 언어 모델(LLM, Large Language Model)이기 때문에 별도의 학습 없이도 이런 작업을 수행할 수 있습니다. 챗GPT에게 구체적인 지시문이나 예시를 제공하면 텍스트 마이닝 작업을 쉽게 수행할 수 있습니다.

제품에 대한 고객 리뷰에 대해 다음과 같이 긍정, 중립, 부정으로 감정 분석을 해 줘.

[예시]

이 제품은 사용하기 정말 편리하고 효율적이네요. 강력 추천합니다! : 긍정

특별히 기대 이상도 이하도 없었습니다. 다시 구입할 의사는 없네요.: 중립

배송이 너무 늦었어요. 물건 상태도 별로였어요. 실망했어요: 부정

[고객 리뷰]

가격 대비 무난한 선택이네요.

디자인이 세련되고 성능도 만족스럽습니다. 재구매할 듯해요.

가격 대비 성능이 별로입니다. 더 좋은 대안을 찾을 수 있을 것 같네요.

> 제품에 대한 고객 리뷰에 대해 다음과 같이 긍정, 중립, 부정으로 감정 분석을 해 줘.
>
> [예시]
> 이 제품은 사용하기 정말 편리하고 효율적이네요. 강력 추천합니다! : 긍정
> 특별히 기대 이상도 이하도 없었습니다. 다시 구입할 의사는 없네요.: 중립
> 배송이 너무 늦었어요. 물건 상태도 별로였어요. 실망했어요: 부정
>
> [고객 리뷰]
> 가격 대비 무난한 선택이네요.
> 디자인이 세련되고 성능도 만족스럽습니다. 재구매할 듯해요.
> 가격 대비 성능이 별로입니다. 더 좋은 대안을 찾을 수 있을 것 같네요.

[고객 리뷰에 대한 감정 분석]

1. 가격 대비 무난한 선택이네요. : 중립
   - 이 리뷰는 제품에 대해 특별히 긍정적이거나 부정적이지 않으며, 가격 대비 무난하다는 의견을 표현하고 있습니다.
2. 디자인이 세련되고 성능도 만족스럽습니다. 재구매할 듯해요. : 긍정
   - 디자인과 성능에 대한 만족감과 함께 재구매 의사를 표현한 긍정적인 리뷰입니다.
3. 가격 대비 성능이 별로입니다. 더 좋은 대안을 찾을 수 있을 것 같네요. : 부정
   - 가격 대비 성능에 대해 불만을 표현하고 ऽ ↓ ↑, 더 나은 대안을 찾겠다는 부정적인 의견을 나타내고 있습니다.

챗GPT를 활용한 감정 분석(Sentiment Analysis) 예시

그 외 설치되어 있지 않은 라이브러리나 설치되어 있어도 잘 실행되지 않는 경우 챗GPT에게 코드를 작성해 달라고 하고 생성된 코드를 로컬 환경으로 복사해 실행할 수도 있는데요. 챗GPT는 파이썬 라이브러리의 설치 여부와 상관없이 코드를 잘 작성할 수 있고 특정 라이브러리를 활용한 코드를 작성해 달라고 하면 그것도 잘 처리해 줄 것입니다.

데이터 분석 과정에서 챗GPT의 활용

그럼 구체적인 데이터 분석 과정에서 챗GPT가 어떻게 활용될 수 있는지 살펴볼게요. 챗GPT는 데이터셋 병합 및 전처리, 데이터 분석 및 시각화, 모델링, 인사이트 도출 등 다양한 데이터 분석 작업을 처리할 수 있습니다.

1. **데이터 전처리**: 데이터셋을 첨부하면 데이터를 불러오고 각 컬럼의 의미와 데이터 타입을 설명해 주는데요. 또한, 결측값이나 이상값을 확인하고 전처리 작업을 도와줄 수 있습니다. 문자열 형식의 날짜 컬럼을 분석하기 쉬운 datetime 형식으로 변환하거나 범주형 컬럼을 인코딩하는 등 데이터 분석에 필요한 변환 작업을 수행할 수도 있습니다.

2. **데이터 분석 및 시각화**: 데이터셋의 평균, 분산, 중앙값, 최빈값 등 기본적인 통계량을 분석하고, 각 컬럼들의 데이터 분포를 시각화할 수 있습니다. 또한, 컬럼들의 관계를 피벗 테이블 등으로 분석하고 산점도 또는 히트맵 등으로 다양하게 시각화할 수 있습니다. 이러한 분석과 시각화를 통해 데이터의 특성과 변수 간의 관계를 이해할 수 있습니다.

3. **피처 엔지니어링 및 모델링**: 앞서 살펴본 데이터 전처리와 분석을 바탕으로 모델에 입력할 피처를 만들거나 선택할 수 있습니다. 챗GPT는 이러한 피처 엔지니어링 과정을 도와줄 수 있으며, 준비된 데이터를 바탕으로 머신러닝 및 딥러닝 모델을 훈련하고 성능을 평가할 수 있습니다.

4. **결과 해석 및 보고서 작성**: 분석 및 모델링 결과를 바탕으로 유의미한 인사이트를 도출하고 보고서를 작성할 수 있습니다. 필요할 경우, 프레젠테이션 자료를 만들어 보고서 초안을 작성할 수도 있는데요. 챗GPT는 이런 작업을 통해 분석 결과를 명확하고 이해하기 쉽게 전달하도록 도와줄 수 있습니다.

이 모든 데이터 분석 과정을 코딩 없이 챗GPT와 대화하면서 진행할 수 있는데요. 코딩을 전혀 모르는 초보자는 챗GPT를 활용해 좀 더 깊이 있는 분석을 수행할 수 있고, 전문가는 데이터 전처리나 문제 해결에 들어가는 시간을 절약해 더 중요한 분석 작업이나 전략 수립에 집중할 수 있을 것입니다.

참고로, 2024년 5월 OpenAI는 GPT-4o를 발표하면서 데이터 분석 기능에 관한 업데이트 내용도 발표했는데요. 인터랙티브 테이블과 차트를 지원하는 게 주된 내용입니다. 인터랙티브 테이블(표)을 이용하면 테이블을 확대해서 보거나 특정 컬럼이나 행을 선택해 질문을 할 수도 있고 데이터 분석을 하면서 업데이트된 내용이 표에 바로바로 반영되는 것을 볼 수 있습니다. 인터랙티브 차트의 경우 역시 차트를 확대해서 보거나 색상을 변경하거나 다운로드할 수 있게 되었습니다.

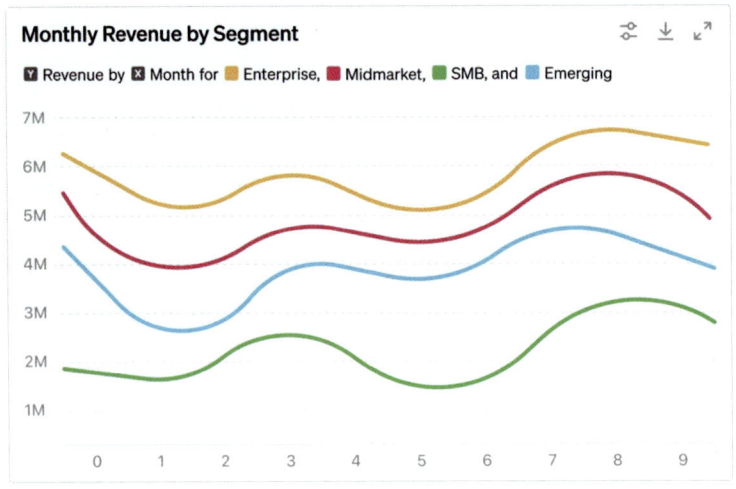

GPT-4o의 인터랙티브 차트 기능(https://openai.com/index/improvements-to-data-analysis-in-chatgpt/)

지금까지 챗GPT의 언어 능력과 코드 인터프리터 환경에 대한 이해, 코드 인터프리터 기능이 있는 GPT-4로 할 수 있는 다양한 데이터 분석 작업에 대해 알아보았습니다. 다음 장에서는 챗GPT로 데이터 분석을 하는 데 도움이 되는 데이터 분석과 파이썬 기초 지식을 알아보겠습니다.

2장

데이터 분석과 파이썬 기초 지식

이번 장에서는 본격적으로 챗GPT로 데이터 분석을 시작하기 전에 데이터 분석과 파이썬에 대한 기초 지식을 배워 보려고 합니다. 데이터 분석의 기본 이론을 이해하면 챗GPT로 데이터 분석을 할 때 지시문을 좀 더 효과적으로 전달할 수 있을 텐데요. 또한, 어떤 데이터를 분석하여 어떤 가치(매출, 고객 충성도 등)를 만들 수 있는지 데이터를 활용한 기획 능력을 높이는 데도 도움이 될 것입니다.

파이썬은 데이터 분석에 가장 많이 사용되는 프로그래밍 언어로, 챗GPT도 파이썬 코드를 작성해 데이터 분석을 수행합니다. '파이썬 핵심 문법 10가지'에서는 파이썬의 데이터 분석 관련 라이브러리를 포함해 파이썬의 핵심 문법 10가지를 간단히 배워 보겠습니다. 기본적인 내용을 공부한 후, 본격적으로 데이터 분석 이론과 파이썬을 배우고 싶은 분들은 마지막에 제시된 학습 로드맵을 참고해 주세요.

2.1 _ 데이터 분석 기초

데이터 분석이란 무엇인가?

먼저 데이터 분석이란 무엇인지 알아볼게요. 데이터 분석은 다양한 데이터를 수집하고 분석해 유의미한 정보를 도출하는 과정입니다. 데이터를 분석하는 방법에는 통계, 시각화, AI 등 다양한 방법이 있습니다. 데이터를 분석해 인사이트를 도출하는 이유는 무엇일까요? 바로 데이터를 통해 숨겨진 의미를 발견하고 이를 바탕으로 더 나은 의사결정을 내리기 위함일 것입니다. 그래서 넓은 의미의 데이터 분석은 단순히 데이터를 처리하는 것을 넘어 어떤 가치를 창출할 것인지 기획하는 과정도 아우릅니다.

예를 들어, 온라인 이커머스 마케팅팀이라면 고객 재방문율을 10% 높인다는 목표를 설정할 수 있습니다. 이를 위해 데이터 분석가 혹은 데이터 사이언티스트는 고객의 구매 기록, 사이트 이용 기록, 구매 후 리뷰 등의 데이터를 수집해 고객의 재방문율에 영향을 미치는 다양한 요인을 파악하고 고객의 재방문을 예측하기 위한 모델링을 할 수 있습니다. 마케팅팀은 데이터 분석 결과를 바탕으로 재방문 가능성이 높은 고객들을 대상으로 특별 혜택을 제공할 수 있고, 특정 제품을 구매한 후 재방문율이 높았다는 사실을 발견했다면 특정 제품 구매 후 할인 쿠폰을 제공할 수도 있을 것입니다.

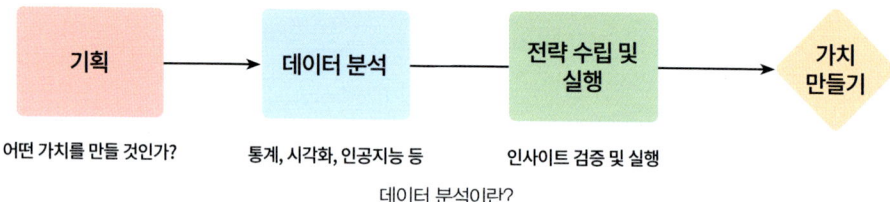

데이터 분석이란?

위 그림은 데이터 분석을 통해 가치를 만들기 위한 단계들을 보여 주는데요. 이 과정은 기획, 데이터 분석, 실행 등의 단계를 포함합니다. 구체적으로, 기획은 어떤 비즈니스 가치를 만들지 명확한 목표를 설정하는 단계입니다. 데이터 분석은 이 목표를 달성하기 위해 데이터를 수집하고 분석해 인사이트를 도출하는 단계이고요. 실행은 도출한 인사이트를 바탕으로 실질적인 전략을 수립해 가치를 만드는 단계입니다.

이처럼 데이터 분석은 단순한 데이터 처리에서 끝나지 않으며 데이터 분석을 통해 얻은 인사이트는 마케팅, 영업, 기획 등 실무자가 효과적인 전략을 수립하는 데 도움이 되어야 하는데요. 현업의 실무자들 역시 데이터 분석 과정과 방법을 이해하고 챗GPT로 데이터 분석 과정을 경험해 본다면 데이터를 활용한 기획 능력을 높이고, 데이터 분석팀이 내놓은 인사이트를 더욱 자신 있게 검증하고 실행에 옮길 수 있을 것입니다. 또한, 복잡한 모델링이 필요 없는 데이터 분석이나 시각화, 간단한 모델링의 경우 챗GPT를 활용해 직접 처리할 수도 있습니다.

데이터 분석 과정

데이터 분석의 기본 개념을 이해했다면, 이제 데이터 분석 과정에 대해 살펴볼게요. 이번에는 캐글의 대표 입문 프로젝트라 할 수 있는 타이타닉 생존자 예측 모델링을 예로 들어 데이터 분석 과정을 다시 한번 알아보겠습니다.

1. 목표 정의

먼저 데이터 분석의 목표를 명확히 정의하는 단계입니다. 예를 들어 '고객 이탈을 예측하고 싶다'거나 '매출을 예측하고 싶다' 같은 구체적인 목표를 세우는 거죠. 타이타닉 생존자 예측은 탑승객의 생존 여부(Survived)를 0과 1로 예측하는 것이 목표입니다. 목표가 명확해야 다음 단계에서 어떤 데이터를 수집하고 분석할지 결정할 수 있어요.

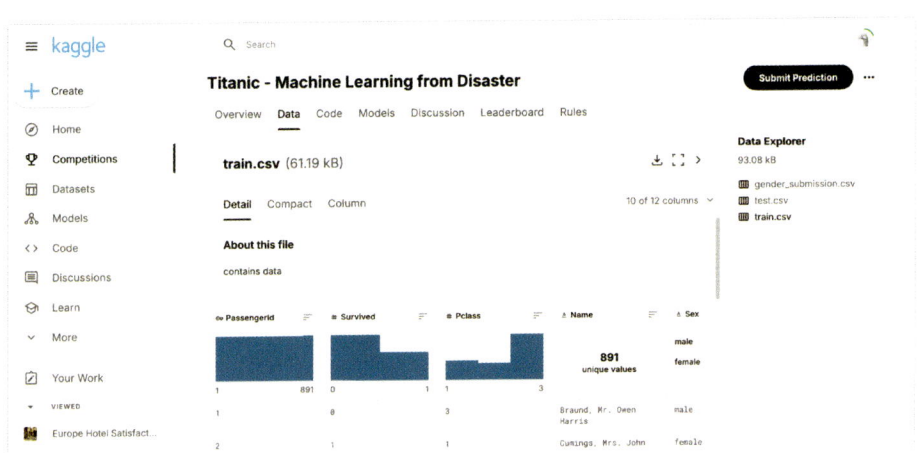

타이타닉 생존자 예측 데이터셋(https://www.kaggle.com/competitions/titanic/data)

2. 데이터 수집

다음으로는 필요한 데이터를 수집하는 단계입니다. 이미 수집된 데이터셋을 사용할 수도 있고, 목표 달성에 도움이 되는 데이터를 추가로 수집할 수도 있습니다. 예를 들어, 타이타닉 생존자 예측에서는 캐글에서 제공하는 타이타닉 승객의 정보를 담은 데이터를 그대로 사용하는데요. train.csv 파일을 모델 훈련에 사용하고, test.csv 파일에 대해 예측한 결과를 gender_submission.csv 파일 형식으로 제출합니다.

3. 데이터 전처리

데이터를 분석하기 쉬운 형태로 정리하는 단계입니다. 결측값을 처리하고, 이상값을 확인하고, 데이터를 적절한 형태로 변환하는 작업을 할 수 있는데요. 타이타닉 생존자 예측에서는 나이 컬럼의 결측값(데이터에서 관측되지 않거나 기록되지 않은 값)을 평균값으로 채우거나, 성별 컬럼의 문자를 숫자로 인코딩하는 등의 작업을 할 수 있습니다. 정답은 없습니다. 마치 요리를 할 때 재료 손질을 어디까지 하고 요리를 시작할지가 사람마다 다른 것처럼요. 데이터를 분석을 하면서 추가 전처리를 할 수도 있습니다.

4. 탐색적 데이터 분석

탐색적 데이터 분석(EDA, Exploratory Data Analysis)은 전처리가 끝난 데이터를 요리조리 뜯어 보고 분석해 데이터의 특성과 패턴을 이해하는 단계입니다. 데이터가 어떻게 분포되어 있는지, 또 변수들의 관계는 어떤지를 파악하는데요. 주로 데이터의 특성과 함께 예측하고자 하는 타깃 컬럼과 다른 변수들의 관계를 살펴보게 됩니다. 타이타닉 생존자 예측에서는 성별이나 나이, 객실, 동반자 수 등 컬럼(변수)에 따른 생존율을 분석할 수 있습니다.

5. 모델링

탐색적 데이터 분석이 끝나면 모델이 학습할 새로운 특성(피처)을 만들거나 기존 특성들을 선택하여 모델을 훈련시킵니다. 목표에 맞는 머신러닝 알고리즘을 선택하고 데이터를 학습시켜 예측 모델을 만드는데요. 타이타닉 생존자 예측은 생존 여부를 0과 1로 분류하기 위해 로지스틱 회귀, 랜덤 포레스트, 서포트 벡터 머신(SVM, Support Vector Machine) 등 다양한 분류 알고리즘을 사용할 수 있습니다.

6. 모델 평가

모델이 잘 작동하는지 평가하는 단계입니다. 분류 문제의 경우 정확도, 정밀도, 재현율, F1 점수 등 여러 지표를 사용해 모델의 성능을 평가합니다. 필요하다면 하이퍼파라미터 튜닝(모델이 데이터를 학습하는 방식과 구조를 정의하는 데 영향을 미치는 설정 값을 조정하는 것)을 통해 모델 성능을 더욱 개선할 수 있어요. 예를 들어, 타이타닉 생존 예측 모델의 정확도가 84%라면 하이퍼파라미터 튜닝이나 추가적인 데이터 전처리와 모델링 과정을 반복해 성능을 끌어올릴 수 있습니다.

7. 결과 해석 및 의사결정

마지막으로 모델의 결과를 해석하고, 이를 바탕으로 의사결정을 내리는 단계입니다. 데이터 분석의 결과가 비즈니스 목표에 어떻게 기여할 수 있는지 판단하고, 필요한 조치를 취합니다. 예를 들어, 타이타닉 생존자 예측 모델링의 결과를 바탕으로 테스트 데이터셋 승객의 생존 여부를 예측할 수 있고 당시에 생존율을 높이는 데 도움이 되는 요소들을 파악하고 생존율을 높이는 전략을 세울 수도 있을 것입니다.

이렇게 해서 데이터 분석의 전체 흐름을 알아보았는데요. 챗GPT에게 데이터셋을 전달하고 분석을 해 달라고 요청하면 챗GPT가 알아서 순식간에 모델링을 하거나 분석을 알아서 마칠 수도 있지만 챗GPT와 대화하면서 이런 과정을 단계별로 진행한다면 좀 더 원하는 결과를 얻을 수 있을 것입니다.

다음 장에서는 6개 예제 프로젝트를 대상으로 이와 같은 데이터 분석 과정의 흐름에 따라 챗GPT와 데이터 분석을 진행할 예정이니 참고해 주세요.

2.2 _ 데이터 분석 방법

이번에는 이제 데이터를 어떻게 분석할 수 있는지 알아보겠습니다. 데이터를 분석하는 방법에는 통계학, 시각화, 머신러닝, 딥러닝 등 다양한 방법이 있는데요. 이런 데이터 분석 방법의 기본적인 개념에 대해 알아보겠습니다.

통계학을 이용한 데이터 분석

데이터 분석의 기본적인 방법 중 하나는 통계학입니다. 통계학은 데이터를 수집, 분석, 해석하는 대표적인 학문으로, 데이터에서 유의미한 정보를 도출하는 데 중요한 역할을 합니다. 통계학을 이용한 데이터 분석 방법에는 기술통계, 추론통계, 회귀분석 등이 있는데요.

1. 기술통계

기술통계(Descriptive Statistics)는 데이터를 요약하고 설명하는 데 사용됩니다. 이를 통해 데이터의 주요 특징을 한눈에 파악할 수 있습니다. 기술통계에서는 다음과 같은 다양한 지표를 사용하여 데이터를 설명합니다.

- **평균(Mean)**: 데이터를 모두 더한 뒤 데이터의 개수로 나눈 값입니다. 데이터의 값들이 어디에 몰려 있는지 나타내지만 이상값(Outlier)에 의해 크게 영향을 받을 수 있습니다.
- **중앙값(Median)**: 데이터 값을 크기 순서로 나열했을 때 맨 가운데에 위치한 값입니다.
- **최빈값(Mode)**: 데이터셋에서 가장 자주 나타나는 값입니다.
- **표준편차(Standard Deviation)**: 데이터 값들이 평균에서 얼마나 떨어져 있는지를 나타내는 지표입니다.
- **분산(Variance)**: 표준편차의 제곱으로, 데이터 값들의 흩어짐 정도를 나타냅니다.

기술통계를 통해 데이터의 분포와 경향을 이해할 수 있습니다. 예를 들어, 특정 제품의 판매 데이터를 분석할 때 평균 판매량, 최고 판매량, 최저 판매량 등을 통해 판매 경향을 파악할 수 있습니다. 또한, 다양한 시각화 도구와 함께 사용되어 데이터의 패턴을 더 쉽게 파악할 수 있게 해 줍니다.

2. 추론통계

추론통계(Inferential Statistics)는 표본 데이터를 사용해 모집단의 특성(평균, 비율 등)을 추정하고 이를 바탕으로 일반화된 결론을 도출하는 데 사용됩니다. 주요 추론통계 방법은 다음과 같습니다.

- **표본 추출(Sampling)**: 모집단에서 일부 데이터를 선택하여 분석하는 과정입니다. 표본이 모집단을 잘 대표해야 하므로, 적절한 표본 추출 방법을 사용하는 것이 중요합니다. 표본 추출 방법은 무작위, 계층화, 군집 표본 추출 등이 있습니다.
- **신뢰구간(Confidence Interval)**: 표본을 통해 모집단의 특성을 추정할 때, 그 추정값이 존재할 것으로 기대되는 범위입니다. 예를 들어, 학급의 평균 키를 추정할 때, 실제 평균 키가 있을 수 있는 구간을 제시할 수 있습니다. 신뢰수준(예를 들어 95% 이상)을 높이면 신뢰구간이 넓어지며 실제 값이 포함될 확률이 커집니다.
- **가설 검증(Hypothesis Testing)**: 특정 가설을 검증하는 방법입니다. 먼저 귀무가설과 대립가설을 설정하고, 이를 검증하는 과정을 거칩니다. 이를 통해 가설이 통계적으로 유의미한지 확인할 수 있는데요. 예를 들어, 새로운 이메일 마케팅 캠페인이 기존 캠페인보다 클릭률이 높은지 평가하려고 할 때 단순히 클릭률 평균을 비교할 수 있지만 가설 검증을 통해 이 차이가 우연에 의한 차이인지 아닌지, 즉 통계적으로 유의미한지 검증하는 방법입니다.

3. 회귀분석

회귀분석(Regression Analysis)은 두 개 이상의 변수들 간의 관계를 모델링하고, 이를 통해 한 변수를 다른 변수로부터 예측하는 방법입니다. 주요 회귀분석 방법은 다음과 같습니다.

- **단순 회귀분석(Simple Regression)**: 하나의 독립 변수와 하나의 종속 변수(타깃 변수) 간의 관계를 모델링합니다.
- **다중 회귀분석(Multiple Regression)**: 두 개 이상의 독립 변수와 하나의 종속 변수 간의 관계를 모델링합니다.

예를 들어 주택의 면적, 방의 수, 위치 등의 변수들을 이용해 주택 가격을 예측하는 회귀 모델을 만들 수 있습니다.

통계학과 머신러닝의 관계

통계학과 머신러닝은 데이터 분석의 두 가지 주요 접근 방법으로 서로 보완적인 관계를 가집니다. 통계학은 주로 데이터의 이해와 해석에 중점을 두며, 데이터를 요약하고 추론하는 데 강점이 있습니다. 반면, 머신러닝은 데이터에서 패턴을 학습하고 예측 모델을 만드는 데 중점을 두며, 대규모 데이터셋에서 높은 성능을 발휘합니다.

예를 들어, 회귀분석은 통계학에서 유래한 방법이지만 머신러닝에서도 널리 사용되는데요. 통계학에서의 회귀분석은 회귀 모델의 계수를 해석하고, 이 계수들이 통계적으로 유의미한지 검증하는 데 중점을 둡니다. 예를 들어, 광고비와 매출 간의 관계를 파악하고, 광고비가 매출에 미치는 영향을 해석합니다. 반면, 머신러닝에서의 회귀분석은 주로 예측 성능을 최적화하는 데 중점을 두며 가능한 모든 데이터 패턴을 학습하여 미래의 값을 잘 예측하는 것이 중요합니다.

시각화

두 번째 데이터 분석 방법으로 시각화(Visualization)에 대해 알아보겠습니다. 시각화는 데이터를 그래프로 표현하여 쉽게 이해할 수 있도록 도와주는데요. 데이터를 시각적으로 확인하면 복잡한 숫자와 텍스트보다 훨씬 빠르고 직관적으로 이해할 수 있습니다.

데이터 분석에서 데이터는 크게 범주형 데이터와 수치형 데이터로 나눌 수 있습니다. 범주형 데이터는 의미적으로 계산할 수 없는 데이터로 성별이나 혈액형, 제품 카테고리 등이 있습니다. 수치형 데이터는 이산형 데이터(정수)와 연속형 데이터(소수점이 있는 실수)를 포함하는데 계산이 가능한 데이터입니다. 예를 들어, 키, 몸무게, 온도 등이 있습니다.

범주형 데이터의 경우 각 범주에 속하는 데이터 개수를 막대그래프(Bar Chart)로 나타내거나 전체에서 각 범주가 차지하는 비율을 파이차트(Pie Chart) 등으로 나타낼 수 있습니다. 예를 들어, 데이터 시각화 학습용으로 많이 쓰이는 펭귄 데이터셋을 보면 종(species)과 성별(sex)이 범주형 데이터인데요. 종과 성별에 따른 펭귄의 개수를 다음과 같이 막대그래프로 시각화할 수 있습니다.

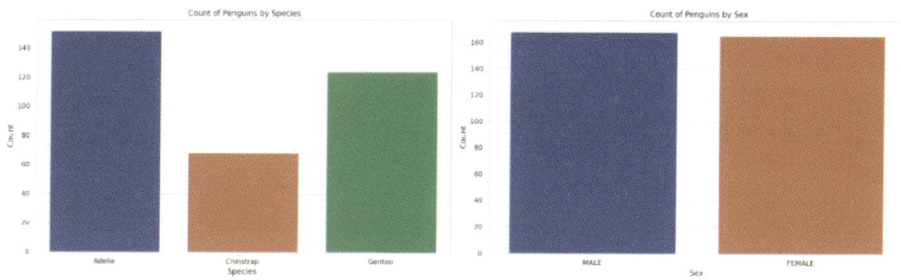

펭귄 데이터 시각화(범주형 데이터)

수치형 데이터는 데이터의 분포를 특정 구간으로 나눠서 특정 구간에 속하는 데이터의 개수를 히스토그램(Histogram)으로 나타내거나 시간에 따른 값의 변화를 선형그래프 등으로 시각화할 수 있는데요. 펭귄 데이터셋에서 수치형 데이터로는 부리 길이(bill_length_mm), 부리 깊이(bill_depth_mm), 지느러미 길이(flipper_length_mm), 몸무게(body_mass_g) 등이 있습니다. 다음 그림은 부리 길이와 몸무게를 히스토그램으로 각각 시각화한 그래프입니다.

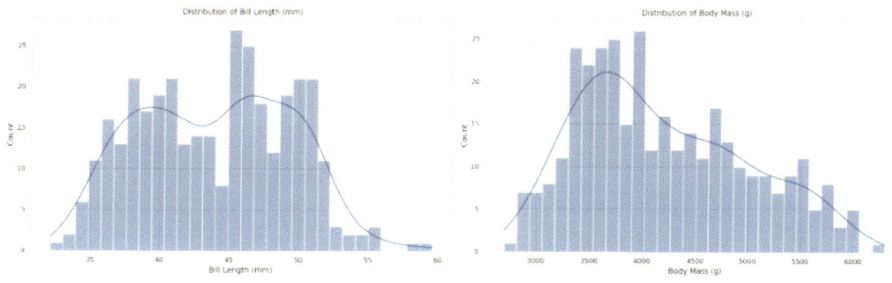

펭귄 데이터 시각화(수치형 데이터)

두 변수 간의 관계를 시각화하는 방법도 중요한데요. 범주형과 수치형 데이터의 관계는 각 범주형 값에 따른 수치형 데이터의 분포를 박스 플롯(Box Plot)이나 스웜 플롯(Swarm Plot), 바이올린 플롯(Violin Plot) 등으로 나타낼 수 있습니다. 예를 들어, 펭귄 데이터셋에서는 종(species)에 따른 지느러미 길이(flipper_length_mm)의 분포를 다음과 같이 시각화할 수 있습니다.

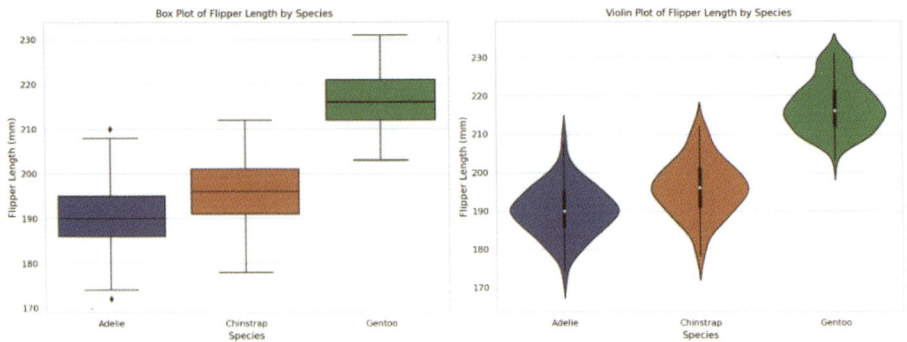

펭귄 데이터 시각화(범주형과 수치형 데이터)

수치형 데이터 간의 관계는 산점도나 히트맵 등으로 시각화할 수 있는데요. 펭귄 데이터셋에서는 부리 길이(bill_length_mm)와 부리 깊이(bill_depth_mm)의 관계를 산점도로 시각화할 수 있습니다. 여기에 범주형 데이터인 종(species)에 따라 색상을 추가로 설정하면 종에 따른 부리 길이와 부리 깊이의 관계를 확인할 수도 있습니다.

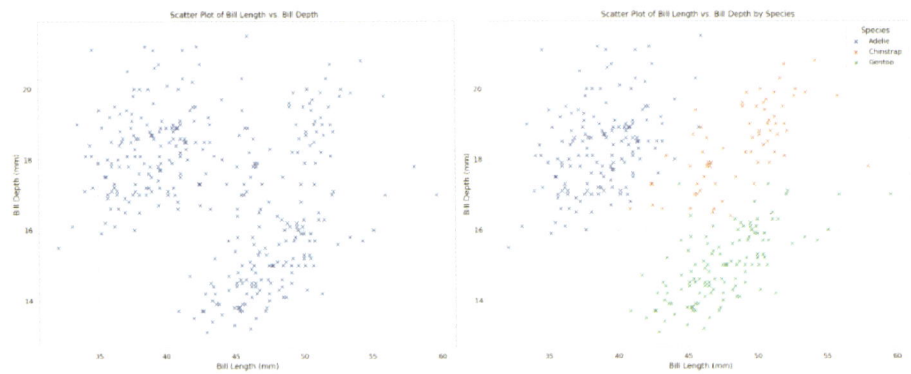

펭귄 데이터 시각화(수치형과 수치형 데이터)

이렇게 해서 데이터 유형에 따른 다양한 시각화 방법을 알아보았는데요. 3장의 챗GPT로 데이터 분석하기 첫 번째 프로젝트가 데이터 시각화인데, 이 프로젝트에서 챗GPT를 활용해 다양한 데이터 시각화를 실습해 보겠습니다.

머신러닝

세 번째 데이터 분석 방법으로 머신러닝에 대해 알아보겠습니다. 머신러닝은 머신(Machine), 즉 기계가 학습을 한다는 말인데요. 사람도 동일한 사건이나 일이 반복되면 그곳에서 패턴이나 규칙을 발견해 학습하듯 기계 역시 데이터로부터 학습하는 것을 의미합니다.

전통적인 프로그래밍에서는 2에 3을 곱하면 6이라는 결과를 도출하도록 인간이 프로그래밍하는 반면, 머신러닝은 수많은 입력값이 주어지면 정답이 나올 수 있는 최적의 조건을 컴퓨터가 스스로 학습해 찾아냅니다.

Quiz

- □와 △에 들어갈 정수는?
  - 3 x □ + 2 x △ = 1
  - 1 x □ + 4 x △ = -3
  - 5 x □ + 5 x △ = 0
  - 8 x □ + 3 x △ = 5
- □ = 1, △ = -1

- (3, 2), (1, 4), (5, 5), (8, 3) 은 input data, 1, -3, 0, 5 는 label이다
- □와 △를 weight라고 하며 이 weight 값을 기계가 스스로 학습을 통해 찾아내도록 하는 것이 기계학습이 하는 일

AI, 머신러닝, 딥러닝(https://www.slideshare.net/slideshow/ss-70446412/70446412#4)

위 퀴즈에서 입력값(Input)과 정답(Label)을 모두 만족시키는 네모와 세모에 들어갈 값을 기계가 스스로 찾아내는 것이 바로 머신러닝입니다. 이 예제에서는 데이터셋이 4개뿐이므로 네모와 세모에 몇 가지 값을 집어 넣다 보면 네 가지 경우를 모두 만족하는 값을 찾을 수 있겠죠?

하지만 실제 머신러닝에서는 수만, 수십만 개의 데이터를 다루게 되는데요. 모델을 훈련시킨다는 것은 모델이 입력값을 받았을 때 주어진 정답을 가장 잘 예측할 수 있는 최적의 조건, 즉 모델의 최적의 가중치를 찾는 것을 의미합니다. 이렇게 학습된 모델은 새로운 데이터를 입력받았을 때 정답에 가장 가깝다고 생각하는 답을 예측할 수 있습니다.

이처럼 머신러닝은 컴퓨터가 데이터를 통해 학습하고 예측을 수행하도록 연구하는 분야 또는 기술인데요. 머신러닝이 학습하는 방법에는 크게 세 가지가 있습니다.

1. **지도학습(Supervised Learning)**: 정답(Label)이 있는 데이터로 모델을 학습시키는 방법입니다. 지도학습은 입력 데이터와 그에 대응하는 정답이 쌍을 이루고 있어 모델이 학습하면서 데이터와 정답 간의 관계를 학습하게 됩니다. 지도학습은 주택 가격과 같이 연속적인 숫자를 예측하는 회귀분석(Regression)과 이메일이 스팸인지 정상 이메일인지 분류하는 것처럼 범주에 따른 분류(Classification) 문제로 나눌 수 있습니다.

2. **비지도학습(Unsupervised Learning)**: 정답(Label)이 없는 데이터를 기반으로 데이터의 패턴이나 구조를 발견하는 방법입니다. 주요 알고리즘으로는 군집화(Clustering)와 차원 축소(Dimensionality Reduction)가 있는데요. 군집화는 유사한 데이터 포인트들을 그룹화해서 묶는 방법이고, 차원 축소는 고차원 데이터를 저차원으로 변환하여 데이터 시각화나 노이즈(데이터 안에 포함된 불필요하거나 유용하지 않은 정보) 제거에 사용되는 방법입니다.

3. **강화학습(Reinforcement Learning)**: 에이전트(Agent)가 환경과 상호작용하면서 보상을 최대화하는 행동을 학습하는 방법입니다. 에이전트는 다양한 행동을 시도하고, 그 결과로부터 얻은 보상을 바탕으로 최적의 행동을 학습하게 되는데요. 챗GPT 역시 GPT-4를 질문과 답변 데이터셋으로 추가 학습(파인 튜닝)시키고 강화학습을 통해 더 나은 답변을 내놓도록 학습시켰습니다.

앞서 알아본 데이터 분석 과정은 머신러닝을 이용한 데이터 분석 단계를 정리한 것인데요. ❶ 목표 정의 – ❷ 데이터 수집 – ❸ 데이터 전처리 – ❹ 탐색적 데이터 분석 – ❺ 모델링 – ❻ 모델 평가 – ❼ 결과 해석 및 의사결정이었습니다. 데이터 분석 자체가 최종 목표라면 모델링 전 단계까지 진행하면 되고, 통계분석의 경우 모델링 대신 통계 모델링 또는 가설 검증을 포함할 수 있으며, 나머지 단계들은 유사하게 진행될 것입니다.

딥러닝

딥러닝은 컴퓨터가 데이터로부터 학습하는 방법이라는 점에서 머신러닝의 한 종류지만, 사람의 뇌가 작동하는 방식을 수학적으로 모델링한 것입니다. 가장 단순한 형태의 인공 신경망인 퍼셉트론은 뉴런(Neuron) 하나의 작동 방식을 모델링한 것으로, 입력값에 가

중치를 곱해 이를 모두 합산한 후 활성화 함수를 통해 신호를 통과시킬지 말지를 결정하는 단순한 모델입니다. 단일 뉴런 모델인 퍼셉트론 여러 개를 여러 층으로 쌓아 연결하면 복잡한 인공 신경망(DNN)을 구성할 수 있습니다.

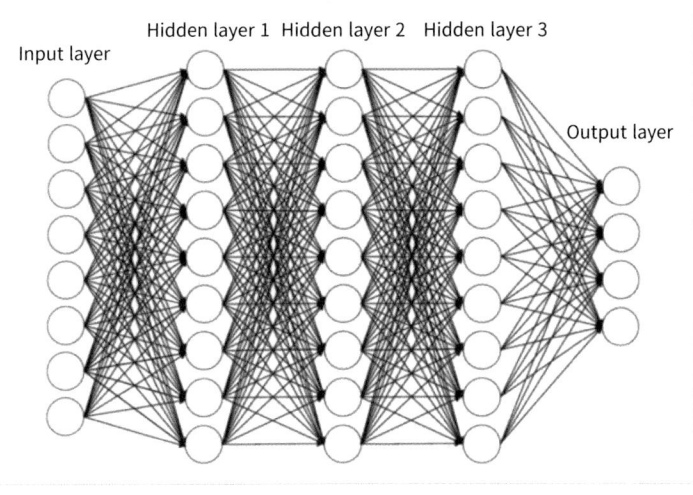

심층 인공신경망(DNN) 예시
(https://www.researchgate.net/figure/Deep-Neural-Network-DNN-example_fig2_341037496)

딥러닝은 이러한 심층 인공신경망(DNN)을 포함해 합성곱 신경망(CNN), 순환 신경망(RNN) 등 다양한 신경망 구조와 알고리즘을 포괄하는 개념입니다. 딥러닝은 수십, 수백 개의 인공 뉴런을 깊게(Deep) 쌓고 여러 층을 통해 데이터의 복잡한 패턴을 효과적으로 학습할 수 있어, 일반적인 머신러닝 알고리즘이 발견하지 못하는 미세한 패턴까지 포착하거나 복잡한 문제를 보다 잘 해결하는 것으로 알려져 있는데요. 이미지 인식, 자연어 처리, 자율 주행 등 다양한 분야에서 놀라운 성과를 보여 주고 있습니다.

딥러닝의 주요 예시

- **이미지 인식(Image Recognition)**: 딥러닝은 이미지 인식에서 탁월한 성능을 보입니다. 이미지는 수많은 픽셀로 구성되어 있으며, 각 픽셀은 색상과 밝기 정보를 포함합니다. 딥러닝 모델은 여러 퍼셉트론과 층을 통해 이러한 픽셀들을 모두 학습해 이미지의 패턴을 인식할 수 있습니다. 예를 들어, 대량의 이미지 데이터를 학습시켜 새로운 이미지가 주어졌을 때 어떤 사물인지 예측할 수 있습니다.

- **자연어 처리(NLP, Natural Language Processing)**: 딥러닝은 수많은 텍스트 데이터를 통해 단어와 문장 간의 관계를 학습하여 텍스트의 의미를 이해합니다. 이를 통해 텍스트 생성, 번역, 감정 분석 등 다양한 작업을 수행할 수 있습니다. 챗GPT가 대표적이죠? 챗GPT는 방대한 양의 텍스트 데이터를 학습해 사용자의 질문에 적절히 대답하거나 문장을 번역하고 텍스트의 감정을 분석하는 등 다양한 자연어 처리 작업을 할 수 있습니다.

- **자율 주행(Autonomous Driving)**: 자율 주행차는 도로의 상황을 실시간으로 파악하고, 이를 바탕으로 안전하게 주행하기 위해 다양한 센서 데이터를 처리해야 하는데요. 딥러닝 모델은 카메라, 라이다(LiDAR), 레이더 등의 센서 데이터를 통합해 도로 위의 다른 차량, 보행자, 신호등 등을 파악하고 실시간으로 주행 결정을 내리는 데 사용됩니다.

딥러닝은 이처럼 다양한 분야에서 혁신적인 발전을 이루고 있고 앞으로도 더 많은 분야에서 그 가능성을 넓혀 갈 것으로 보입니다. 지금까지 다양한 데이터 분석 방법에 대해 알아보았는데요. 다음 절에서는 데이터 분석에 가장 많이 사용되는 프로그래밍 언어인 파이썬과 파이썬 핵심 문법 10가지에 대해 알아보겠습니다.

2.3 _ 파이썬 핵심 문법 10가지

파이썬의 중요한 특징은 바로 직관적이고 배우기 쉬운 프로그래밍 언어라는 점입니다. 다른 언어에 비해 사람의 언어에 가까워서 처음 접하는 사람도 쉽게 배울 수 있는데요. 지금부터 파이썬의 기본적인 문법과 데이터 분석에 자주 사용되는 파이썬 라이브러리에 대해 알아보겠습니다.

프로그래밍 언어 가운데 사람이 사용하는 언어에 가까운 언어를 고수준(High Level) 언어라고 하고, 이진법 기반으로 컴퓨터에 의해 읽고 실행되기 쉬운 언어를 저수준(Low Level) 언어라고 하는데요. C 언어나 파이썬은 대표적인 고수준 언어입니다. 파이썬은 조건문이나 반복문, 함수 등을 선언하면 자동으로 코드가 들여쓰기가 되는데요. 같은 고수준 언어인 C 언어는 들여쓰기가 필수가 아니기 때문에 개발자가 직접 들여쓰기를 하지 않으면 코드가 다닥다닥 붙어 읽기가 힘들어집니다.

또한, C 언어는 변수를 선언할 때 데이터 타입(자료형)도 명시적으로 지정해 주어야 하는데, 파이썬은 변수에 값을 할당할 때 자동으로 데이터 타입이 결정됩니다. 이런 이점 덕분에 파이썬은 프로그래밍 입문자들도 쉽게 접근할 수 있습니다.

	파이썬(Python)	C 언어(C Language)
가독성	들여쓰기가 자동으로 적용되어 가독성이 높음	들여쓰기가 필수가 아니어서 개발자가 직접 관리해야 함
변수 선언	데이터 타입을 명시하지 않아도 됨	데이터 타입을 명시적으로 지정
실행 속도	인터프리터 방식으로 상대적으로 느림	컴파일러 방식으로 상대적으로 빠름
사용 분야	웹 개발, 데이터 분석, AI 등	시스템 프로그래밍 등

파이썬 vs. C 언어 비교

무엇보다 파이썬은 파이썬에 대한 기초 지식이 없어도 무슨 말인지 어느 정도는 이해할 만큼 코드가 사람의 언어에 가깝게 작성되어 있는데요. 아래 코드 블록을 한번 함께 읽어 볼까요?

다음 코드를 실행해 줘.

```
spam = 0
print(spam)
spam += 4
if spam > 0:
    print("I don't want ANY spam!")
```

스팸(spam)이 0개인데 스팸을 프린트(출력)하라는 말이죠? 그리고 스팸에 4를 더하고 만약 스팸이 0보다 많으면 '난 더 이상 스팸을 원하지 않아'라는 메시지를 출력하라는 말인데요.

코드를 실행하면 다음과 같은 결과가 나옵니다. 처음에 스팸은 0이 출력되었는데 중간에 4개가 더해져서 '나는 더 이상 스팸을 원하지 않아(I don't ANY spam!)'라는 결과가 출력됩니다.

분석함

```python
spam = 0
print(spam)
spam += 4
if spam > 0:
    print("I don't want ANY spam!")
```

STDOUT/STDERR
0
I don't want ANY spam!

코드를 실행한 결과는 다음과 같습니다:

```css
0
I don't want ANY spam!
```

- 처음에 `spam` 변수는 0으로 설정되어 출력됩니다.
- 그 후, `spam`에 4를 더하면 `spam`은 4가 됩니다.
- 마지막으로, `spam`이 0보다 크기 때문에 "I don't want ANY spam!"이라는 메시지가 출력됩니다.

어렵지 않죠? 그럼, 이어서 바로 파이썬의 핵심 문법 10가지도 배워 보겠습니다.

1. 변수 할당

첫 번째는 변수 할당입니다. 변수에 값을 지정하고 그 변수를 사용하는 방법입니다. 예를 들어, x에 2를 할당하고 y에 10을 할당해서 다음과 같이 사용할 수 있습니다.

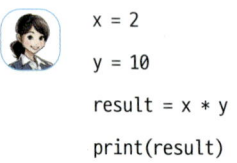
```
x = 2
y = 10
result = x * y
print(result)
```

이 코드는 x와 y의 값을 곱한 결과를 출력하는데요. 즉, 20이 출력될 것입니다.

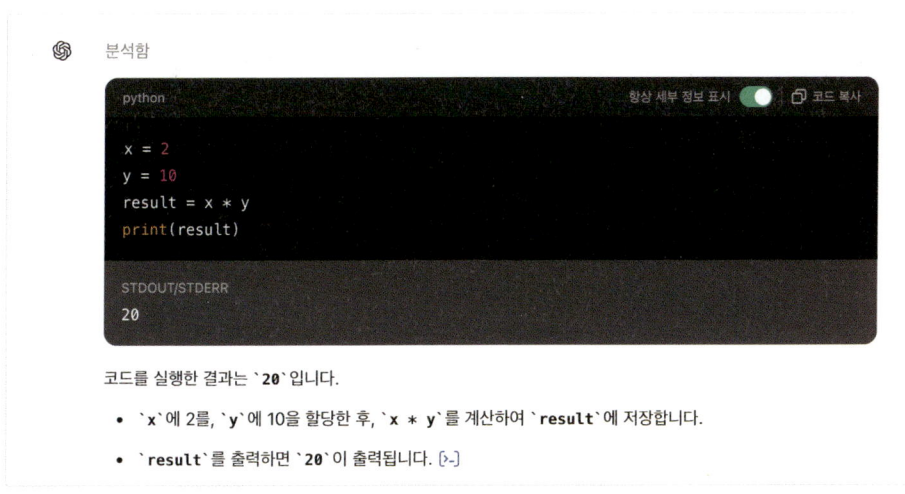

또 다른 예로, x에 Hello라는 문자열을 할당하고 y에는 그대로 10을 할당하면 x 문자열이 y 값만큼 반복되는 결과를 출력하게 되는데요.

```
x = "Hello"
y = 10
result = x * y
print(result)
```

문자열 Hello가 10번 반복되어 출력됩니다.

> 코드를 실행한 결과는 다음과 같습니다:
>
> ```
> HelloHelloHelloHelloHelloHelloHelloHelloHelloHello
> ```
>
> - 문자열 `x`를 정수 `y`만큼 곱하면, 해당 문자열이 `y`번 반복된 새로운 문자열이 생성됩니다.
> - 따라서 `"Hello"`가 10번 반복되어 출력됩니다.

이렇게 할당된 변수는 재할당되지 않는 한 계속 같은 값을 의미하는데요. 즉, x는 계속 Hello를 의미하고 y는 10을 의미합니다. 그래서 코드를 작성할 때 변수 이름을 자신만의 방식으로 통일성 있게 지정하면 변수 관리가 용이하고요. 그리고 이 변수가 무엇을 의미하는지 찾으려면 이전 코드까지 찾아 올라가야 하는 경우도 있습니다.

2. 데이터 타입

두 번째는 데이터 타입입니다. 파이썬에는 여러 가지 데이터 타입이 있는데요. 주요 데이터 타입으로는 문자열, 숫자형, 불린형 등이 있습니다. 문자열(String)은 앞서 본 Hello나 Hi 같은 문자를 의미하는데요. 문자열은 작은따옴표('')나 큰따옴표("")로 감싸서 만들 수 있습니다.

```
greeting = "Hello"
name = 'Alice'
print(greeting + " " + name)
```

변수 greeting에 문자열 Hello를, 변수 name에 문자열 Alice를 할당해서 두 문자열을 공백 한 칸을 두고 연결하면 Hello Alice가 출력되네요.

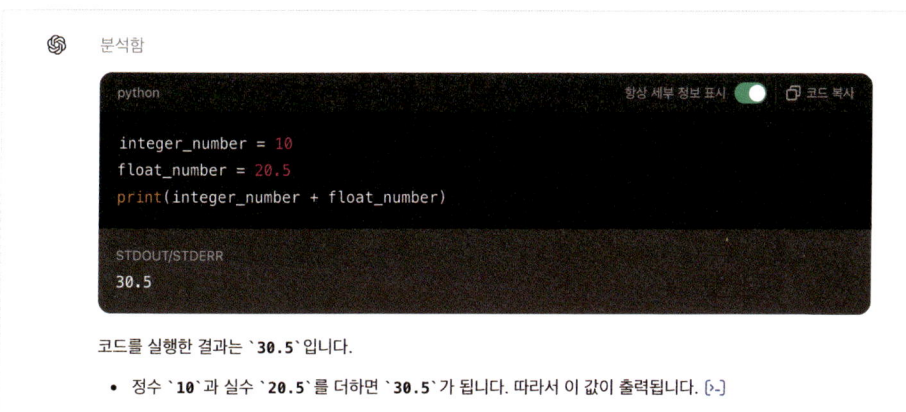

코드를 실행한 결과는 `Hello Alice`입니다.

- `greeting` 변수에 `"Hello"`를, `name` 변수에 `'Alice'`를 할당한 후, 두 문자열을 연결(`+`)하고, 문자열 사이에 공백을 추가하여 출력합니다. [>_]

숫자형(Number)에는 정수형(Integer)과 실수형(Float) 데이터가 있는데, 정수형은 소수점이 없는 숫자이고, 실수형은 소수점이 있는 숫자 데이터입니다.

```
integer_number = 10
float_number = 20.5
print(integer_number + float_number)
```

변수 integer_number에 정수 10을, float_number에 실수 20.5를 할당하고 두 숫자를 더한 결과를 출력하는데요. 결과는 30.5입니다.

분석함

```python
integer_number = 10
float_number = 20.5
print(integer_number + float_number)
```

STDOUT/STDERR
30.5

코드를 실행한 결과는 `30.5`입니다.

- 정수 `10`과 실수 `20.5`를 더하면 `30.5`가 됩니다. 따라서 이 값이 출력됩니다. [>_]

불린형(Boolean)은 참(True) 또는 거짓(False) 값을 가지는 데이터 타입입니다. 논리 연산이나 조건문에서 자주 사용됩니다.

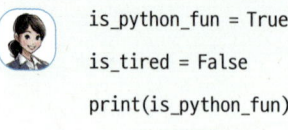
```
is_python_fun = True
is_tired = False
print(is_python_fun)
print(is_tired)
```

변수 is_python_fun에 True를, 변수 is_tired에 False를 할당하고, 두 변수를 각각 출력했는데요. 결과는 True와 False입니다.

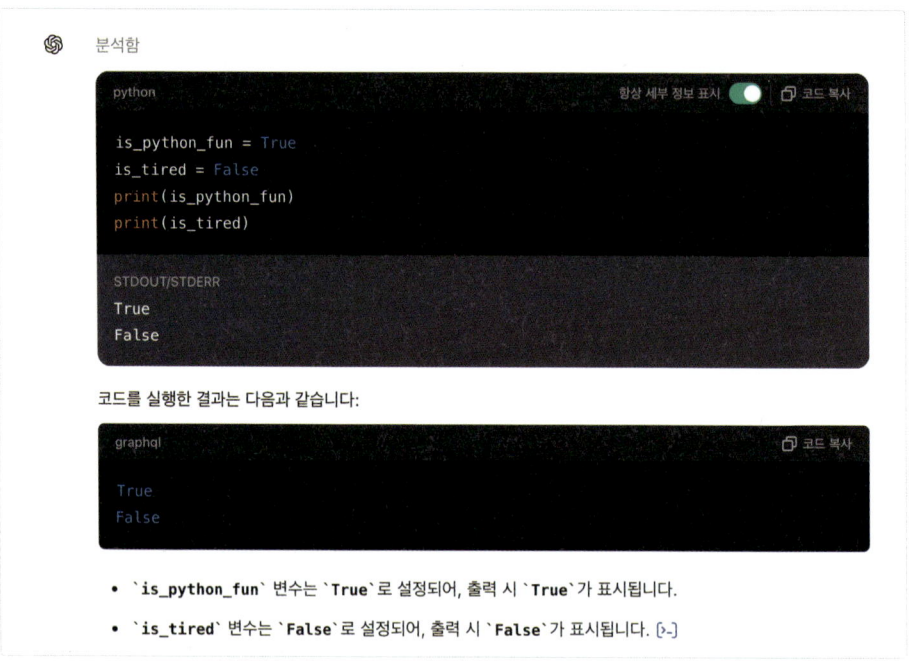

앞서 데이터 시각화를 할 때 범주형 데이터인지 혹은 수치형 데이터인지 데이터의 유형에 따라 시각화 방법이 조금 달랐는데요. 주로 파이썬에서 문자열이나 불린형 데이터는 범주형 컬럼이 되는 경우가 많고, 정수나 실수 등 숫자형 데이터로 이루어진 컬럼은 수치형 컬럼인 경우가 많습니다. 물론 숫자로 표현되어 있어도 의미상 계산이 불가능한 경우는 범주형 데이터로 간주하기도 합니다. 또한, 데이터 타입에 따라 함께 사용할 수 있는 함수가 달라질 수 있기 때문에, 이런 파이썬 데이터 타입이 있다는 정도로 알아 두면 좋겠습니다.

3. 사칙연산

세 번째는 기본적인 연산 방법, 즉 사칙연산에 대해 소개할게요. 우리가 흔히 하는 것처럼 덧셈, 뺄셈, 곱셈, 나눗셈 기호를 그대로 사용하면 됩니다. 다만 //는 나눗셈 후 몫만 반환하고, %는 나머지를 반환하는 기호라는 게 좀 새로운 부분입니다.

```
sum_value = 5 + 3      # 덧셈
difference = 10 - 2    # 뺄셈
product = 4 * 7        # 곱셈
division = 9 / 2       # 나눗셈
quotient = 9 // 2      # 몫
remainder = 9 % 2      # 나머지

print(sum_value, difference, product, division, quotient, remainder)
```

 분석함

```python
sum_value = 5 + 3      # 덧셈
difference = 10 - 2    # 뺄셈
product = 4 * 7        # 곱셈
division = 9 / 2       # 나눗셈
quotient = 9 // 2      # 몫
remainder = 9 % 2      # 나머지

print(sum_value, difference, product, division, quotient, remainder)
```

STDOUT/STDERR
8 8 28 4.5 4 1

코드를 실행한 결과는 다음과 같습니다:

```
8 8 28 4.5 4 1
```

각 계산의 결과는 다음과 같습니다:

- `sum_value`는 5 + 3 = 8
- `difference`는 10 - 2 = 8
- `product`는 4 * 7 = 28
- `division`은 9 / 2 = 4.5
- `quotient`는 9 // 2 = 4 (정수 나눗셈의 몫)
- `remainder`는 9 % 2 = 1 (나머지)

앞의 코드를 실행한 값은 8 8 28 4.5 4 1이 됩니다.

4. 시퀀스 데이터 타입

시퀀스 데이터 타입은 여러 개의 데이터를 저장하는 데이터 타입입니다. 주요 시퀀스 데이터 타입으로는 리스트, 튜플, 딕셔너리, 세트가 있는데요. 각각의 사용 방법을 간단히 살펴볼게요.

리스트(List)는 대괄호 안에 여러 개 데이터를 한 번에 저장하는 방식인데요. 대괄호 [ ]를 사용해 생성하고 그 안에 값들을 변경하거나 추가하거나 삭제할 수 있습니다. 중복된 값도 저장할 수 있고요. 이러한 가변성 덕분에 데이터 분석에서 가장 많이 사용되는 데이터 타입입니다.

```
my_list = [1, 2, 3, 4]
print(my_list)  # 리스트 생성

my_list.append(5)
print(my_list)  # 값 추가

my_list.remove(3)
print(my_list)  # 값 삭제

my_list[0] = 5
print(my_list)  # 값 변경
```

앞의 코드를 실행한 결과입니다. 최종적으로 `my_list`의 값은 [5, 2, 4, 5]가 되네요.

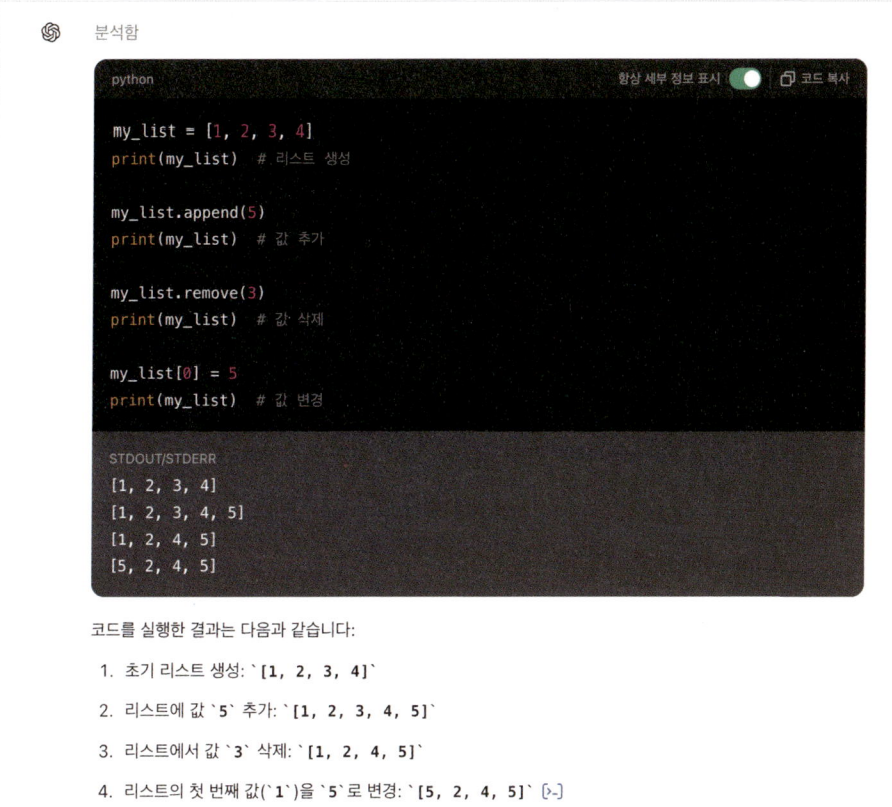

튜플(Tuple)은 리스트와 비슷하지만 값을 수정할 수 없는 불변의 데이터 타입입니다. 한 번 생성하면 수정하거나 추가하거나 삭제하는 게 불가능합니다. 소괄호 ( )를 사용해서 생성합니다.

```
my_tuple = (1, 2, 3, 4)
print(my_tuple)  # 튜플 생성

my_tuple[0] = 10
print(my_tuple)  # 튜플 수정 시도
```

2장 _ 데이터 분석과 파이썬 기초 지식   67

튜플을 생성하고 튜플의 0번째 자리 데이터를 10으로 바꾸는 것을 시도해 봤는데요. 튜플은 불변(immutable)하기 때문에 생성한 후 값을 수정할 수 없습니다. 따라서 `my_tuple[0] = 10`과 같은 코드는 다음과 같은 오류 메시지를 발생시킵니다.

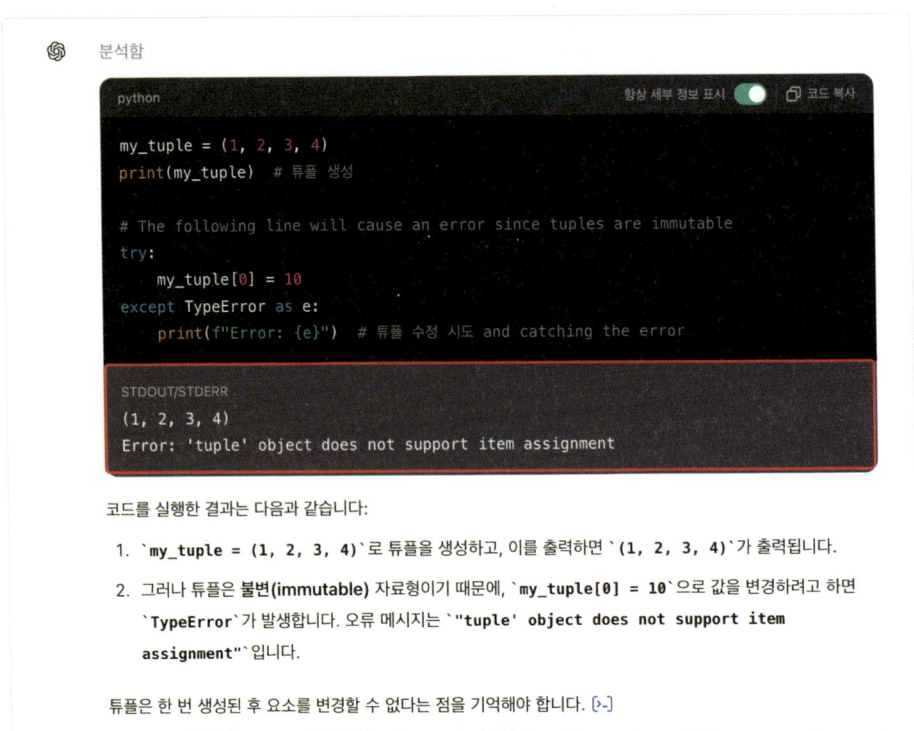

코드를 실행한 결과는 다음과 같습니다:

1. `my_tuple = (1, 2, 3, 4)`로 튜플을 생성하고, 이를 출력하면 `(1, 2, 3, 4)`가 출력됩니다.
2. 그러나 튜플은 **불변(immutable)** 자료형이기 때문에, `my_tuple[0] = 10`으로 값을 변경하려고 하면 `TypeError`가 발생합니다. 오류 메시지는 `"'tuple' object does not support item assignment"`입니다.

튜플은 한 번 생성된 후 요소를 변경할 수 없다는 점을 기억해야 합니다. [>-]

딕셔너리(Dictionary)는 키-값 쌍으로 데이터를 저장하는 데이터 타입입니다. 중괄호 { }를 사용해서 생성하고, 키와 값은 콜론 :으로 구분합니다. 리스트처럼 수정이나 삭제, 추가가 가능하고요. 키를 사용해 값을 빠르게 검색할 수 있어 데이터 분석에서 역시 많이 사용됩니다.

```
my_dict = {"name": "Alice", "age": 25}  # 딕셔너리 생성
print(my_dict)

my_dict["age"] = 26  # 값 수정
print(my_dict)
```

```
my_dict["city"] = "New York"  # 새로운 키-값 쌍 추가
print(my_dict)

del my_dict["age"]  # 값 삭제
print(my_dict)
```

위 코드를 실행하면 다음과 같은 결과를 얻을 수 있습니다. 최종적으로 my_dict라는 변수의 값은 {'name': 'Alice', 'city': 'New York'}입니다.

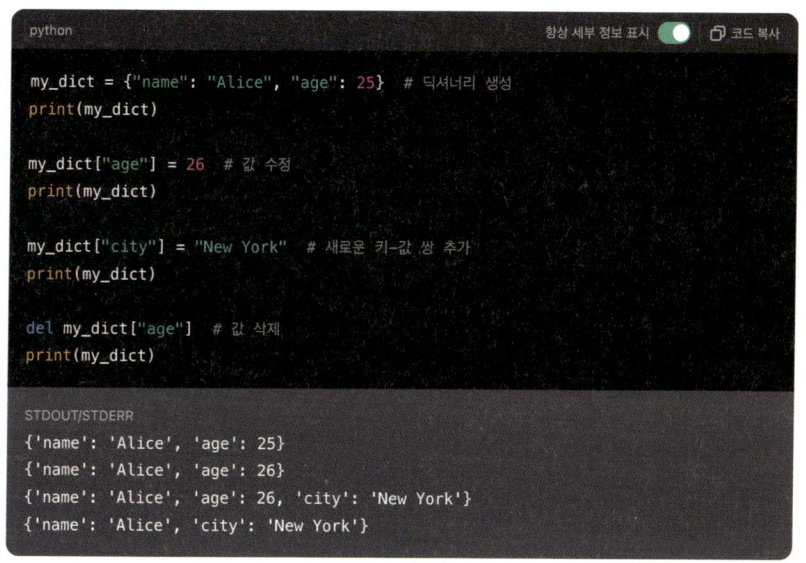

코드를 실행한 결과는 다음과 같습니다:

1. 딕셔너리 생성: `{'name': 'Alice', 'age': 25}`
2. `"age"` 값을 26으로 수정: `{'name': 'Alice', 'age': 26}`
3. `"city"` 키에 `"New York"` 값을 추가: `{'name': 'Alice', 'age': 26, 'city': 'New York'}`
4. `"age"` 키-값 쌍을 삭제: `{'name': 'Alice', 'city': 'New York'}`

이처럼 딕셔너리는 키-값 쌍을 쉽게 수정, 추가, 삭제할 수 있는 유연한 자료형입니다. [>-]

세트(Set)는 중복되지 않는 값을 저장하는 데이터 타입입니다. 딕셔너리와 마찬가지로 역시 중괄호 { }를 사용해서 생성하는데 수정이나 추가, 삭제 등은 가능하지만 동일한 값을 중복해서 가질 수 없습니다.

```
my_set = {1, 2, 3, 4, 4}  # 세트 생성
print(my_set)
```

위 코드를 실행하면 다음과 같은 결과가 출력되는데요. 세트는 중복된 값을 허용하지 않기 때문에 {1, 2, 3, 4, 4}와 같이 생성하면 알아서 중복된 값이 제거되고 my_set 변수는 {1, 2, 3, 4}를 출력합니다.

분석함

```python
my_set = {1, 2, 3, 4, 4}  # 세트 생성
print(my_set)
```

STDOUT/STDERR
{1, 2, 3, 4}

코드를 실행한 결과는 `{1, 2, 3, 4}`입니다.

세트(Set)는 중복된 값을 허용하지 않기 때문에, `{1, 2, 3, 4, 4}`로 생성하려고 해도 중복된 값 `4`는 한 번만 포함됩니다. 따라서 세트는 `{1, 2, 3, 4}`로 출력됩니다.

각 데이터 타입의 특징을 표로 정리하면 다음과 같이 됩니다.

	리스트	튜플	딕셔너리	세트
생성 방법	[ ]	( )	{ }	{ }
중복 허용	○	○	○	×
수정 및 삭제	○	×	○	○

수정이나 변경이 가능한 리스트를 가장 많이 쓰고, 수정이나 변경이 불가능하게 만들려면 튜플 형태로 데이터를 저장해야 합니다. 그리고 데이터를 저장하거나 전송할 때 딕셔

너리 형태로 저장된 경우가 많은데요. 딕셔너리를 데이터 구조 등에 따라 판다스 데이터 프레임 등으로 변환해서 분석을 진행할 수 있습니다. 물론 파일을 첨부하면 챗GPT가 알아서 데이터프레임(표)의 형태 등으로 보여 줄 것이고, 그렇지 않다면 따로 요청해서 분석을 진행할 수 있습니다.

5. 조건문(if)

파이썬의 핵심 구문인 조건문은 특정 조건에 따라 프로그램의 흐름을 제어할 수 있는 방법입니다. `if` 구문을 사용하면 그 조건이 참일 때만 코드가 실행되는데요.

```
x = 3
if x < 5:
    print("x is not greater than 5")
```

위 코드를 실행하면 x가 5보다 크지 않기 때문에 `x is not greater than 5`라는 문장이 출력될 것입니다.

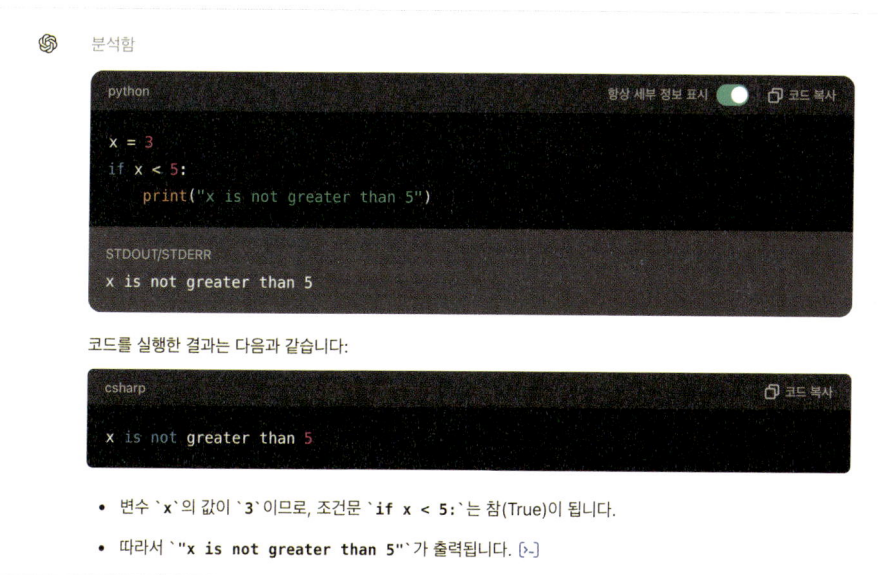

if에 else를 추가하면 조건이 참일 때와 거짓일 때 각기 다른 코드를 실행할 수 있는데요.

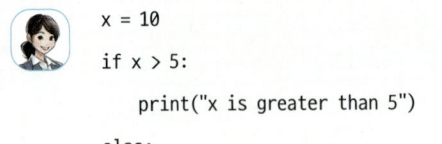

```
x = 10
if x > 5:
    print("x is greater than 5")
else:
    print("x is not greater than 5")
```

변수 x가 10이므로 조건문 x > 5는 참이 되어 x is greater than 5가 출력됩니다. else 블록은 실행되지 않습니다.

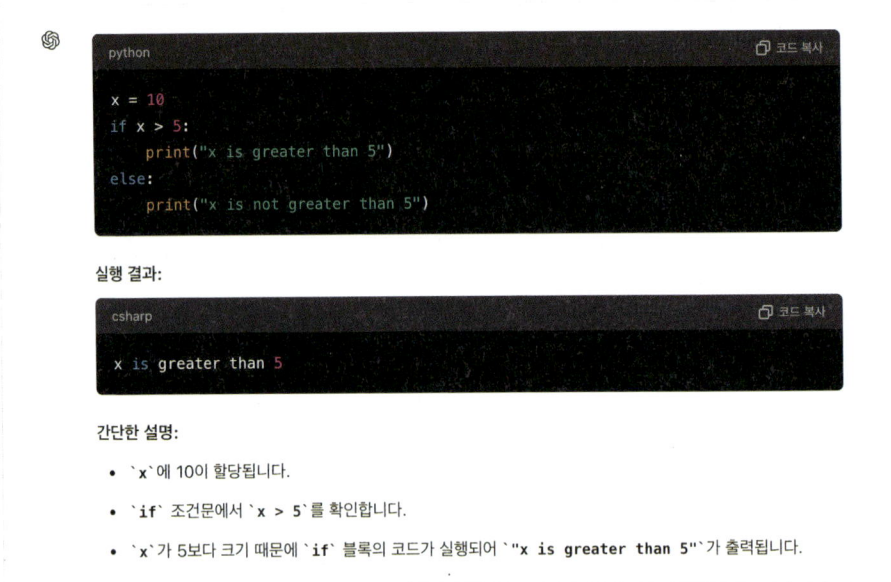

간단한 설명:

- `x`에 10이 할당됩니다.
- `if` 조건문에서 `x > 5`를 확인합니다.
- `x`가 5보다 크기 때문에 `if` 블록의 코드가 실행되어 `"x is greater than 5"`가 출력됩니다.

6. 반복문(for & while)

반복문은 특정 코드를 여러 번 반복할 때 사용됩니다. 파이썬에서는 for 구문과 while 구문을 사용하여 반복문을 작성할 수 있는데요. for 구문은 지정된 횟수만큼 동작을 반복하거나 리스트나 튜플 같은 시퀀스 데이터 타입의 각 요소에 대해 동작을 반복할 때 사용합니다.

```
fruits = ["apple", "banana", "cherry"]
for fruit in fruits:
    print(fruit)
```

이 경우, 리스트 fruits의 각 요소에 대해 print(fruit)가 실행되어 다음과 같은 출력이 나타납니다.

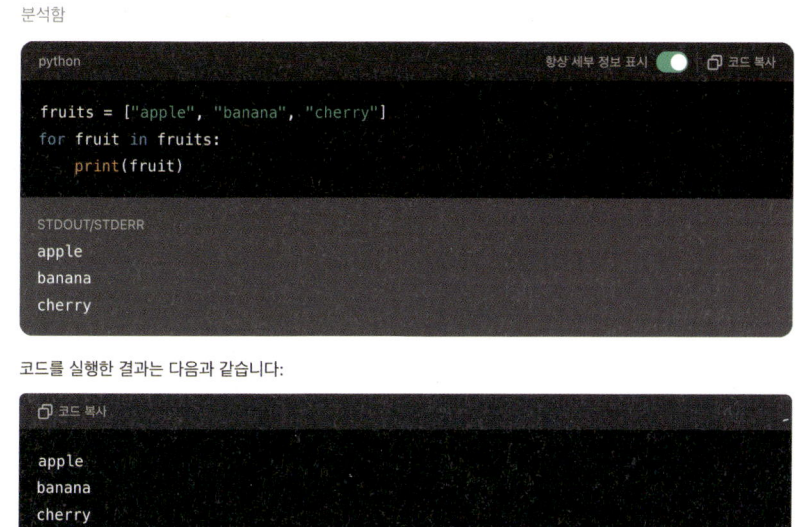

- `fruits` 리스트에 있는 각 요소에 대해 `for` 루프가 실행되며, 각각의 과일 이름이 순서대로 출력됩니다.

while은 조건이 참일 동안 계속해서 반복적으로 코드를 실행하는데요. 조건이 거짓이 되면 반복이 종료됩니다.

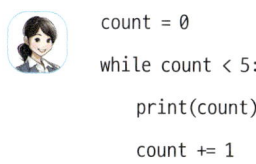
```
count = 0
while count < 5:
    print(count)
    count += 1
```

이 경우 count가 5보다 작을 때까지 실행되며 각 반복에서 count의 값을 출력하고 1을 계속 더합니다. 그리고 count가 5에 도달하면 반복문이 종료됩니다.

분석함

```python
count = 0
while count < 5:
    print(count)
    count += 1
```

```
STDOUT/STDERR
0
1
2
3
4
```

코드를 실행한 결과는 다음과 같습니다:

```
0
1
2
3
4
```

- 이 코드는 `count`가 5보다 작을 동안 반복되는 `while` 루프를 사용합니다.
- 각 반복에서 `count` 값이 출력되고, `count`는 `1`씩 증가합니다.
- `count`가 5에 도달하면 조건이 더 이상 참이 아니므로 루프가 종료됩니다. [>-]

7. for & if 구문

일곱 번째는 for 구문과 if 구문을 함께 사용하는 경우인데요. for 구문 내에서 if 구문을 사용하면 반복되는 각 요소에 대해 조건이 참일 때만 특정 코드를 실행할 수 있습니다. 예를 들어, 데이터 분석 상황에서 각 고객에 대해 customer["is_active"] 조건이 참일 때만 고객 정보를 출력하게 하는 거죠.

다음과 같이 리스트 안에 여러 명의 고객 정보를 딕셔너리 형태로 표현한 데이터셋이 있다고 하면, 여기서 모든 고객의 is_active 조건을 확인하고 is_active가 참인 경우만 고객 이름과 나이를 출력하도록 할 수 있습니다.

```python
customers = [
    {"name": "Alice", "age": 28, "is_active": True},
    {"name": "Bob", "age": 22, "is_active": False},
    {"name": "Charlie", "age": 30, "is_active": True},
    {"name": "David", "age": 25, "is_active": False}
]

for customer in customers:
    if customer["is_active"]:
        print(f"Active customer: {customer['name']}, Age: {customer['age']}")
```

위 코드는 리스트 customers에서 각 고객을 순회하며 is_active가 True인 고객의 이름과 나이를 출력하는데요. Alice와 Charlie의 이름과 나이가 출력될 것입니다.

> 분석함
>
> ```python
> customers = [
>     {"name": "Alice", "age": 28, "is_active": True},
>     {"name": "Bob", "age": 22, "is_active": False},
>     {"name": "Charlie", "age": 30, "is_active": True},
>     {"name": "David", "age": 25, "is_active": False}
> ]
>
> for customer in customers:
>     if customer["is_active"]:
>         print(f"Active customer: {customer['name']}, Age: {customer['age']}")
> ```
>
> STDOUT/STDERR
> Active customer: Alice, Age: 28
> Active customer: Charlie, Age: 30
>
> 코드를 실행한 결과는 다음과 같습니다:
>
> ```yaml
> Active customer: Alice, Age: 28
> Active customer: Charlie, Age: 30
> ```
>
> 이 코드는 고객 목록에서 `is_active` 속성이 `True`인 고객만을 출력합니다. 따라서 활성 고객인 Alice와 Charlie의 이름과 나이가 출력됩니다.

8. 함수

함수(Function)로는 데이터를 출력하기 위한 print 함수, 리스트에 요소를 추가하고 삭제하기 위한 append, remove 등 파이썬 내장 함수가 있습니다. 그 외에도 다양한 상황에서 반복적인 작업을 처리하기 위해 커스텀 함수를 만들어 쓸 수 있는데요. 챗GPT 역시 데이터 분석 상황에서 반복되는 동작에 대해 커스텀 함수를 만들어 처리하기도 합니다.

먼저 내장 함수에 대해 간단히 알아보겠습니다. 아래 코드에서 1, 2, 3, 4, 5가 담긴 리스트 형태의 데이터가 numbers라는 변수에 할당되었습니다. 내장 함수인 print 함수를 사용해서 이 값들을 출력할 수 있습니다. 그리고 len 함수를 통해 셀 수 있는 데이터들의 길이(개수)를 구할 수 있으며 sum 함수를 사용해서 이 값들의 합을 구할 수 있습니다. 각 내장 함수는 용법이 있으니 필요하다면 구글링하거나 챗GPT에게 물어보면 됩니다.

```
numbers = [1, 2, 3, 4, 5]
print(numbers)
length = len(numbers)
total = sum(numbers)
length, total
```

위 코드를 실행한 결과는 다음과 같습니다.

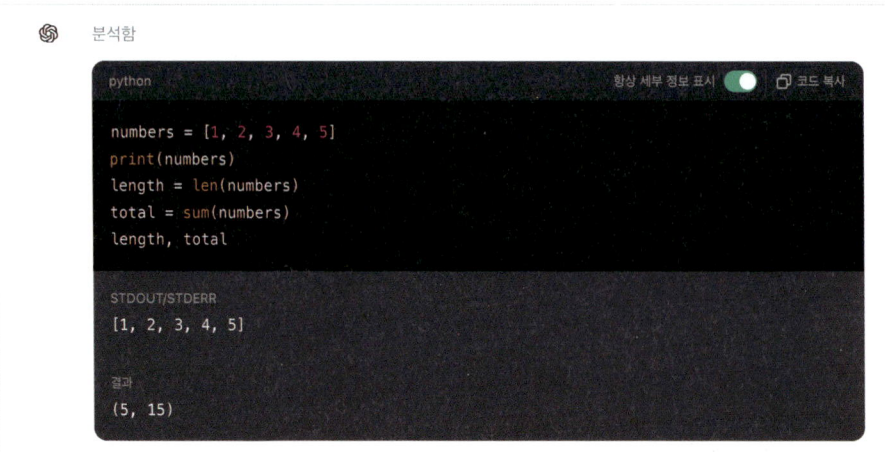

코드를 실행한 결과는 다음과 같습니다:

1. 리스트 `numbers`는 `[1, 2, 3, 4, 5]`로 출력됩니다.
2. `len(numbers)`는 리스트의 길이를 반환하며, 그 값은 `5`입니다.
3. `sum(numbers)`는 리스트의 모든 요소를 더한 값으로, 그 값은 `15`입니다.

따라서 결과는 `5` (리스트의 길이)와 `15` (리스트 요소의 합)입니다. [>-]

그럼, 커스텀 함수는 어떻게 만드는지 볼게요. 파이썬에서는 def 키워드를 사용하면 함수를 만들겠다는 말이 되는데요. 다음 코드에서는 def 키워드를 사용해서 함수를 선언하고 함수 이름을 greet으로 설정한 후에 함수에 들어가는 인수로 name을 정의해서 커스텀 함수를 만들었는데요. 그래서 이 함수는 이름을 입력하면 인사말을 출력하는 함수가 됩니다.

```
def greet(name):
    return f"안녕, {name}! 좋은 오후야"

print(greet("Alice"))
print(greet("Bob"))
```

앞서 만든 greet 함수에 Alice를 넣어 출력해 달라고 하면 안녕, Alice! 좋은 오후야, Bob을 넣어서 출력하면 안녕, Bob! 좋은 오후야라는 메시지가 출력됩니다.

 분석함

코드를 실행한 결과는 다음과 같습니다:

2장 데이터 분석과 파이썬 기초 지식   77

```
 코드 복사
안녕, Alice! 좋은 오후야
안녕, Bob! 좋은 오후야
```

`greet` 함수는 입력받은 이름을 사용하여 인사말을 생성하고, 그 결과를 반환합니다. 따라서 각각의 호출에서 "Alice"와 "Bob"에 대한 인사말이 출력됩니다. 😊

간단한 커스텀 함수의 예시지만 코드에서 반복적으로 사용되는 기능이라면 함수를 만들어 사용함으로써 코드를 더 깔끔하고 재사용할 수 있게 만들 수 있습니다.

9. 판다스 라이브러리

아홉 번째부터는 파이썬의 대표적인 데이터 분석 관련 라이브러리를 소개하려고 합니다. 챗GPT에게 파일을 업로드하면 챗GPT가 파일을 읽어오고 컬럼이나 행 등에 대해 분석을 진행할 수 있죠? 판다스 라이브러리는 챗GPT에게 파일을 업로드하면 데이터를 읽어오고 테이블 형태로 보여 주고 컬럼이나 행들에 대해 다양한 분석이나 조작이 가능하도록 다양한 함수를 지원합니다.

코드 인터프리터에는 판다스 라이브러리가 이미 설치되어 있어 챗GPT가 이를 활용한 코드를 실행할 수 있는데요. 앞서 데이터 분석 과정에서 소개한 타이타닉 생존자 데이터셋 가운데 train.csv를 ChatGPT 4o에 첨부하고 데이터셋에 대해 설명해 달라고 하겠습니다.

 데이터셋에 대해 설명해 줘.

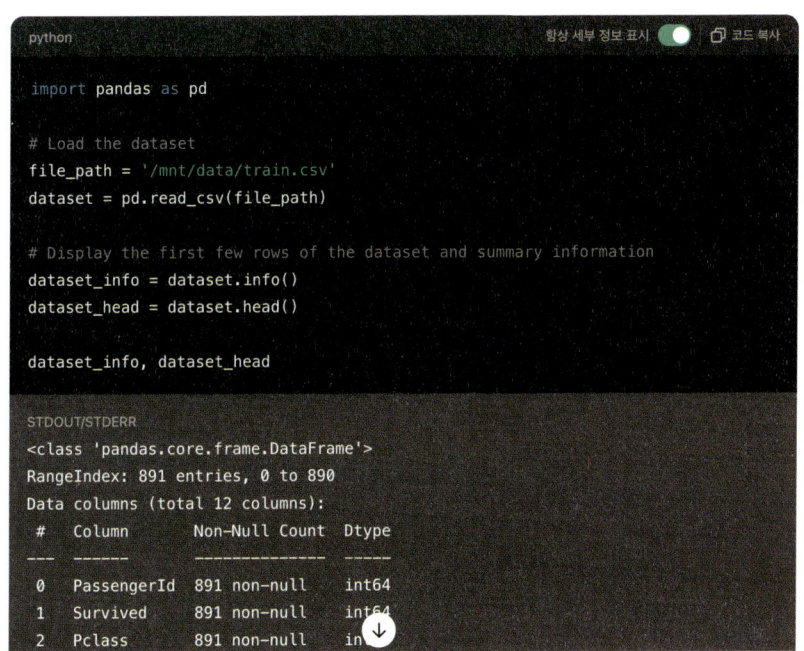

import pandas as pd로 코드 인터프리터에 설치된 판다스 라이브러리를 불러오고, 파일을 읽기 위한 판다스의 read_csv( ) 함수, 데이터 타입과 결측값을 확인하기 위한 info( ) 함수, 데이터의 처음 몇 줄을 보여 주기 위한 head( ) 함수 등이 작성되고 실행되는데요. 그 결과로 데이터셋의 맨 처음 5줄을 보여 주고 각 컬럼들에 대한 정보와 함께 결측값을 확인한 내용도 설명해 주네요.

2장 _ 데이터 분석과 파이썬 기초 지식   79

```
결과
(None,
   PassengerId  Survived  Pclass  \
0            1         0       3
1            2         1       1
2            3         1       3
3            4         1       1
4            5         0       3

                                                Name     Sex   Age  SibSp  \
0                            Braund, Mr. Owen Harris    male  22.0      1
1  Cumings, Mrs. John Bradley (Florence Briggs Th...  female  38.0      1
2                             Heikkinen, Miss. Laina  female  26.0      0
3       Futrelle, Mrs. Jacques Heath (Lily May Peel)  female  35.0      1
4                           Allen, Mr. William Henry    male  35.0      0

   Parch            Ticket     Fare Cabin Embarked
0      0         A/5 21171   7.2500   NaN        S
1      0          PC 17499  71.2833   C85        C
2      0  STON/O2. 3101282   7.9250   NaN        S
3      0            113803  53.1000  C123        S
4      0            373450   8.0500   NaN        S  )
```

데이터셋은 총 891개의 행과 12개의 열로 구성되어 있으며, 아래와 같은 정보들이 포함되어 있습니다:

열(Column) 설명:

1. **PassengerId**: 승객 고유 식별자
2. **Survived**: 생존 여부 (0 = 사망, 1 = 생존)
3. **Pclass**: 티켓 클래스 (1 = 1등석, 2 = 2등석, 3 = 3등석)
4. **Name**: 승객의 이름
5. **Sex**: 성별 (male = 남성, female = 여성)
6. **Age**: 나이
7. **SibSp**: 함께 탑승한 형제자매/배우자 수
8. **Parch**: 함께 탑승한 부모/자녀 수
9. **Ticket**: 티켓 번호
10. **Fare**: 요금
11. **Cabin**: 객실 번호
12. **Embarked**: 탑승한 항구 (C = Cherbourg, Q = Queenstown, S = Southampton)

데이터 요약:

- **Age**와 **Cabin** 열에는 일부 결측값이 포함되어 있습니다. 특히, **Age**는 714개의 값이 있으며, **Cabin**은 204개의 값만 제공됩니다.
- **Embarked** 열에도 2개의 결측값이 있습니다.

이 데이터셋은 흔히 **타이타닉 생존자 예측** 문제로 사용되며, 머신러닝 모델을 통해 승객의 생존 여부를 예측하는 데 활용됩니다. (:-)

판다스 라이브러리는 이렇게 데이터셋을 불러온 뒤 데이터 전처리나 기초 통계 계산, 그룹별 계산 등 여러 분석 작업을 하는 데 사용됩니다. 또한 판다스는 바로 뒤에서 소개할 맷플롯립, 씨본 등의 시각화 라이브러리와 함께 사용하여 데이터 시각화를 쉽게 할 수 있습니다.

앞서 판다스로 읽어온 타이타닉 생존자 데이터셋에 대해 데이터셋의 분포를 시각화해 달라고 요청했는데요. 판다스의 각 컬럼을 씨본 시각화 함수의 입력값으로 넣어 생존 여부, 클래스, 나이 등 컬럼들의 분포를 시각화해주었습니다.

 데이터셋의 분포를 시각화해 줘.

 분석 중

```python
import matplotlib.pyplot as plt
import seaborn as sns

# Set the style for the plots
sns.set(style="whitegrid")

# Plot the distribution of 'Survived'
plt.figure(figsize=(10, 6))
sns.countplot(data=dataset, x='Survived')
plt.title('Distribution of Survived')
plt.show()

# Plot the distribution of 'Pclass'
plt.figure(figsize=(10, 6))
sns.countplot(data=dataset, x='Pclass')
plt.title('Distribution of Pclass')
plt.show()

# Plot the distribution of 'Sex'
plt.figure(figsize=(10, 6))
sns.countplot(data=dataset, x='Sex')
plt.title('Distribution of Sex')
plt.show()

# Plot the distribution of 'Age'
plt.figure(figsize=(10, 6))
sns.histplot(data=dataset, x='Age', kde=True)
```

```python
plt.title('Distribution of Age')
plt.show()

# Plot the distribution of 'Fare'
plt.figure(figsize=(10, 6))
sns.histplot(data=dataset, x='Fare', kde=True)
plt.title('Distribution of Fare')
plt.show()

# Plot the distribution of 'Embarked'
plt.figure(figsize=(10, 6))
sns.countplot(data=dataset, x='Embarked')
plt.title('Distribution of Embarked')
plt.show()
```

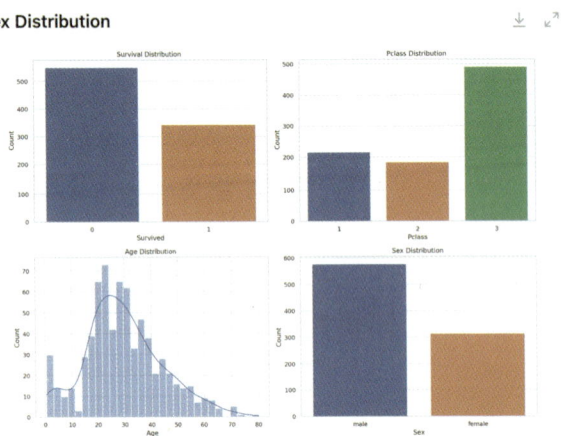

위의 시각화는 데이터셋의 주요 변수를 분포로 나타낸 것입니다:

1. **Survival Distribution**: 생존 여부에 따른 승객 수 분포를 보여줍니다. 생존하지 못한 승객이 더 많음을 확인할 수 있습니다.

2. **Pclass Distribution**: 티켓 클래스에 따른 승객 수 분포를 보여줍니다. 3등석 승객이 가장 많습니다.

3. **Age Distribution**: 승객들의 나이 분포를 히스토그램으로 나타냈습니다. 대부분의 승객이 20~40세 사이에 분포하고 있습니다.

4. **Sex Distribution**: 성별에 따른 승객 수 분포를 보여줍니다. 남성 승객이 여성 승객보다 더 많습니다.

이 시각화를 통해 데이터셋의 기본적인 분포를 이해할 수 있습니다. [>_]

10. 맷플롯립 & 씨본 라이브러리

마지막으로 데이터 시각화 라이브러리인 맷플롯립(Matplotlib)과 씨본(Seaborn)을 소개하겠습니다. 맷플롯립은 파이썬의 대표적인 데이터 시각화 라이브러리로, 선형그래프, 막대그래프, 히스토그램, 파이차트, 박스 플롯 등 다양한 차트를 그릴 수 있습니다. 선의 두께나 색상, 마커, 눈금과 레이블 등 차트의 여러 요소를 세밀하게 조정할 수 있지만, 복잡한 그래프를 그리려면 맷플롯립의 다양한 기능을 충분히 이해하고 있어야 하는데요.

씨본은 맷플롯립을 기반으로 만들어졌지만 복잡한 시각화를 좀 더 간단히 할 수 있도록 설계된 라이브러리입니다. 디폴트로 조금 더 세련된 스타일을 제공하고, 박스 플롯, 막대그래프, 바이올린 플롯 등 시각화 함수에 다양한 인수들을 지원해 간단한 코드로 다양하고 복잡한 시각화를 쉽게 구현할 수 있습니다.

 수치형 데이터들의 관계를 히트맵으로 보여 줘.

 분석함

```python
# Calculate the correlation matrix for numerical features
correlation_matrix = dataset.corr()

# Set up the heatmap
plt.figure(figsize=(10, 8))
sns.heatmap(correlation_matrix, annot=True, cmap='coolwarm', fmt='.2f', linewidths=
plt.title('Correlation Heatmap')
plt.show()
```

STDOUT/STDERR
/tmp/ipykernel_56/525180073.py:2: FutureWarning: The default value of numeric_
  correlation_matrix = dataset.corr()

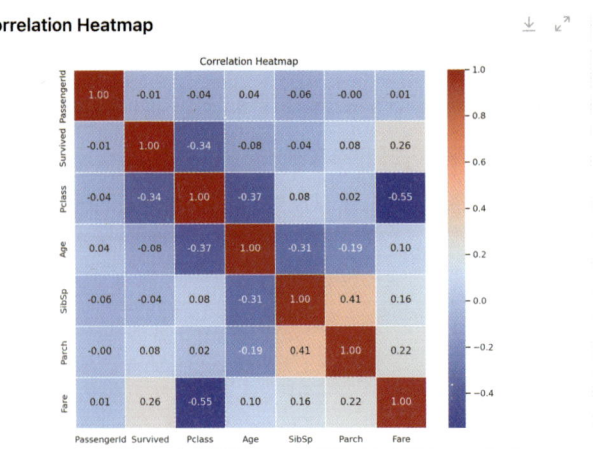

위 히트맵은 데이터셋의 수치형 변수들 간의 상관관계를 나타냅니다. 색상이 진할수록 두 변수 간의 상관관계가 높다는 것을 의미하며, 양의 상관관계는 양의 값으로, 음의 상관관계는 음의 값으로 표시됩니다.

이 히트맵을 통해 각 변수 간의 관계를 시각적으로 쉽게 파악할 수 있으며, 특히 모델링에 있어 중요한 변수들 간의 상관성을 이해하는 데 도움이 됩니다. [>-]

지금까지 파이썬과 그 핵심 문법 10가지를 정리해 봤는데요. 파이썬 공부를 시작하는 분 또는 시작한 지 얼마 안 되는 분들에게 도움이 되면 좋겠습니다. 추가적으로 데이터 분석과 파이썬을 좀 더 공부하고 싶은 분들은 다음 학습 로드맵을 참고해 주세요.

2.4 _ 학습 로드맵

2장에서는 챗GPT로 데이터 분석을 수행하는 데 도움이 되는 핵심적인 데이터 분석 기본 지식을 살펴보았습니다. 이번 절에서는 데이터 분석 이론과 파이썬을 본격적으로 공부하고 싶은 분들을 위한 커리큘럼을 소개하려고 합니다. 커리큘럼은 기초부터 심화까지 단계별로 구성하고 참고 자료는 온라인에서 많이 추천되거나 개인적으로 좋다고 생각하는 자료들을 정리했습니다. 단계별로 공부해도 좋고 필요한 부분을 선택해 학습해 나가도 좋습니다.

기본 과정

1. 파이썬 프로그래밍 기초

- 온라인 참고 자료:
  - 파이썬 초보 학습자를 위한 4시간만에 배우는 파이썬 기초 문법(https://joshua-mobile-choi-1756.trinket.io/python-3-4#/tasks/task-1-print-statement): 빠른 시간 안에 파이썬 기초 문법을 복습할 수 있는 온라인 사이트
  - 점프 투 파이썬(https://wikidocs.net/book/1): 파이썬의 기초부터 고급 문법까지 단계별로 설명하는 한국어 교재

- 온라인 강의:
  - Codecademy의 Learn Python 3(https://www.codecademy.com/learn/learn-python-3): 파이썬 기초 문법에서 클래스, 모듈까지 파이썬 핵심 문법을 인터랙티브 환경에서 실습하면서 배울 수 있음
  - Coursera의 Python for Everybody(https://www.coursera.org/learn/python?specialization=python): 초보자를 위한 파이썬 기초 강의

2. 데이터 분석 기초

- 온라인 참고 자료:
  - Introduction to Basic Statistics in Python(https://wikidocs.net/book/7982): 파이썬을 활용해 기초 통계학 개념을 설명하는 한국어 교재
  - StatQuest with Josh Starmer(https://www.youtube.com/@statquest): 통계학과 머신러닝을 재미있게 설명하는 유튜브 채널
  - Introduction to Statistical Learning(https://www.statlearning.com): 통계학과 머신러닝의 기본 개념 소개
  - Learn Analytics GPT(https://chatgpt.com/g/g-yUSFudVH0-learnanalyticsgpt): 통계학, 머신러닝, 딥러닝 등 데이터 분석 주요 개념 50개를 간단하게 설명하고 실습할 수 있는 GPT(제가 만든 GPT입니다)

- 온라인 강의:
  - Coursera의 IBM Data Science Professional Certificate(https://www.coursera.org/professional-certificates/ibm-data-science): 파이썬을 활용해 데이터 과학과 머신러닝의 기초를 다루는 강의

3. 데이터 시각화

- 온라인 참고 자료:
  - Matplotlib Tutorial(https://matplotlib.org): 맷플롯립 라이브러리 공식 튜토리얼
  - Seaborn Tutorial(https://seaborn.pydata.org/tutorial/introduction.html): 씨본 라이브러리 공식 튜토리얼
  - Tableau Visual Vocabulary(https://www.tableau.com/solutions/gallery/visual-vocabulary): 다양한 시각화 기법 참고

- 온라인 강의:
  - Codecademy의 Intro to Data Visualization with Python(https://www.codecademy.com/learn/intro-to-data-visualization-with-python): 인터랙티브 환경에서 맷플롯립 라이브러리로 데이터 시각화 연습
  - 패스트캠퍼스의 세계 3등에게 배우는 실무 밀착 데이터 시각화(https://fastcampus.co.kr/data_online_global3): 태블로로 다양한 대시보드 만들기

심화 과정

머신러닝과 딥러닝

- 온라인 참고 자료:
  - Scikit-learn(https://scikit-learn.org/stable): 파이썬의 머신러닝 라이브러리 사이킷런 공식 튜토리얼

- Hands-On Machine Learning with Scikit-Learn, Keras, and TensorFlow(https://powerunit-ju.com/wp-content/uploads/2021/04/Aurelien-Geron-Hands-On-Machine-Learning-with-Scikit-Learn-Keras-and-Tensorflow_-Concepts-Tools-and-Techniques-to-Build-Intelligent-Systems-OReilly-Media-2019.pdf): 머신러닝과 딥러닝에 대한 이론적인 설명과 함께 사이킷런, 텐서플로를 활용한 실습 제공
- 모두를 위한 딥러닝 강좌 시즌 1(https://www.youtube.com/watch?v=BS6O0zOGX4E&list=PLIMkM4tgfjnLSOjrEJN31gZATbcj_MpUm): 딥러닝의 기본 개념부터 심화까지 다루는 무료 유튜브 강의

- 온라인 강의:
  - Coursera의 Machine Learning by Stanford University(https://www.coursera.org/specializations/machine-learning-introduction): AI 분야의 세계적 석학 앤드류 응(Andrew Ng) 교수의 머신러닝 강의

추가 학습 자료

- 참고 도서
  - 핸즈온 머신러닝(오렐리앙 제롱 저, 박해선 역, 한빛미디어, 2020)
  - 혼자 공부하는 머신러닝 + 딥러닝(박해선 저, 한빛미디어, 2020)
  - 밑바닥부터 시작하는 딥러닝(사이토 고키 저, 개앞맵시 역, 한빛미디어, 2017)

- 온라인 자료
  - 캐글(https://www.kaggle.com): 데이터 사이언스 커뮤니티, 다양한 데이터셋과 튜토리얼을 제공
  - 가짜연구소(https://pseudo-lab.com/chanrankim/Pseudo-Lab-c42db6652c1b45c3ba4bfe157c70cf09): 머신러닝 데이터 사이언스 커뮤니티, 리서치 프로젝트 및 분기별 아카데미 등 운영

이 학습 로드맵을 참고하여 기초부터 심화까지 단계적으로 학습해 나가면 데이터 분석과 파이썬 코딩에 대한 이해와 실력을 쌓을 수 있을 것입니다. 실제 프로젝트를 통해 실습해 보는 것도 중요한데요. 우선 챗GPT와 같은 도구를 활용하여 데이터 분석 프로젝트를 진행해 보세요. 또한, 데이터 분석 프로젝트 그룹에 참여하거나 캐글과 같은 데이터 분석 대회에 참가하여 실력과 포트폴리오를 쌓아 나갈 수도 있습니다.

3장

시각화와 라벨링을 위한 데이터 분석

지금까지 1장과 2장에서는 챗GPT의 데이터 분석 환경, 데이터 분석과 파이썬 기본 지식에 대해 알아보았습니다. 이제부터는 실제로 챗GPT를 활용하여 여섯 가지 데이터 분석 예제 프로젝트를 실습해 보겠습니다. 각 예제 프로젝트는 따라 하기 쉽도록 프롬프트와 함께 설명, 예시 화면 등을 통해 구체적인 진행 과정을 보여 드립니다. 또한, 각 프로젝트의 마지막에는 데이터 분석을 진행한 프롬프트를 다시 한번 정리해 드립니다. 데이터 분석은 앞서 소개한 대로 다음과 같은 데이터 분석 과정에 따라 진행된다는 점을 참고해 주세요.

데이터 분석 과정

1. 목표 정의
2. 데이터 수집
3. 데이터 전처리
4. 탐색적 데이터 분석(EDA)

5. 모델링

6. 모델 평가

7. 결과 해석 및 의사결정

또한, 챗GPT로 데이터 분석을 진행하면서 같은 프롬프트를 입력해도 결과가 다를 수 있는데, 이는 챗GPT의 답변이 고정되어 있지 않고 대화 맥락이나 이전 답변의 결과에 따라 반응이 조금씩 달라질 수 있기 때문입니다. 이런 경우, 챗GPT와 대화를 통해 원하는 결과로 수정해 나갈 수 있고 예제 프로젝트의 프롬프트와 결과를 참고해 유사한 문제를 해결할 때 어떻게 접근해야 할지 힌트를 얻을 수 있을 것입니다. 이제 각 예제 프로젝트를 통해 챗GPT로 데이터 분석을 실습해 보면서 실전 감각을 키워 보겠습니다.

3.1 _ 데이터 시각화

데이터 시각화는 복잡한 데이터를 보다 쉽게 이해하고 분석할 수 있도록 도와주는 중요한 도구입니다. 첫 번째 예제 프로젝트에서는 챗GPT를 사용하여 데이터 시각화를 효과적으로 수행하는 다양한 방법을 연습해 보겠습니다.

앞서 데이터 분석 방법 가운데 시각화를 소개할 때 펭귄 데이터셋을 언급했는데요. 씨본 라이브러리의 대표적인 시각화 예제 데이터셋인 펭귄 데이터셋을 사용해 시각화 연습을 해 보겠습니다. 인터넷이 연결된 환경이라면 씨본 라이브러리에 있는 펭귄 데이터셋을 바로 불러와서 분석할 수 있지만 코드 인터프리터는 인터넷이 연결되지 않은 환경이라 예제 데이터셋을 바로 불러올 수 없습니다. 따라서 깃허브(Github)에서 펭귄 데이터셋을 직접 다운로드해 챗GPT에 첨부하여 분석해 보겠습니다.

구글 검색창에서 'seaborn penguins data'를 입력하면 가장 먼저 깃허브 저장소인 'penguins.csv - mwaskom/seaborn-data'가 검색 결과로 나오는데요. 씨본 개발자 중 한 명인 Michael Waskom이 만든 저장소라고 합니다.

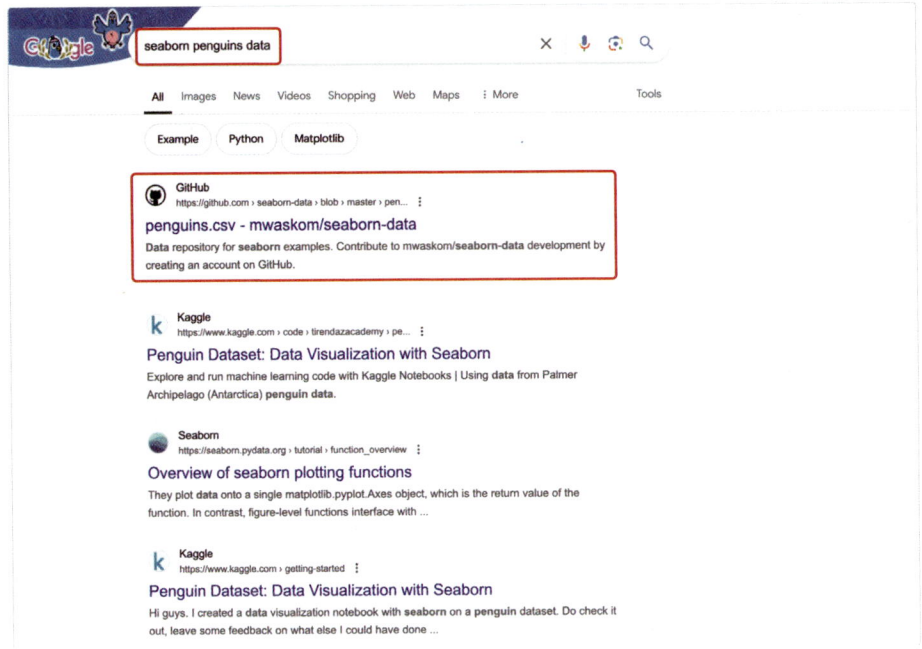

저장소 페이지를 클릭하고 들어가면 다음과 같은 펭귄 데이터가 바로 보이는데요. 오른쪽 상단에 다운로드 버튼을 누르면 데이터셋을 다운로드할 수 있습니다.

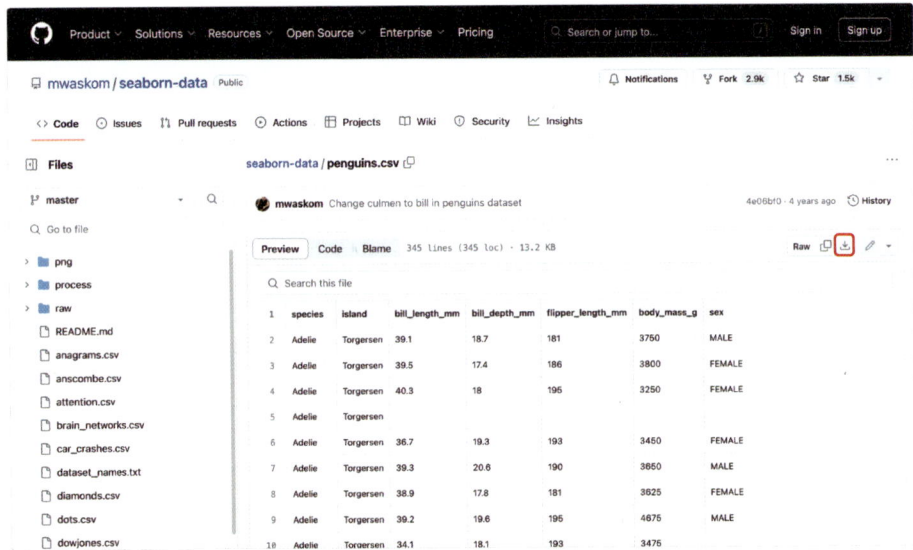

씨본의 펭귄 데이터셋

- **데이터셋 다운로드 링크**

  https://github.com/mwaskom/seaborn-data/blob/master/penguins.csv

ChatGPT 4o에 다운로드한 펭귄 데이터셋을 첨부하고 데이터셋에 대해 설명해 달라고 했습니다. 챗GPT가 처음 답변으로 영어로 이야기하는 경우도 있고 한국어로 이야기하는 경우도 있는데요. 한국어로 이야기해 달라는 말도 추가했습니다.

 데이터셋에 대해 설명해 줘. 한국어로 이야기해 줘.

그랬더니 데이터셋을 표로 보여 주고 데이터셋의 각 컬럼에 대해 설명해 주는데요. 펭귄의 종류에 따른 서식지, 부리 길이, 부리 깊이, 지느러미 길이, 몸무게, 성별 등의 컬럼을 포함하고 있다고 합니다.

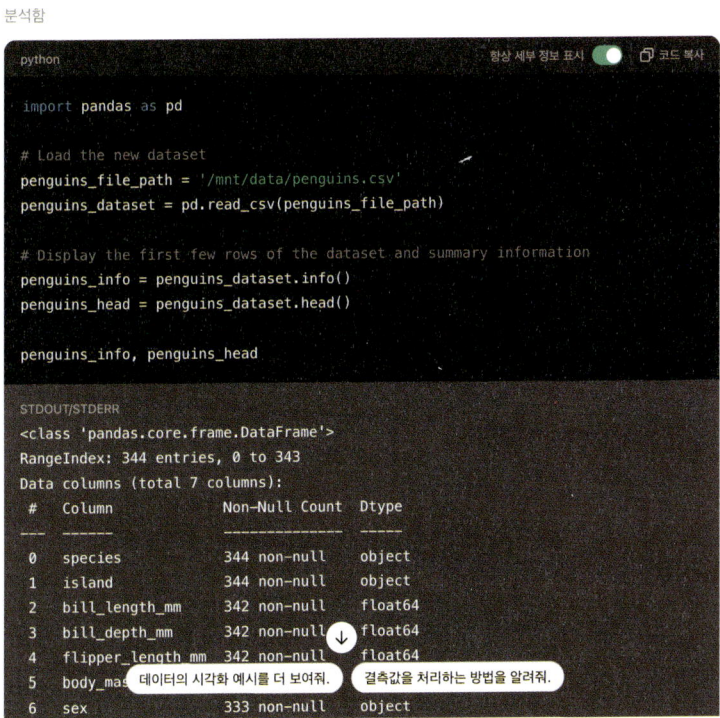

```
dtypes: float64(4), object(3)
memory usage: 18.9+ KB
```

결과
```
(None,
  species     island  bill_length_mm  bill_depth_mm  flipper_length_mm  \
0  Adelie  Torgersen            39.1           18.7              181.0
1  Adelie  Torgersen            39.5           17.4              186.0
2  Adelie  Torgersen            40.3           18.0              195.0
3  Adelie  Torgersen             NaN            NaN                NaN
4  Adelie  Torgersen            36.7           19.3              193.0

   body_mass_g     sex
0       3750.0    MALE
1       3800.0  FEMALE
2       3250.0  FEMALE
3          NaN     NaN
4       3450.0  FEMALE  )
```

업로드된 펭귄 데이터셋은 남극 지역에 서식하는 펭귄들의 다양한 생물학적 정보를 담고 있습니다. 이 데이터셋은 총 344개의 행과 7개의 열로 구성되어 있으며, 각 열은 다음과 같은 정보를 포함하고 있습니다:

열(Column) 설명:

1. **species**: 펭귄의 종 (예: Adelie, Chinstrap, Gentoo)
2. **island**: 펭귄이 서식하는 섬 (예: Torgersen, Biscoe, Dream)
3. **bill_length_mm**: 펭귄의 부리 길이 (밀리미터 단위)
4. **bill_depth_mm**: 펭귄의 부리 깊이 (밀리미터 단위)
5. **flipper_length_mm**: 펭귄의 날개 길이 (밀리미터 단위)
6. **body_mass_g**: 펭귄의 체중 (그램 단위)
7. **sex**: 펭귄의 성별 (MALE, FEMALE)

데이터 요약:

- `bill_length_mm`, `bill_depth_mm`, `flipper_length_mm`, `body_mass_g` 열에는 몇 개의 결측값이 포함되어 있습니다.
- `sex` 열에도 일부 결측값이 존재합니다.

데이터셋에 결측값(NaN)이 있다고 해서 결측값을 확인해 달라고 요청했습니다.

 결측값 개수를 확인해 줘.

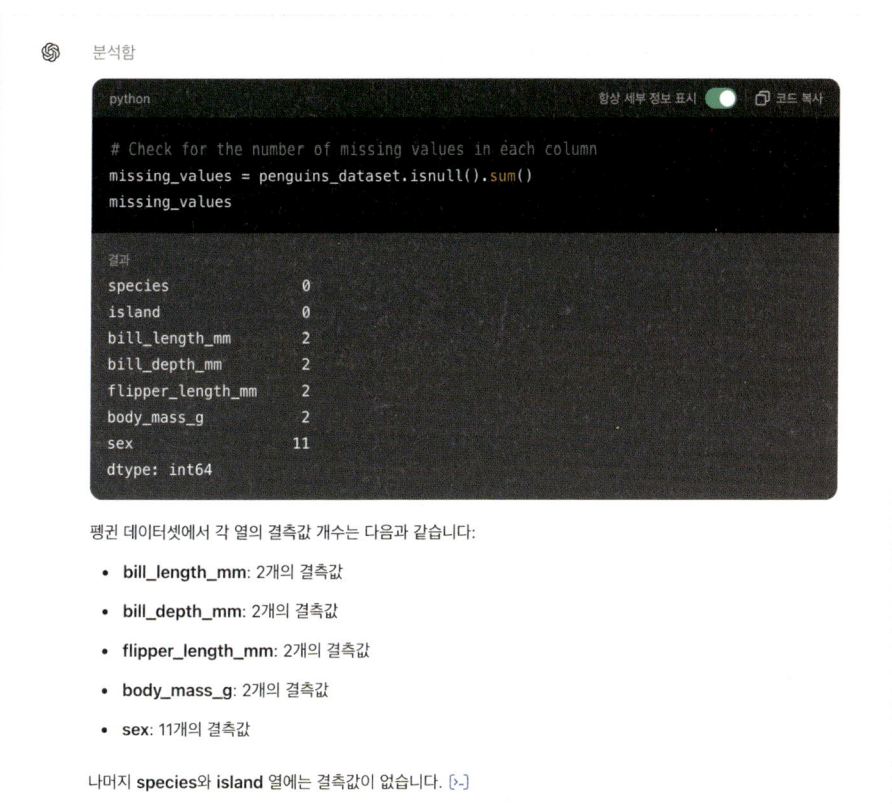

펭귄 데이터셋에서 각 열의 결측값 개수는 다음과 같습니다:

- **bill_length_mm**: 2개의 결측값
- **bill_depth_mm**: 2개의 결측값
- **flipper_length_mm**: 2개의 결측값
- **body_mass_g**: 2개의 결측값
- **sex**: 11개의 결측값

나머지 **species**와 **island** 열에는 결측값이 없습니다. [>-]

부리 길이, 부리 깊이, 지느러미 길이, 몸무게에 각각 2개씩 결측값이 있고, 성별에 11개 결측값이 있다고 하는데요. 각 컬럼의 결측값을 어떻게 처리하면 좋을지 제안해 달라고 요청했습니다.

3장 시각화와 라벨링을 위한 데이터 분석 93

각 컬럼의 결측값을 어떻게 처리하면 좋은지 제안해 줘.

결측값 처리는 데이터의 특성과 분석 목표에 따라 다를 수 있습니다. 다음은 각 열의 결측값을 처리할 때 고려할 수 있는 일반적인 방법입니다:

1. **bill_length_mm, bill_depth_mm, flipper_length_mm, body_mass_g (수치형 데이터)**
   - **평균값 또는 중앙값으로 대체**: 수치형 데이터의 결측값을 해당 열의 평균값이나 중앙값으로 대체할 수 있습니다. 평균값은 데이터가 정규 분포에 가까울 때 유용하고, 중앙값은 이상치에 영향을 덜 받는 장점이 있습니다.
   - **유사한 데이터 포인트를 기준으로 대체**: 다른 특성이 비슷한 데이터 포인트(예: 같은 종과 섬에 속한 펭귄)를 찾아 해당 값으로 결측값을 채울 수 있습니다.
   - **예측 모델을 사용하여 대체**: 회귀 모델이나 KNN 같은 기법을 사용해 결측값을 예측하여 채울 수 있습니다.

2. **sex (범주형 데이터)**
   - **가장 빈번한 값으로 대체**: `sex` 열의 경우 결측값을 가장 빈번하게 나타나는 값(예: MALE 또는 FEMALE)으로 대체할 수 있습니다.
   - **유사한 데이터 포인트를 기준으로 대체**: 펭귄의 종, 섬, 체중 등을 고려하여 성별을 예측할 수 있습니다.
   - **'Unknown' 또는 'Unspecified'와 같은 새로운 범주 추가**: 결측값을 'Unknown' 또는 'Unspecified'와 같은 새로운 범주로 표시할 수 있습니다. 이렇게 하면 정보 손실을 방지할 수 있습니다.

결론:
- **수치형 열**: 평균 또는 중앙값으로 대체하거나 유사 데이터 포인트 기반으로 대체하는 것이 일반적입니다.
- **범주형 열 (sex)**: 가장 빈번한 값으로 대체하거나 'Unknown'으로 처리할 수 있습니다.

이 방법들은 결측값이 많지 않은 경우 효과적으로 사용할 수 있으며, 데이터를 유지하면서 분석의 신뢰성을 높일 수 있습니다.

그랬더니 부리 길이, 부리 깊이, 몸무게 등 수치형 데이터의 경우 평균이나 중앙값으로 결측값을 대체하고 성별과 같은 범주형 데이터의 경우 최빈값으로 대체할 수 있다고 하는데요. 결측값이 많을 경우 행이나 컬럼을 삭제하는 방법도 있다고 합니다.

그럼, 부리 길이나 부리 깊이, 몸무게 등 수치형 데이터는 평균으로 대체하고 성별은 최빈값으로 대체한 뒤 본격적으로 시각화를 진행해 보겠습니다.

그럼 부리 길이나 부리 깊이, 몸무게 등 수치형 데이터는 평균으로 대체하고 성별은 최빈값으로 대체해 줘.

 분석함

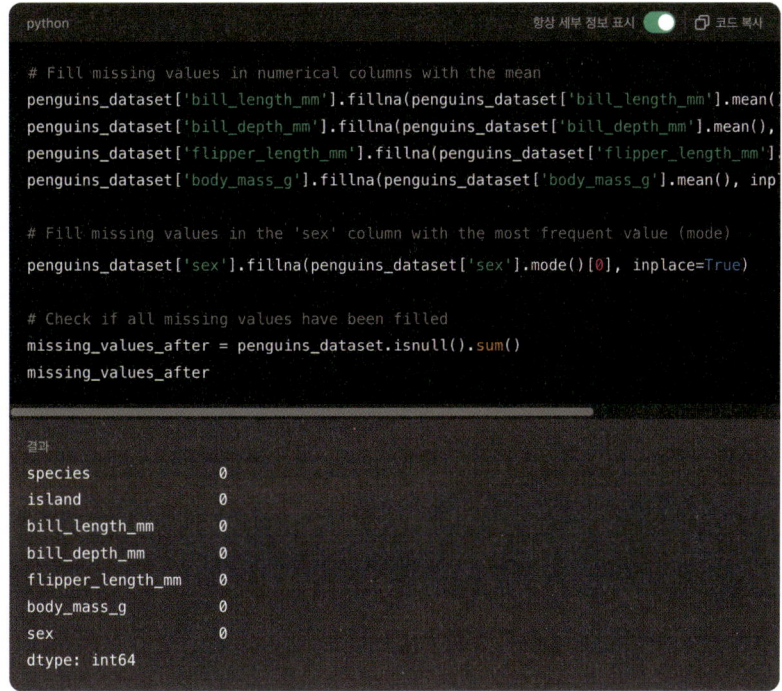

모든 결측값이 성공적으로 처리되었습니다.

- 수치형 데이터 (`bill_length_mm`, `bill_depth_mm`, `flipper_length_mm`, `body_mass_g`)는 각 열의 평균값으로 대체되었습니다.
- 성별 데이터 (`sex`)는 가장 빈번한 값으로 대체되었습니다.

이제 데이터셋에 결측값이 없습니다. [>-]

결측값 처리가 완료된 데이터셋의 기초 통계를 한번 확인해 볼게요. 데이터를 범주형 데이터와 수치형 데이터로 나눠 기초 통계를 분석해 달라고 했습니다. 그냥 데이터의 기초 통계를 확인해 달라고 해도 되지만, 그때그때 결과가 달라질 수 있어 표로 만들어 달라고 했습니다. 특히, 컬럼 이름을 행으로 하는 표로 만들어 달라고 하면 새로운 표의 컬럼은 평균, 표준편차, 최소값, 최대값과 같은 통계값이 되고 각 컬럼들에 대한 기초 통계를 한눈에 볼 수 있게 정리할 수 있습니다.

 데이터를 범주형 데이터와 수치형 데이터로 나눠 기초 통계를 분석해 줘. 컬럼 이름을 행으로 하는 새로운 표로 각각 만들어 줘.

Numerical Data Statistics

		count	mean	std
1	bill_length_mm	344.0	43.92192982456141	5.443643253
2	bill_depth_mm	344.0	17.15116959064374	1.969027324
3	flipper_length_mm	344.0	200.91520467836258	14.020657426
4	body_mass_g	344.0	4201.754385964912	799.6130574

Categorical Data Statistics

		count	unique	top
1	species	344	3	Adelie
2	island	344	3	Biscoe
3	sex	344	2	MALE

범주형 데이터와 수치형 데이터의 기초 통계가 각각의 표로 나뉘어 표시되었습니다. 필요하면 추가적인 분석이나 세부 사항도 도와드릴 수 있습니다. [>_]

수치형 데이터와 범주형 데이터로 나눠 기초 통계를 표로 보여 주는데요. 정수나 실수로 구성된 수치형 데이터의 경우 평균, 표준편차, 최소값, 중앙값, 최대값 등을 계산해서 표로 보여 주고요. 범주형 데이터의 경우 고유값의 개수와 고유값 가운데 가장 많이 등장하는 최빈값과 그 빈도수를 표로 보여 줍니다.

그럼, 챗GPT에게 데이터셋의 분포나 패턴, 컬럼들의 상관관계가 잘 나타나도록 다양하게 시각화해 달라고 요청해 보겠습니다.

 데이터셋의 분포나 패턴, 컬럼들의 상관관계가 잘 나타나도록 다양하게 시각화해 줘.

데이터셋의 분포, 패턴, 그리고 컬럼들 간의 상관관계를 시각적으로 이해하기 위해 다양한 그래프를 생성하겠습니다. 이를 통해 데이터의 특성과 변수 간의 관계를 보다 명확하게 파악할 수 있습니다.

아래는 필요한 시각화를 생성하는 코드입니다.

1. 수치형 변수의 분포 확인: 히스토그램과 커널 밀도 추정 (KDE) 그래프

수치형 변수들의 분포를 이해하기 위해 히스토그램과 커널 밀도 추정 그래프를 그립니다.

```python
import matplotlib.pyplot as plt
import seaborn as sns

# Define numerical columns
numerical_columns = ['bill_length_mm', 'bill_depth_mm', 'flipper_length_mm', 'body

# Set the style of the plots
sns.set(style="whitegrid")

# Create histograms and KDE plots for numerical variables
plt.figure(figsize=(20, 16))
```

그랬더니 수치형 데이터들의 개별 분포를 히스토그램으로 보여 주고, 수치형 데이터들의 관계를 페어플롯(Pairplot)과 히트맵 등으로 보여 주는데요. 범주형 컬럼들은 각 고유 값의 빈도수를 시각화해 주었습니다.

Distribution Of Body_mass_g

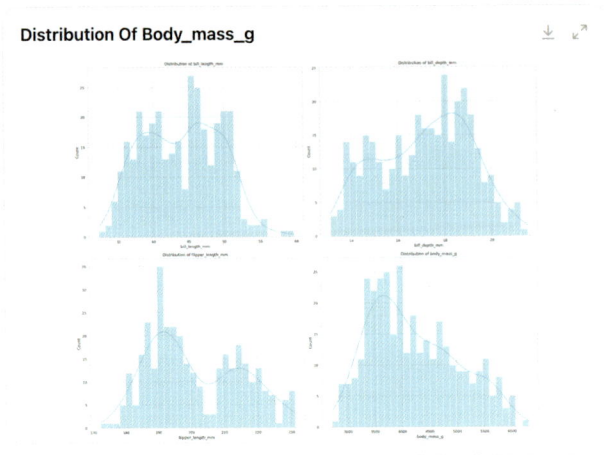

Count Of Sex

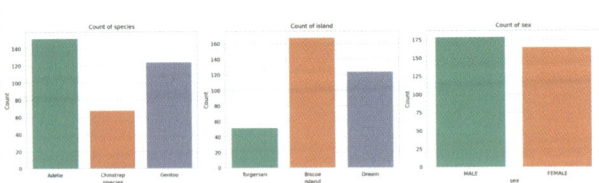

Matplotlib Chart

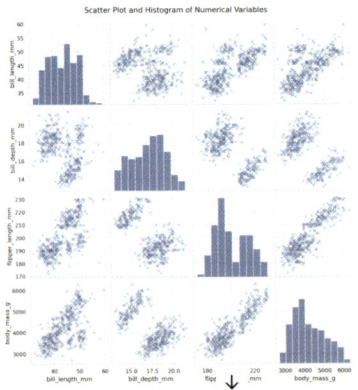

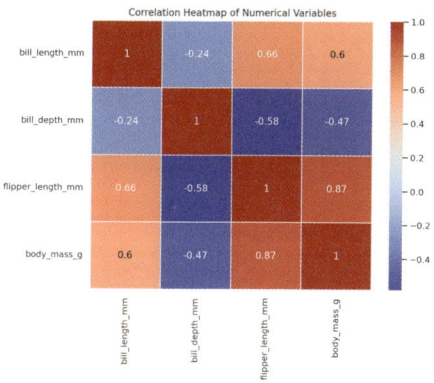

위의 시각화는 다음을 보여줍니다:

1. **수치형 변수의 분포**: 각 수치형 변수의 히스토그램과 커널 밀도 추정(KDE) 그래프가 있습니다. 이를 통해 각 변수의 데이터 분포를 확인할 수 있습니다.
2. **범주형 변수의 분포**: 범주형 변수의 막대 그래프가 있습니다. 이를 통해 데이터셋의 범주형 변수의 빈도를 파악할 수 있습니다.
3. **수치형 변수 간의 분포**: 수치형 변수들 간의 산점도와 히스토그램을 통해 변수 간의 관계를 시각적으로 나타내었습니다.
4. **수치형 변수 간의 상관관계**: 히트맵을 통해 변수 간의 상관관계를 확인할 수 있습니다.

이 시각화들을 통해 데이터셋의 전반적인 분포와 변수 간의 관계를 보다 명확하게 이해할 수 있습니다. 추가적인 분석이나 특정한 인사이트를 원하시면 언제든지 말씀해 주세요! [>_]

각 그래프를 하나씩 살펴보면, 먼저 부리 길이, 부리 깊이, 지느러미 길이와 몸무게 등의 수치형 데이터의 분포를 각각 히스토그램으로 보여 주었습니다. 분포 패턴은 조금씩 다르지만 이상값 데이터가 있는 것 같지는 않네요.

두 번째로 펭귄 종(Species)이나 서식지, 성별 등의 범주형 데이터도 시각화해 주었는데요. 각 범주형 데이터의 고유값별 빈도수를 씨본의 막대그래프로 그려 주었습니다. 종별로는 Adelie 펭귄이 가장 많고, 서식지로는 Biscoe Island에 가장 많이 살고, 성별로는 수컷이 살짝 더 많습니다.

세 번째는 수치형 데이터들의 관계를 페어플롯으로 보여 주었는데요. 페어플롯(Pairplot)은 여러 수치형 변수 간의 관계를 한눈에 확인할 수 있는 그래프입니다. 각 변수 쌍마다 산점도(Scatter Plot)를 그려 변수들 간의 상관관계를 직관적으로 파악할 수 있습니다. 또한, 대각선에는 각 변수의 분포를 보여 주는 히스토그램이 표시되어 데이터의 전체적인 분포와 패턴을 쉽게 이해할 수 있게 합니다.

페어플롯으로 시각화한 결과를 살펴보면 두 수치형 데이터 간의 관계가 선형을 보이는 경우도 있고, 2~3개 그룹으로 나뉘어져 보이는 경우도 있는데요. 특히 지느러미 길이(flipper_length_mm)와 몸무게(body_mass_g)는 선형 관계를 보여 지느러미가 길수록 몸무게가 늘어나는 경향이 있는 것을 알 수 있습니다.

네 번째 히트맵을 살펴보면 지느러미 길이와 몸무게가 0.87, 지느러미 길이와 부리 길이가 0.66으로 강한 양의 상관관계를 나타내는 것을 알 수 있습니다. 반면, 지느러미 길이와 부리 깊이 사이에는 -0.58의 음의 상관관계가 나타나는데요. 즉, 지느러미 길이가 길어질수록 부리 깊이는 짧아지는 경향이 있다는 것을 의미합니다. 음의 상관관계는 상관관계가 없다는 것이 아니라 반대 성향이 강하다는 의미이니까요.

이렇게 챗GPT가 데이터의 주요 패턴이나 특징을 알 수 있도록 알아서 시각화해 주었는데요. 이번에는 원하는 그래프를 좀 더 디테일하게 시각화해 보겠습니다. 챗GPT는 맷플롯립과 씨본을 모두 사용하여 시각화를 할 수 있지만, 씨본은 복잡한 시각화를 쉽게 할 수 있는 다양한 그래프 함수를 지원하고, 함수의 색상 및 스타일, 컬럼 등의 인수를 설정함으로써 시각적 요소를 간단하게 조정할 수 있습니다. 그래서 챗GPT에게 미리 씨본 라이브러리를 사용하고, 배경은 화이트로 설정해 달라고 하고 추가적인 시각화를 진행해 보겠습니다.

참고로 씨본에는 다섯 가지 사전 설정된 배경 테마가 있습니다. 다크그리드(darkgrid), 화이트그리드(whitegrid), 다크(dark), 화이트(white), 틱스(ticks)입니다. 앞에서는 챗GPT가 알아서 화이트그리드로 배경을 설정하고 그래프들을 그려 주었는데요. 다양한 용도와 개인의 취향에 따라 적절한 배경색을 설정할 수 있습니다. 기본 테마는 화이트그리드입니다.

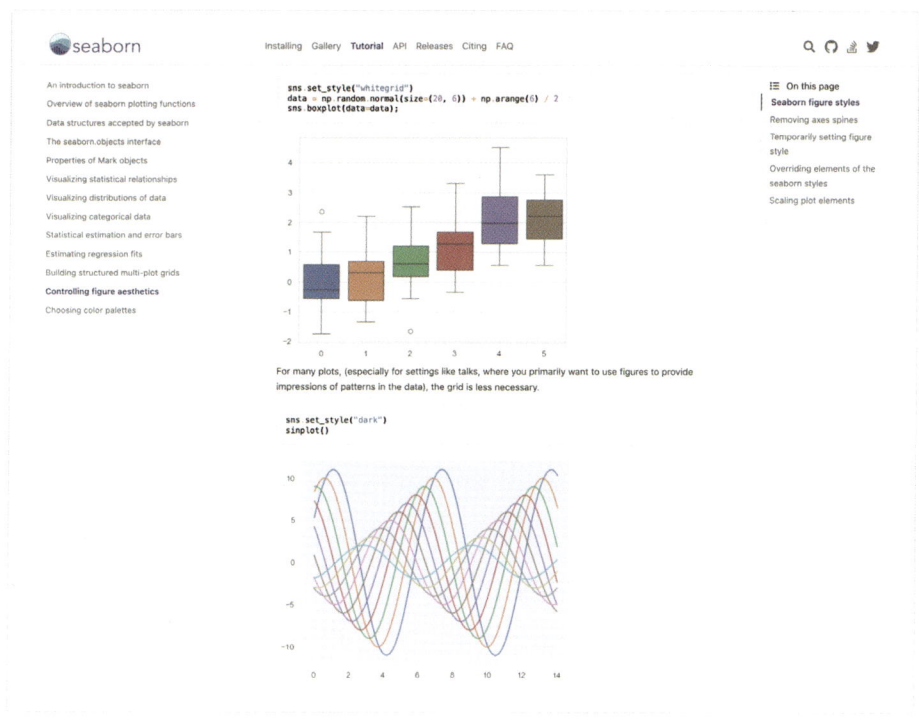

씨본의 배경 테마(https://seaborn.pydata.org/tutorial/aesthetics.html)

그럼, 먼저 지느러미 길이(flipper_length_mm)의 분포를 히스토그램으로 보여 달라고 하겠습니다. 씨본 라이브러리를 사용하고 배경은 화이트로 모두 설정해 달라고 했습니다.

지느러미 길이(flipper_length_mm)의 분포를 히스토그램으로 보여 줘. 배경은 화이트로 모두 설정해 줘.

분석함

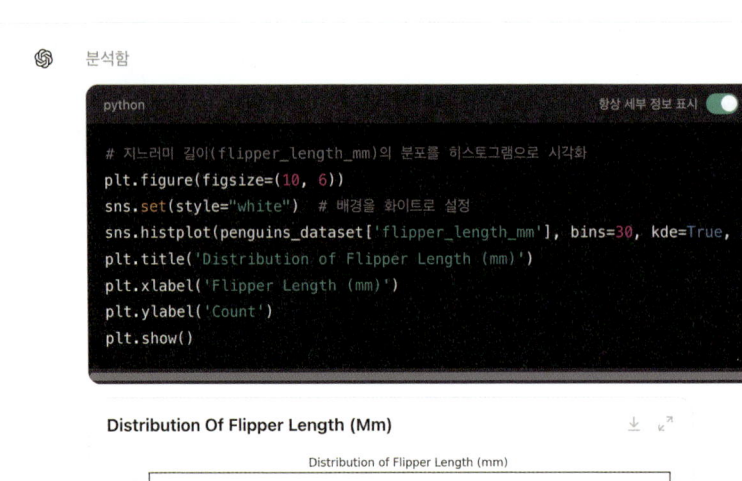

Distribution Of Flipper Length (Mm)

위의 히스토그램은 지느러미 길이(`flipper_length_mm`)의 분포를 나타내며, 배경은 화이트로 설정되어 있습니다. 이를 통해 펭귄들의 지느러미 길이 분포를 시각적으로 확인할 수 있습니다. [>-]

배경이 화이트로 설정되고 색상은 씨본의 기본 색상을 그대로 사용했네요. 지느러미 길이의 분포를 30개의 구간(bins)으로 나눠서 그려 주었습니다. 구간의 개수나 구간의 너비(binwidth)를 직접 지정해 데이터의 분포를 세밀하게 조정할 수도 있습니다.

이번에는 여기에 종(Species)별로 색상을 다르게 해 달라고 요청해서 종별로 지느러미 길이의 분포를 다르게 시각화해 보겠습니다.

종별로 색상을 다르게 해서 그려 줘.

분석함

```python
# 지느러미 길이(flipper_length_mm)의 분포를 종별로 색상을 다르게 하여 시각화
plt.figure(figsize=(10, 6))
sns.set(style="white")  # 배경을 화이트로 설정
sns.histplot(data=penguins_dataset, x='flipper_length_mm', hue='species', bins=30,
plt.title('Distribution of Flipper Length (mm) by Species')
plt.xlabel('Flipper Length (mm)')
plt.ylabel('Count')
plt.show()
```

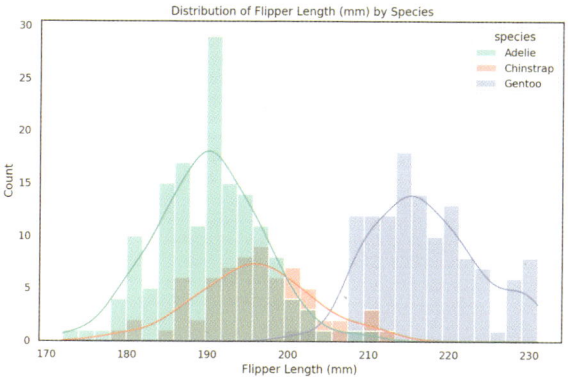

Distribution Of Flipper Length (Mm) By Species

위의 히스토그램은 지느러미 길이(`flipper_length_mm`)의 분포를 펭귄의 종류별로 색상을 다르게 하여 나타낸 것입니다. 이를 통해 각 종별로 지느러미 길이가 어떻게 분포되어 있는지 시각적으로 비교할 수 있습니다.

펭귄 종류별로 색상을 구분해 각각의 분포를 그려 줬는데요. 위 예시는 지느러미 길이 분포를 종에 따라 시각적으로 쉽게 구분할 수 있지만, 혹시 히스토그램이 겹치는 부분을 수정하고 싶다면 히스토그램의 형태를 계단(step) 형태로 바꾸는 방법도 있습니다.

고마워, 히스토그램의 막대가 서로 겹치지 않게 계단 형태의 그래프로 보여 줘.

 분석함

```python
# 지느러미 길이(flipper_length_mm)의 분포를 종별로 계단형(histogram step) 그래프로 시각화
plt.figure(figsize=(10, 6))
sns.set(style="white")  # 배경을 화이트로 설정
sns.histplot(data=penguins_dataset, x='flipper_length_mm', hue='species', bins=30,
plt.title('Distribution of Flipper Length (mm) by Species')
plt.xlabel('Flipper Length (mm)')
plt.ylabel('Count')
plt.show()
```

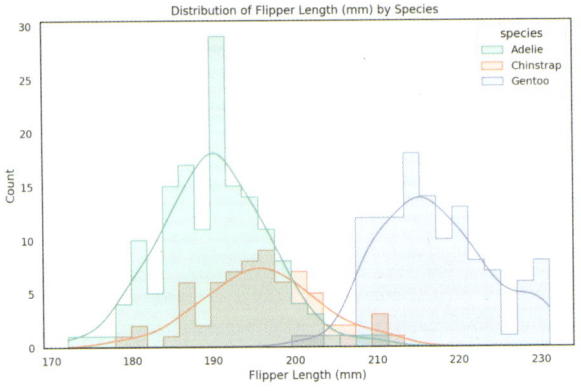

위의 그래프는 지느러미 길이(`flipper_length_mm`)의 분포를 종별로 계단형(histogram step)으로 시각화한 것입니다. 이렇게 하면 각 종의 분포가 명확하게 구분되어 보이며, 막대들이 서로 겹치지 않게 표현됩니다. [>-]

개별 컬럼의 데이터 분포를 여러 가지 방식으로 시각화해 보았다면, 이번에는 범주형 컬럼과 수치형 컬럼의 관계를 시각화해 보겠습니다. 펭귄 종류와 지느러미 길이의 분포를 시각화해볼 건데요. 먼저 펭귄 종류에 따른 지느러미 길이의 분포를 박스 플롯으로 보여 달라고 하겠습니다.

펭귄 종류에 따른 지느러미 길이의 분포를 박스 플롯으로 보여 줘.

분석함

python 항상 세부 정보 표시 코드 복사

```python
# 펭귄 종류에 따른 지느러미 길이의 분포를 박스 플롯으로 시각화
plt.figure(figsize=(10, 6))
sns.set(style="whitegrid")
sns.boxplot(data=penguins_dataset, x='species', y='flipper_length_mm', palette='Se
plt.title('Box Plot of Flipper Length (mm) by Species')
plt.xlabel('Species')
plt.ylabel('Flipper Length (mm)')
plt.show()
```

Box Plot Of Flipper Length (Mm) By Species

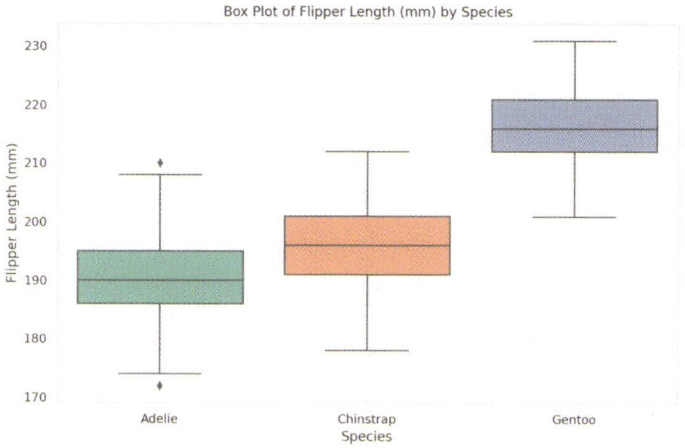

위의 박스 플롯은 펭귄 종류에 따른 지느러미 길이(`flipper_length_mm`)의 분포를 보여줍니다. 각 종별로 지느러미 길이의 중앙값, 사분위수, 그리고 이상치 등을 시각적으로 확인할 수 있습니다. [>-]

박스 플롯은 데이터의 중앙값, 사분위수, 이상값 등을 시각화할 수 있는 그래프입니다. x축에 종(Species) 컬럼을, y축에 지느러미 길이 컬럼을 넣어 종별로 지느러미 길이의 분포를 상자 형태로 보여 주었습니다.

이제 성별을 색상 인수(hue)로 설정하여, 성별에 따른 차이도 구분해 그려 보겠습니다. 색상 인수(hue)는 범주형 컬럼의 고유값별로 색상을 다르게 구분해 주는 역할을 합니다. 물론 앞에서 말한 것처럼 성별로 색상을 다르게 지정해 달라고 이야기해도 됩니다.

그러면 챗GPT가 알아서 성별을 색상 인수(hue)로 지정해서 코드를 작성하고 실행할 것인데요. 바로 색상 인수로 성별을 사용해 달라고 했습니다.

 색상 인수로 펭귄 성별을 사용해 줘.

분석함

```python
# 펭귄 종류와 성별에 따른 지느러미 길이의 분포를 박스 플롯으로 시각화
plt.figure(figsize=(10, 6))
sns.set(style="whitegrid")
sns.boxplot(data=penguins_dataset, x='species', y='flipper_length_mm', hue='sex',
plt.title('Box Plot of Flipper Length (mm) by Species and Sex')
plt.xlabel('Species')
plt.ylabel('Flipper Length (mm)')
plt.show()
```

Box Plot Of Flipper Length (Mm) By Species And Sex

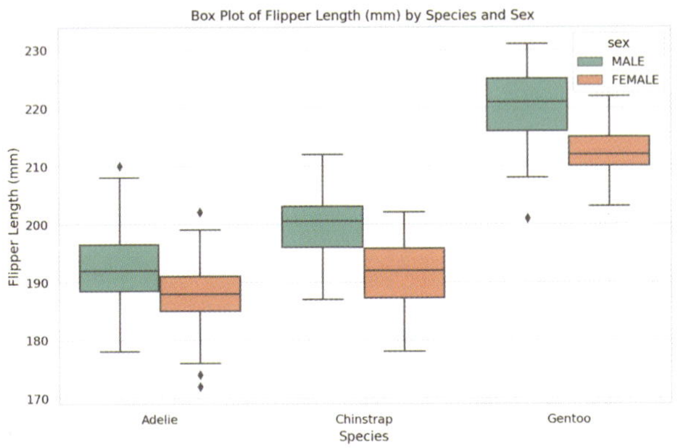

위의 박스 플롯은 펭귄의 종류와 성별에 따른 지느러미 길이(`flipper_length_mm`)의 분포를 보여줍니다. 각 종류로 성별에 따라 지느러미 길이의 분포를 비교할 수 있으며, 성별에 따른 차이도 시각적으로 확인할 수 있습니다.

그래서 펭귄 종별로 나타난 지느러미 길이 분포에 색상 인수(hue)가 설정되면서 펭귄 종류와 성별로 지느러미 길이의 분포를 알 수 있는데요. 결과를 살펴보면 Gentoo 펭귄의 지느러미 길이가 가장 길게 분포하고 있고 세 펭귄 모두 암컷보다는 수컷의 지느러미 길이가 조금씩 더 길게 분포하고 있는 것을 한눈에 알 수 있습니다.

이번에는 펭귄 종류에 따른 지느러미 길이를 바이올린 플롯으로 시각화해 볼게요.

펭귄 종류에 따른 지느러미 길이의 분포를 바이올린 플롯으로 보여 줘.

분석함

python 항상 세부 정보 표시 코드 복사

```python
# 펭귄 종류에 따른 지느러미 길이의 분포를 바이올린 플롯으로 시각화
plt.figure(figsize=(10, 6))
sns.set(style="whitegrid")
sns.violinplot(data=penguins_dataset, x='species', y='flipper_length_mm', palette=
plt.title('Violin Plot of Flipper Length (mm) by Species')
plt.xlabel('Species')
plt.ylabel('Flipper Length (mm)')
plt.show()
```

Violin Plot Of Flipper Length (Mm) By Species

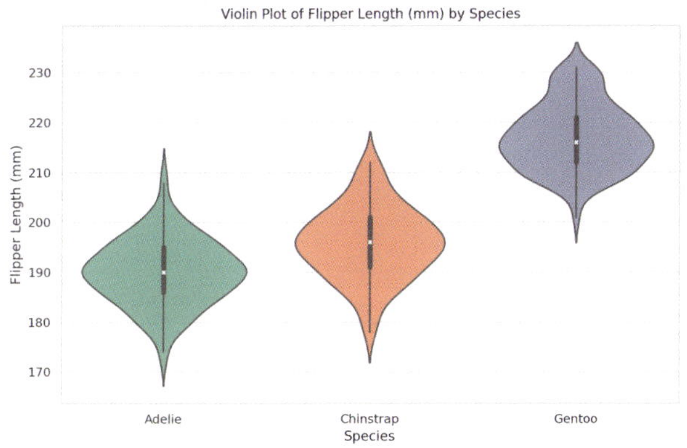

위의 바이올린 플롯은 펭귄 종류에 따른 지느러미 길이(`flipper_length_mm`)의 분포를 나타냅니다. 바이올린 플롯은 박스 플롯과 커널 밀도 추정(KDE)을 결합한 형태로, 각 펭귄 종별 지느러미 길이의 분포를 더욱 직관적으로 시각화할 수 있습니다. [>-]

펭귄 종류별로 지느러미 길이의 분포를 바이올린 플롯으로 보여 주는데요. 박스 플롯이 데이터의 분포를 사분위수, 이상값 등의 박스 형태로 한눈에 파악하게 해준다면, 바이올린 플롯은 데이터의 분포를 좀 더 직관적으로 보여 주는데요. 데이터의 분포를 곡선으로 나타내며 데이터가 몰려 있는 곳은 곡선의 폭이 넓게 나타납니다.

이번에는 마찬가지로 바이올린 플롯을 그리되, x축을 지느러미 길이로 하고 y축을 펭귄 종류로 바꿔서 설정해 보겠습니다. 이렇게 하면 펭귄 종류별로 지느러미 길이의 분포를 가로축으로 비교할 수 있는데요.

 펭귄 종류에 따른 지느러미 길이의 분포를 바이올린 플롯으로 보여 줘. x축을 지느러미 길이로 하고, y축을 펭귄 종류로 해 줘.

```python
import pandas as pd

# Load the dataset again
penguins_file_path = '/mnt/data/penguins.csv'
penguins_dataset = pd.read_csv(penguins_file_path)

# Proceed with the visualization
import matplotlib.pyplot as plt
import seaborn as sns

# 펭귄 종류에 따른 지느러미 길이의 분포를 바이올린 플롯으로 시각화
plt.figure(figsize=(10, 6))
sns.set(style="whitegrid")
sns.violinplot(data=penguins_dataset, x='flipper_length_mm', y='species', palette=
plt.title('Violin Plot of Flipper Length (mm) by Species')
plt.xlabel('Flipper Length (mm)')
plt.ylabel('Species')
plt.show()
```

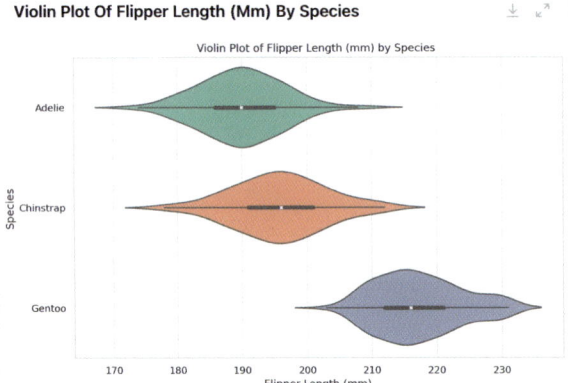

위의 바이올린 플롯은 x축에 지느러미 길이(`flipper_length_mm`), y축에 펭귄의 종류를 설정하여 펭귄 종별로 지느러미 길이의 분포를 나타낸 것입니다. 이 그래프는 각 종별로 지느러미 길이의 밀도와 분포를 시각적으로 비교할 수 있도록 도와줍니다. [>-]

다음으로는 범주형 데이터와 범주형 데이터의 관계를 시각화해 보겠습니다. 종(species) 컬럼의 분포를 막대그래프로 그려 달라고 요청하고 색상 인수는 성별로 설정해 보겠습니다.

 종(species) 컬럼의 분포를 막대그래프로 보여 줘. 색상 인수는 성별로 해 줘.

분석함

```python
# 종(species) 컬럼의 분포를 막대 그래프로 시각화, 색상 인수는 성별로 설정
plt.figure(figsize=(10, 6))
sns.set(style="whitegrid")
sns.countplot(data=penguins_dataset, x='species', hue='sex', palette='Set2')
plt.title('Count of Penguins by Species and Sex')
plt.xlabel('Species')
plt.ylabel('Count')
plt.show()
```

Count Of Penguins By Species And Sex

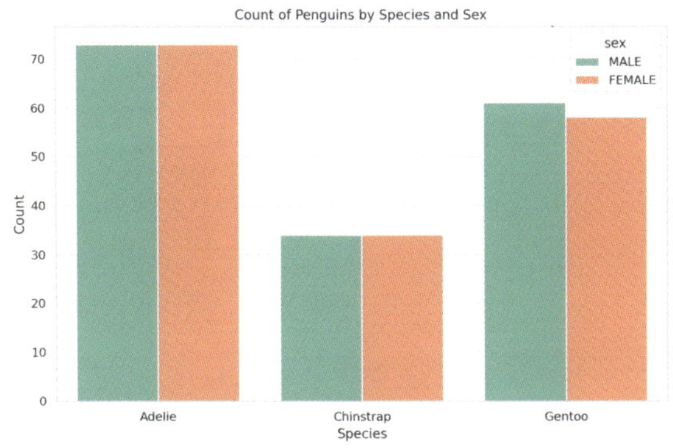

위의 막대 그래프는 펭귄의 종별 분포를 성별로 구분하여 나타낸 것입니다. 각 막대는 특정 종 내에서 성별(MALE, FEMALE)에 따른 펭귄 수를 보여줍니다. 이를 통해 각 종에서 성별에 따른 분포 차이를 시각적으로 비교할 수 있습니다. [>_]

펭귄 종류별 분포를 막대그래프를 보여 주는데요. 성별로 색상이 구분된 것을 볼 수 있습니다. Adelie 펭귄의 개체 수가 제일 많고 Gentoo, Chinstrap순이네요. 성별로는 수컷의 수가 조금 더 많고 Chinstrap의 경우 거의 비슷하네요.

여기에 서식지(island) 범주형 데이터까지 추가해서 서식지별로 종(species) 컬럼의 분포를 막대그래프로 각각 보여 주고, 각 막대그래프의 색상 인수는 성별로 지정해 보겠습니다.

서식지별로 종(species) 컬럼의 분포를 막대그래프로 보여 줘. 한 줄에 세 개의 막대그래프를 그리고 각 막대그래프의 색상 인수는 성별로 해 줘.

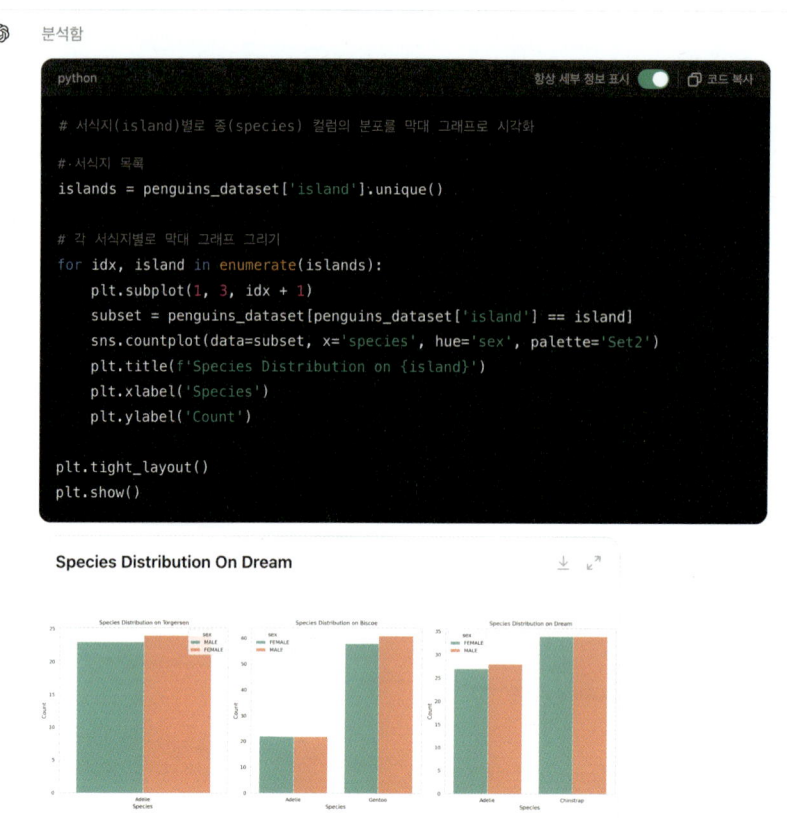

위의 시각화는 각 서식지(섬)별로 펭귄 종(`species`)의 분포를 성별로 구분하여 보여주는 막대 그래프입니다. 각 그래프는 하나의 서식지에 해당하며, 해당 서식지에서 종별로 성별에 따른 펭귄의 수를 나타냅니다.

이렇게 한 줄에 세 개의 그래프를 배치하여 서식지별로 분포 차이를 비교할 수 있습니다. [>-]

그랬더니 서식지(island)별로 살고 있는 펭귄 수를 성별로 구분해서 보여 주는데요. Torgersen 섬에는 Adelie 펭귄만 살고 있고, Biscoe 섬에는 Adelie와 Gentoo 펭귄이 살고 있으며, Dream 섬에는 Adelie와 Chinstrap 펭귄이 살고 있네요. 챗GPT의 코드를 살펴보면 for 반복문 구문을 이용해서 전체 데이터에서 서식지별 데이터를 추출하고, 그 데이터를 사용해 씨본의 막대그래프로 개체 수를 시각화했습니다.

그런데 씨본에서는 색상 인수(hue) 외에도 컬럼 인수(col)를 설정해 특정 범주형 데이터를 기준으로 여러 개의 서브플롯을 그릴 수도 있는데요. 범주형 데이터의 각 값에 대해 별도의 그래프가 생성되며 이를 통해 더 명확하게 비교할 수 있습니다. 예를 들어 앞과 같은 상황에서는 챗GPT에게 다음과 같이 요청할 수도 있습니다.

종(species) 컬럼의 분포를 막대그래프로 보여 줘. 색상 인수는 성별로 하고 컬럼 변수는 island로 해 줘.

분석함

python　　항상 세부 정보 표시　코드 복사

```python
# 종(species) 컬럼의 분포를 막대 그래프로 시각화
# 색상 인수는 성별, 컬럼 변수는 island로 설정

plt.figure(figsize=(18, 6))
sns.set(style="whitegrid")

sns.catplot(data=penguins_dataset, x='species', hue='sex', col='island', kind='cou

plt.suptitle('Species Distribution by Island and Sex', y=1.05)
plt.show()
```

Island = Dream

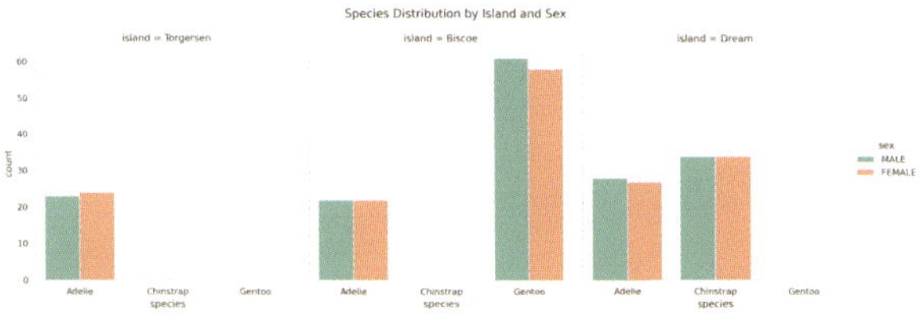

위의 시각화는 `species`(종) 컬럼의 분포를 성별로 구분하고, 각 서식지(`island`)별로 나누어 보여주는 막대그래프입니다. 각 그래프는 하나의 서식지에 해당하며, 해당 서식지에서 종별로 성별에 따른 펭귄의 수를 나타냅니다. 이를 통해 서식지별로 종과 성별 분포의 차이를 쉽게 비교할 수 있습니다. [>-]

앞서 첫 번째 그래프가 for 구문을 이용해서 각 섬의 데이터를 추출하고 그 섬에 있는 펭귄으로 막대 그래프를 그려서 각 섬에 존재하는 펭귄들로만 시각화를 했다면, 두 번째 씨본 함수의 컬럼 인수로 서식지를 설정한 경우에는 서식지별로 펭귄 종류와 성별로 구분된 막대 그래프가 그려집니다. 이 경우, 해당 섬에 존재하지 않는 펭귄도 빈 그래프로 표시된다는 차이가 있습니다.

이제 마지막으로 수치형 데이터와 수치형 데이터의 관계를 시각화해 보겠습니다. 부리 깊이와 부리 길이의 관계를 산점도로 그려 보겠습니다.

 부리 깊이와 부리 길이의 관계를 산점도로 그려 줘.

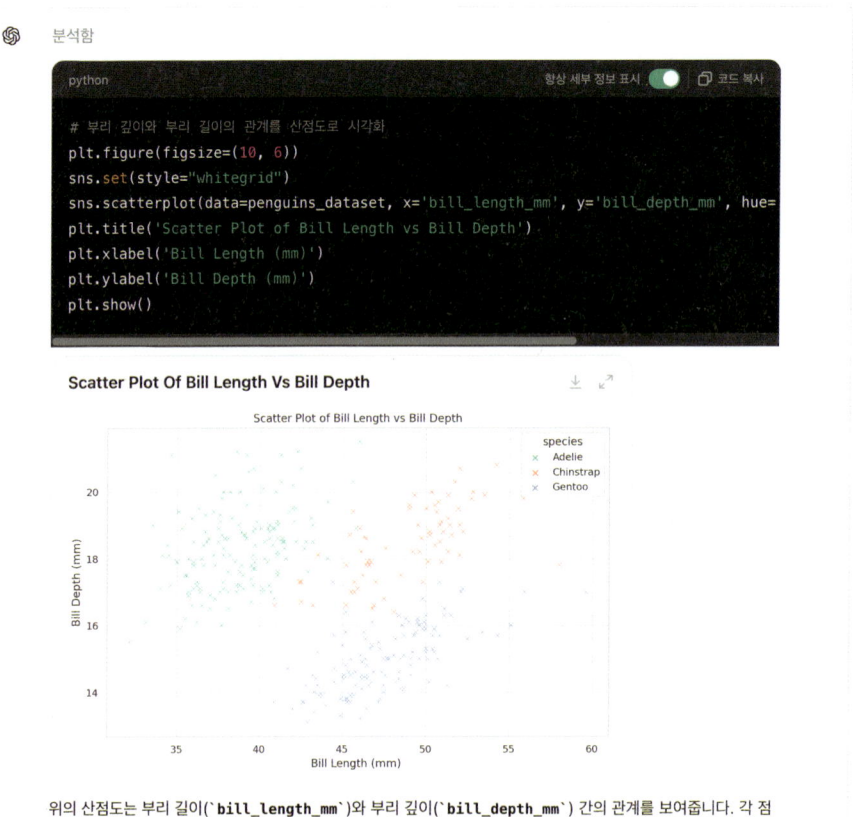

위의 산점도는 부리 길이(`bill_length_mm`)와 부리 깊이(`bill_depth_mm`) 간의 관계를 보여줍니다. 각 점은 펭귄 하나를 나타내며, 색상은 종(species)에 따라 구분됩니다. 이 그래프를 통해 부리 길이와 깊이 사이의 관계를 시각적으로 확인할 수 있습니다.

부리 길이에 따른 부리 깊이의 분포를 산점도로 보여 주었는데요. 챗GPT가 알아서 종별로 색상을 구분해서 그려 주었습니다. 이 그래프를 통해 Adelie 펭귄이 상대적으로 부리 길이는 짧지만 부리 깊이가 깊다는 것을 알 수 있습니다. Chinstrap과 Gentoo 펭귄은 부리 길이가 비슷하지만, Chinstrap의 부리 깊이가 더 깊다는 특징을 보이네요.

이번에는 종에 따라 색상과 스타일을 모두 다르게 지정해 달라고 요청해 보겠습니다. 씨본의 함수들은 색상(hue) 인수와 스타일(style) 인수를 모두 범주형 데이터로 설정할 수 있는데요. 이 경우 챗GPT가 색상 인수와 스타일 인수를 모두 종(species) 컬럼으로 설정할 것입니다.

 산점도에서 종에 따라 다른 색상과 다른 스타일을 사용해 줘.

분석함

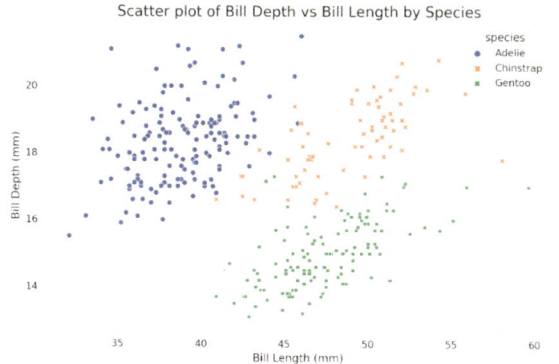

```python
# Create the scatter plot for bill depth vs bill length
plt.figure(figsize=(10, 6))
sns.scatterplot(x='bill_length_mm', y='bill_depth_mm', hue='species', style='species', dat

# Set the plot labels and title
plt.title('Scatter plot of Bill Depth vs Bill Length by Species', fontsize=16)
plt.xlabel('Bill Length (mm)', fontsize=12)
plt.ylabel('Bill Depth (mm)', fontsize=12)

# Show the plot
plt.show()
```

Scatter Plot Of Bill Depth Vs Bill Length By Species

이 산점도는 종별로 다른 색상과 스타일을 사용하여 부리 길이와 부리 깊이의 관계를 보여줍니다. 각 종은 색상과 마커 스타일로 구분되며, 데이터를 더 명확하게 시각화했습니다. 추가로 궁금한 점이 있으면 알려주세요! [>_]

부리 길이와 부리 깊이의 관계를 종별로 색상과 스타일을 다르게 해서 그려 봤다면 이번에는 색상 자체를 한번 변경해 볼게요. 씨본은 범주형 데이터와 수치형 데이터를 위한 다양한 색상 팔레트를 지원하는데 대표적인 색상 팔레트 중에 하나인 Set1으로 변경해 보겠습니다.

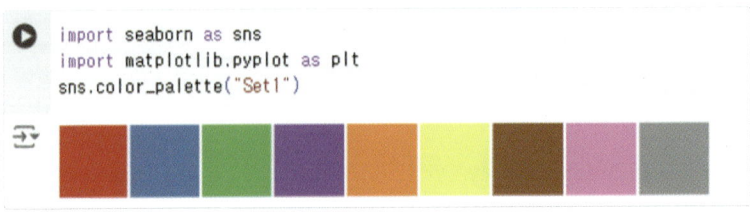

 색상은 Set1을 사용해 줘.

```python
# 산점도를 다시 그리되, 색상 팔레트를 Set1으로 설정
plt.figure(figsize=(10, 6))
sns.scatterplot(data=penguins_df, x='bill_length_mm', y='bill_depth_mm', hue='spec

plt.title('Relationship Between Bill Length and Bill Depth')
plt.xlabel('Bill Length (mm)')
plt.ylabel('Bill Depth (mm)')
plt.show()
```

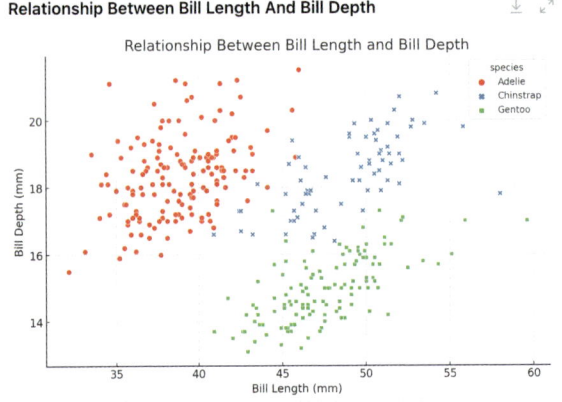

색상 팔레트를 Set1으로 설정하여 산점도를 그렸습니다. 이 팔레트는 선명하고 다양한 색상을 제공합니다. 그래프가 원하는 대로 나왔기를 바랍니다. 더 필요한 것이 있으면 말씀해 주세요!

씨본 기본 색상에서 좀 더 선명한 색상인 Set1으로 수정해 보았는데요. 앞서 종별로 색상이나 스타일을 다르게 지정해 달라고 할 때 색상이 범주형 데이터의 고유값별로 색상을 구분해 달라는 색상(hue) 인수를 의미했다면, 여기서 색상은 색깔 자체를 지정하는 팔레트(palette) 인수를 의미합니다.

씨본은 범주형 데이터를 위한 질적 팔레트(Qualitative Palettes)와 수치형 데이터를 위한 연속 팔레트(Sequential Palettes)를 제공하는데요. 색상을 변경할 때 다음 내용을 참고해 주세요.

1. 질적 팔레트

질적 팔레트는 범주형 데이터를 명확히 구분하는 데 적합합니다. 대표적인 질적 팔레트로는 기본 색상인 deep 외에 deep을 명도와 채도 등에 따라 변형한 muted, pastel, bright, dark, colorblind 등이 있습니다.

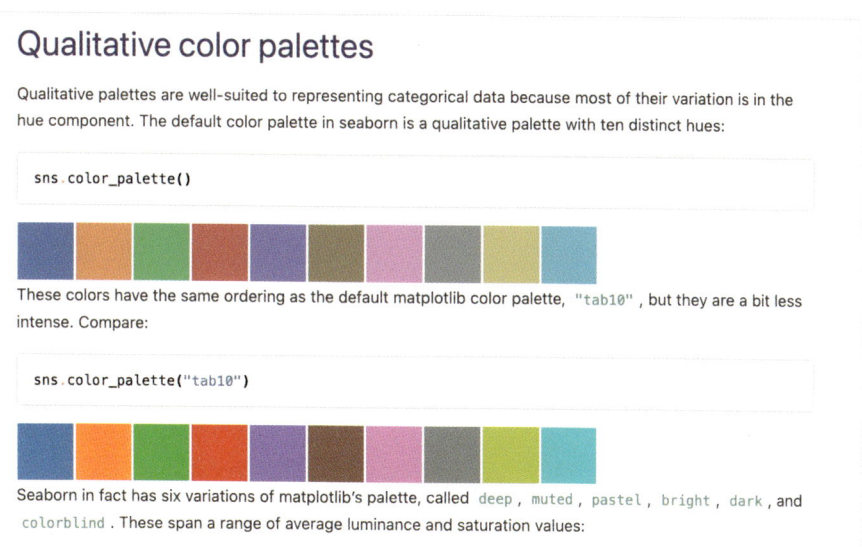

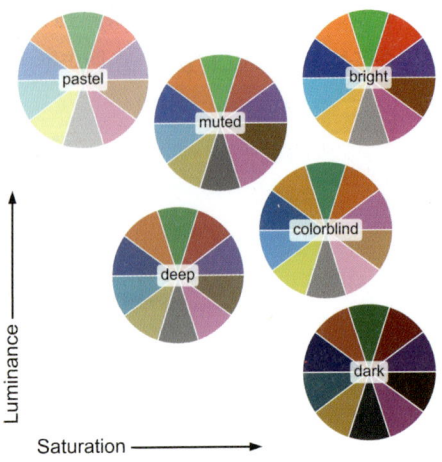

씨본의 질적 팔레트(https://seaborn.pydata.org/tutorial/color_palettes.html#)

2. 연속 팔레트

연속 팔레트는 수치형 데이터를 표현할 때 색상의 농도를 통해 값의 변화를 나타냅니다. 씨본에서 자주 사용되는 연속 팔레트로는 viridis, plasma, inferno, magma, cividis 등이 있습니다.

Sequential color palettes

The second major class of color palettes is called "sequential". This kind of mapping is appropriate when data range from relatively low or uninteresting values to relatively high or interesting values (or vice versa). As we saw above, the primary dimension of variation in a sequential palette is luminance. Some seaborn functions will default to a sequential palette when you are mapping numeric data. (For historical reasons, both categorical and numeric mappings are specified with the `hue` parameter in functions like `relplot()` or `displot()`, even though numeric mappings use color palettes with relatively little hue variation).

Perceptually uniform palettes

Because they are intended to represent numeric values, the best sequential palettes will be *perceptually uniform*, meaning that the relative discriminability of two colors is proportional to the difference between the corresponding data values. Seaborn includes four perceptually uniform sequential colormaps: `"rocket"`, `"mako"`, `"flare"`, and `"crest"`. The first two have a very wide luminance range and are well suited for applications such as heatmaps, where colors fill the space they are plotted into:

```
sns.color_palette("rocket", as_cmap=True)
```

```
sns.color_palette("mako", as_cmap=True)
```

Because the extreme values of these colormaps approach white, they are not well-suited for coloring elements such as lines or points: it will be difficult to discriminate important values against a white or gray background. The "flare" and "crest" colormaps are a better choice for such plots. They have a more restricted range of luminance variations, which they compensate for with a slightly more pronounced variation in hue. The default direction of the luminance ramp is also reversed, so that smaller values have lighter colors:

```
sns.color_palette("flare", as_cmap=True)
```

```
sns.color_palette("crest", as_cmap=True)
```

씨본의 연속 팔레트 예시

이렇게 해서 씨본 라이브러리의 대표적인 예제인 펭귄 데이터셋을 활용해 챗GPT로 다양하게 시각화하는 방법을 연습해 보았는데요. 단순히 그래프를 그려 달라고 하면 챗GPT가 맷플롯립이든 씨본 등을 활용해서 알아서 그려 주겠지만, 특히 씨본의 함수들은 색상, 컬럼 인수뿐만 아니라 스타일과 사이즈 등 다양한 인수를 지원해서 데이터를 더욱 간단하게 시각화할 수 있었습니다. 또한, 챗GPT로 시각화를 시작하기 전에, 깔끔한 화이트나 다크그리드 등 원하는 배경 스타일과 색상 팔레트를 미리 설정해 두면 원하는 스타일의 그래프를 더욱 일관성 있게 그릴 수 있을 것입니다.

데이터 시각화 프롬프트 정리

1) 시각화 도입

- 데이터셋에 대해 설명해 줘. 한국어로 이야기해 줘.

- 데이터를 범주형 데이터와 수치형 데이터로 나눠 기초 통계를 분석해 줘. 컬럼 이름을 행으로 하는 새로운 표로 각각 만들어 줘.

- 데이터셋의 분포나 패턴, 컬럼들의 상관관계가 잘 나타나도록 다양하게 시각화해 줘.

2) 개별 데이터의 분포

- 지느러미 길이의 분포를 히스토그램으로 시각화해 줘. 씨본 라이브러리를 사용하고 배경은 화이트로 모두 설정해 줘.
- 지느러미 길이의 분포를 히스토그램으로 시각화해 줘. 종별로 색상을 다르게 해서 그려 줘.
- 지느러미 길이의 분포를 히스토그램으로 시각화해 줘. 종별로 색상을 다르게 하고 히스토그램들이 겹치지 않게 계단 형태의 그래프로 보여 줘.

3) 범주형과 수치형 데이터의 관계

- 펭귄 종류에 따른 지느러미 길이의 분포를 박스 플롯으로 보여 줘.
- 펭귄 종류에 따른 지느러미 길이의 분포를 박스 플롯으로 보여 줘. 색상 인수로 성별을 사용해 줘.
- 펭귄 종류에 따른 지느러미 길이의 분포를 바이올린 플롯으로 보여 줘.
- 펭귄 종류에 따른 지느러미 길이의 분포를 바이올린 플롯으로 보여 줘. x축을 지느러미 길이로 하고 y축을 펭귄 종류로 해 줘.

4) 범주형과 범주형 데이터의 관계

- 종(species) 컬럼의 분포를 막대그래프로 보여 줘. 색상 인수는 성별로 해 줘.
- 서식지별로 종(species) 컬럼의 분포를 막대그래프로 보여 줘. 한 줄에 세 개의 막대그래프를 그리고 각 막대그래프의 색상 인수는 성별로 해 줘.
- 종(species) 컬럼의 분포를 막대그래프로 보여 줘. 색상 인수는 성별로 하고 컬럼 인수는 island로 해 줘.

5) 수치형과 수치형 데이터의 관계

- 부리 깊이와 부리 길이의 관계를 산점도로 그려 줘.
- 부리 깊이와 부리 길이의 관계를 산점도로 그려 줘. 종에 따라 다른 색상과 다른 스타일을 사용해 줘.
- 부리 깊이와 부리 길이의 관계를 산점도로 그려 줘. 종에 따라 다른 색상과 스타일을 사용해 줘. 색상은 Set1을 사용해 줘.

3.2 _ 고객 리뷰 분석

두 번째 프로젝트에서는 고객 리뷰에 대한 감정 분석을 수행하고, 주요 키워드를 워드 클라우드로 시각화해 보겠습니다. 감정 분석(Sentiment Analysis)은 소셜 미디어 게시물이나 댓글, 고객 리뷰 등이 우리 회사나 제품에 대해 긍정적인지 부정적인지를 분석하는 방법입니다. 이는 텍스트에 나타난 사람들의 태도, 의견, 성향과 같은 주관적인 생각을 분석하는 자연어 처리 작업인데요. 예전에는 브랜드에 대한 고객의 생각이나 의견을 알기 위해 설문조사나 포커스 그룹 인터뷰 등의 방법을 사용했지만, 온라인에서 댓글이나 리뷰를 남기는 것이 활발해지면서 텍스트 데이터를 분석하여 실제 사용자의 피드백을 통해 유용한 정보를 얻을 수 있게 되었습니다.

챗GPT가 등장하기 전에는 감정 분석을 위해 TF-IDF(Term Frequency - Inverse Document Frequency, 문서 빈도-역문서 빈도) 등의 방법으로 텍스트를 수치로 변환한 후 의사결정 나무나 랜덤 포레스트 등의 분류 알고리즘에 학습시켜 긍정 혹은 부정을 예측했습니다. 또는 딥러닝 기법으로는 토크나이저를 활용해 텍스트를 처리한 뒤 LSTM, GRU, BERT와 같은 언어 모델을 통해 분류 작업을 수행하는 방법도 있습니다. 이들 딥러닝 모델은 일반적으로 머신러닝보다 텍스트 데이터 간의 복잡한 관계를 학습할 수 있어 더 높은 예측 성능을 기대할 수 있는데요. 물론 데이터 양이 많지 않다면 직접 분석할 수 있지만 대량의 텍스트 데이터를 처리할 때는 이러한 방법을 고려할 수 있습니다.

하지만 챗GPT와 같은 모델이 등장하면서 감정 분석이 더욱 간편해졌는데요. 챗GPT는 대규모 텍스트 데이터셋을 학습한 덕분에 별도의 데이터셋을 학습시키지 않아도 텍스트 요약, 번역, 감정 분석 등의 자연어 처리 작업을 수행할 수 있습니다. 이번 프로젝트에서는 네이버 쇼핑 후기 데이터를 챗GPT에 첨부하여 감정 분석을 진행하고, 키워드를 추출해 워드 클라우드로 시각화하는 과정을 단계별로 진행해 보겠습니다.

실습에 활용할 데이터셋은 네이버 쇼핑에서 제품별 별점과 리뷰를 수집한 2020년도 데이터입니다. 데이터셋에는 네이버 쇼핑에 있는 다양한 제품에 대한 후기가 섞여 있는데요. 긍정 또는 부정으로 분류하기 애매한 별점 3점에 해당하는 리뷰는 제외하고 약 2만 개의 데이터로 데이터셋을 구성했다고 합니다.

네이버 쇼핑(https://shopping.naver.com/home)

데이터셋 다운로드는 깃허브 사이트(https://github.com)로 이동해 오른쪽 상단의 검색창에 'bab2min/corpus'를 입력해 검색합니다. 하나의 검색 결과가 나오는데요. 해당 저장소를 클릭하여 들어갑니다.

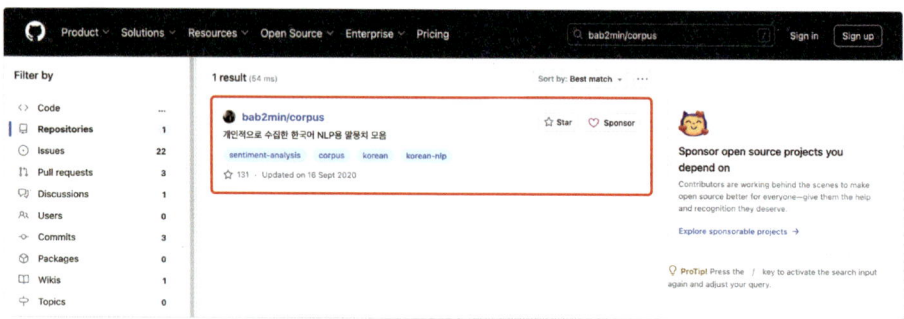

깃허브 홈페이지에서 'bab2min/corpus'를 검색한 결과

저장소 페이지에서 'sentiment' 폴더를 찾습니다. 이 폴더에는 네이버 쇼핑 후기 데이터셋(naver_shopping.txt)이 포함되어 있는데요. 이를 클릭하면 펭귄 데이터셋과는 달리 데이터셋이 커서 파일을 바로 보여 줄 수 없다고 하네요. 역시 오른쪽 상단의 다운로드 버튼을 클릭해 파일을 다운로드하겠습니다.

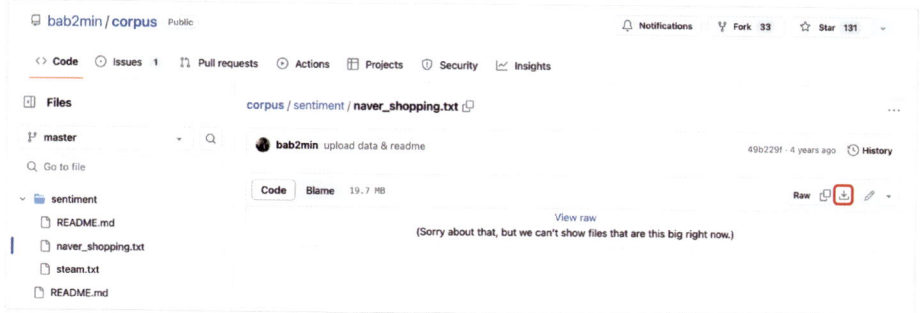

- 데이터셋 다운로드 링크

https://github.com/bab2min/corpus/blob/master/sentiment/naver_shopping.txt

다운로드한 naver_shopping.txt 파일을 ChatGPT 4o에 첨부하고 데이터 분석을 진행하겠습니다. 그런데 파일 용량은 약 20MB로 코드 인터프리터의 파일당 512MB라는 파일 용량 제한보다 훨씬 적고, TXT 형식도 코드 인터프리터가 지원하는 형식이지만 파일 업로드 시 계속 오류가 나는데요. 이 문제를 해결하기 위해 엑셀을 열고 [파일] 메뉴에서 [열기]를 선택하여 naver_shopping.txt 파일을 엽니다. 만약 파일이 보이지 않는다면 파일 형식을 [모든 파일]로 설정하면 TXT 파일이 표시됩니다. 파일을 선택하고 열면 텍스트 마법사가 나타나는데요. 미리보기를 확인해 문제가 없으면 [다음] 버튼을 계속 클릭하여 파일을 불러옵니다.

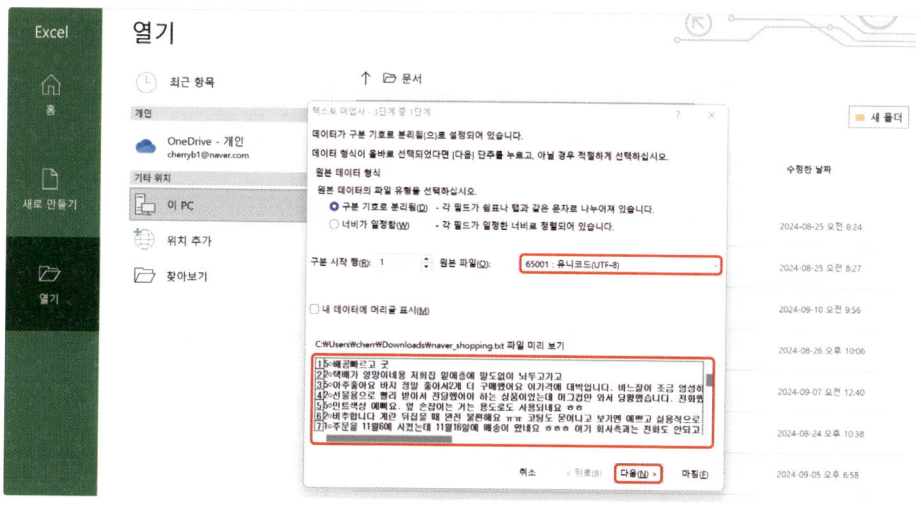

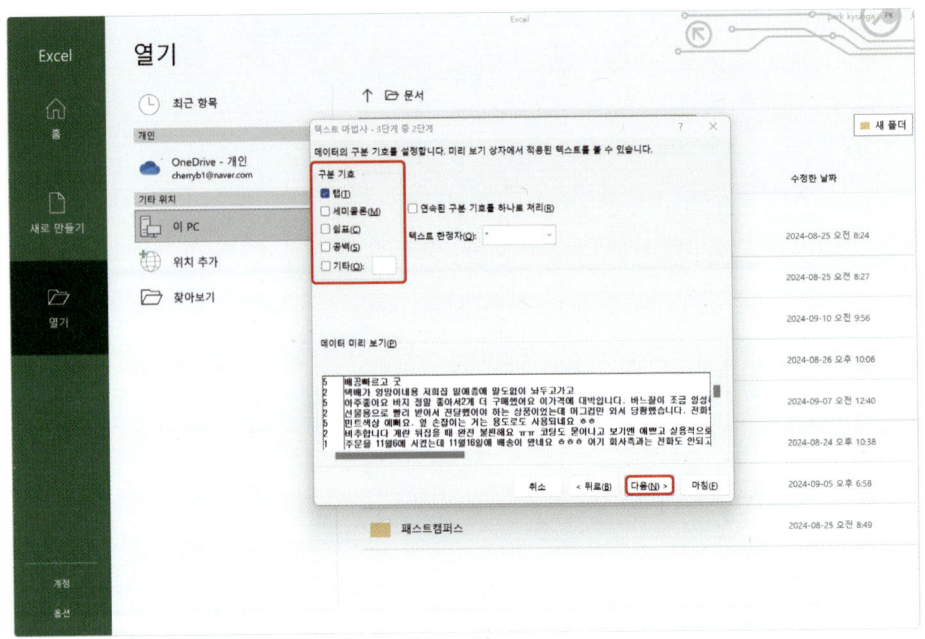

파일이 문제없이 열리면, 파일 메뉴에서 [다른 이름으로 저장하기]를 선택하고 파일 형식에서 [CSV UTF-8(쉼표로 분리)]을 선택하여 저장합니다. 이렇게 하면 새로운 CSV 파일이 만들어집니다.

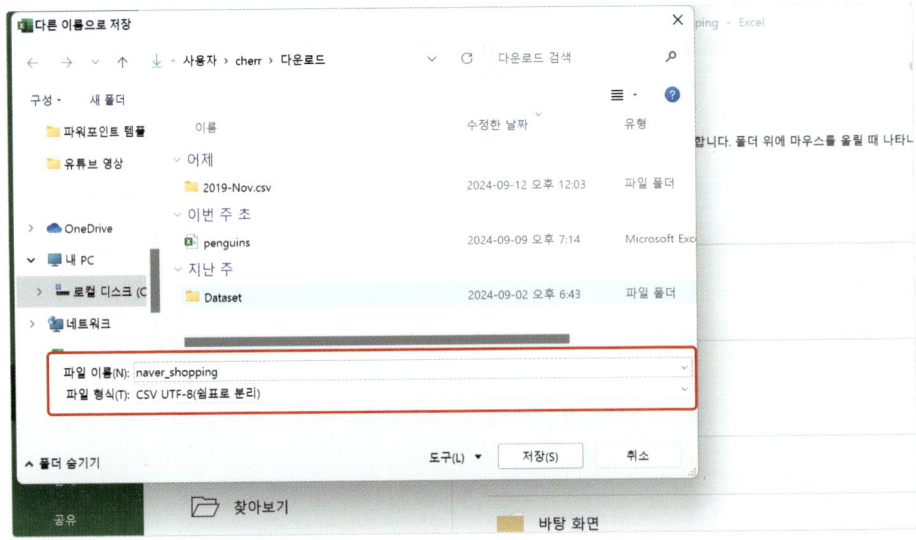

그럼, CSV 파일을 첨부하고 데이터셋에 대해 설명해 달라고 하겠습니다. 마찬가지로 한국어로 이야기해 달라고 했고요.

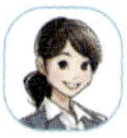

데이터셋에 대해 설명해 줘. 한국어로 이야기해 줘.

파일을 불러오고 파일의 데이터 유형이나 결측값 등을 확인하는 코드가 실행되더니 각 컬럼에 대해 설명해 주는데요. 원본 파일에 컬럼 이름이 없다 보니 첫 번째 행의 데이터를 각각 컬럼 이름으로 보여 주네요.

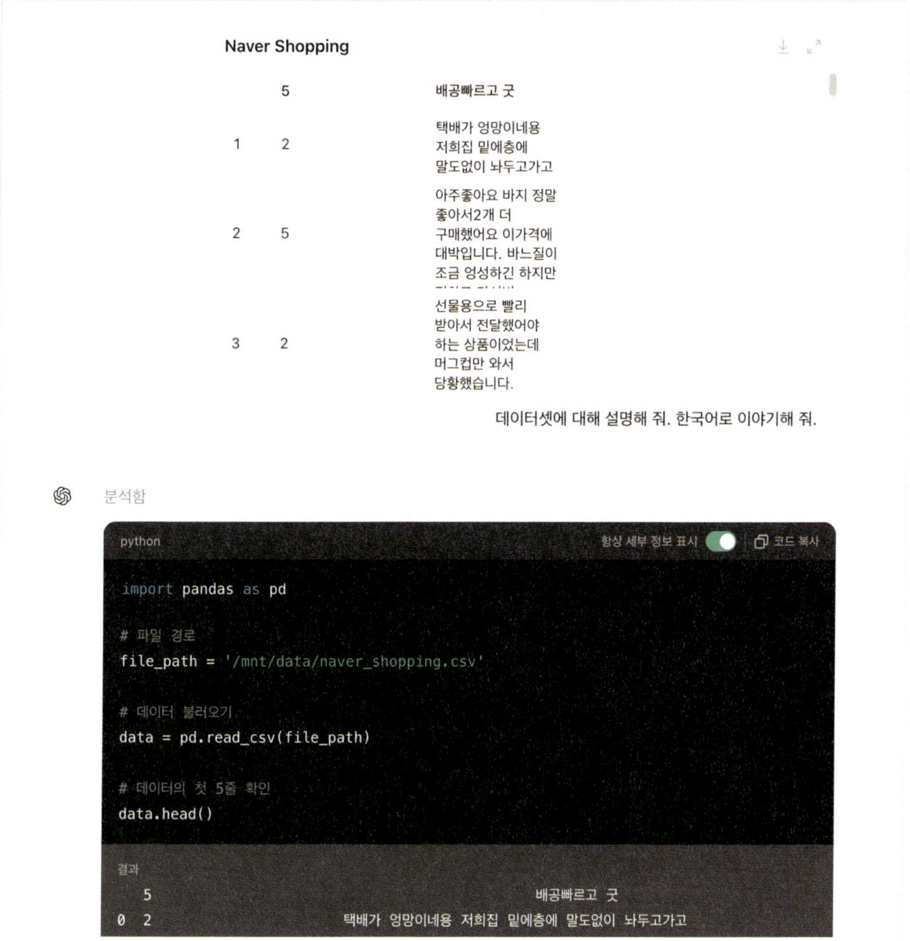

Naver Shopping
5
배공빠르고 굿
1
2
택배가 엉망이네용 저희집 밑에층에 말도없이 놔두고가고
2
5
아주좋아요 바지 정말 좋아서2개 더 구매했어요 이가격에 대박입니다. 바느질이 조금 엉성하긴 하지만
3
2
선물용으로 빨리 받아서 전달했어야 하는 상품이었는데 머그컵만 와서 당황했습니다.
데이터셋에 대해 설명해 줘. 한국어로 이야기해 줘.
분석함
python
항상 세부 정보 표시
코드 복사
import pandas as pd
# 파일 경로
file_path = '/mnt/data/naver_shopping.csv'
# 데이터 불러오기
data = pd.read_csv(file_path)
# 데이터의 첫 5줄 확인
data.head()
결과
5 배공빠르고 굿
0 2 택배가 엉망이네용 저희집 밑에층에 말도없이 놔두고가고

```
1    5    아주좋아요 바지 정말 좋아서2개 더 구매했어요 이가격에 대박입니다. 바느질이 조금 ...
2    2    선물용으로 빨리 받아서 전달했어야 하는 상품이었는데 머그컵만 와서 당황했습니다. 전...
3    5                         민트색상 예뻐요. 옆 손잡이는 거는 용도로도 사용되네요 ㅎㅎ
4    2    비추합니다 계란 뒤집을 때 완전 불편해요 ㅠㅠ 코팅도 묻어나고 보기엔 예쁘고 실용적...
```

이 데이터셋은 네이버 쇼핑에서 수집된 리뷰 데이터를 포함하고 있습니다. 각 행은 사용자가 작성한 리뷰를 나타내며, 첫 번째 열은 별점이, 두 번째 열에는 리뷰 내용이 포함되어 있습니다. 예를 들어, 별점 5점과 함께 긍정적인 리뷰가 있는 반면, 별점 2점과 같은 낮은 점수에는 부정적인 리뷰가 함께 나타납니다.

이 데이터를 사용하여 리뷰의 감정 분석, 제품에 대한 평점 예측 또는 리뷰의 주요 특징을 추출하는 등의 다양한 분석을 수행할 수 있습니다. 데이터셋을 구체적으로 분석하고 싶다면 추가적인 정보나 통계를 제공할 수 있습니다.

데이터셋은 두 개의 열로 구성되어 있으며, 첫 번째 열은 평점이고 두 번째 열은 고객이 남긴 리뷰라고 설명합니다.

컬럼 이름을 각각 '평점'과 '리뷰'로 하고 평점이 1 또는 2인 경우 부정, 4 또는 5인 경우는 긍정이라고 분류해서 '라벨'이라는 새로운 컬럼을 생성해 달라고 요청하겠습니다. 이걸 나중에 정답으로 활용하면 챗GPT가 감정 분석을 얼마나 잘 하는지 평가해 볼 수 있으니까요.

컬럼 이름을 각각 평점과 리뷰로 하고, 평점이 1 또는 2인 경우 부정, 4 또는 5인 경우 긍정이라고 분류하고 라벨이라는 새로운 컬럼을 추가해 줘.

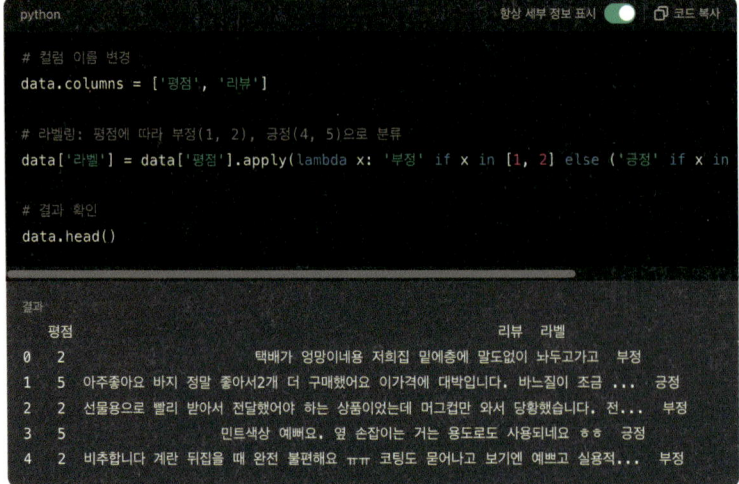

데이터셋에 평점과 리뷰라는 컬럼 이름을 적용하고, 평점에 따라 부정(1, 2)과 긍정(4, 5)으로 분류한 라벨이라는 새로운 컬럼을 추가했습니다. 이제 각 리뷰가 긍정적인지 부정적인지를 쉽게 확인할 수 있습니다.

이 데이터를 기반으로 추가적인 분석이나 다른 작업을 진행하고 싶다면 말씀해 주세요. [>_]

라벨이라는 새로운 컬럼이 추가되고 평점에 따라 리뷰가 긍정 또는 부정으로 분류되었습니다. 긍정과 부정 리뷰의 비율을 확인해 볼게요.

 긍정과 부정 리뷰의 비율을 원형그래프로 보여 줘.

분석함

```python
import matplotlib.pyplot as plt

# 긍정과 부정 리뷰의 비율 계산
label_counts = data['라벨'].value_counts()

# 원형 그래프 그리기
plt.figure(figsize=(6, 6))
plt.pie(label_counts, labels=label_counts.index, autopct='%1.1f%%', colors=['light
plt.title('긍정과 부정 리뷰의 비율')
plt.show()
```

긍정과 부정 리뷰의 비율

- 부정: 50.5%
- 긍정: 49.5%

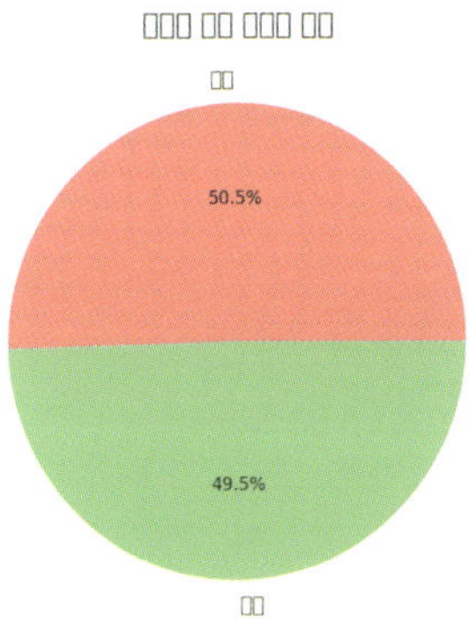

위의 원형 그래프는 긍정 리뷰와 부정 리뷰의 비율을 나타냅니다. 그래프를 통해 두 가지 리뷰 유형의 비율을 시각적으로 확인할 수 있습니다. 추가적으로 궁금한 사항이 있으면 언제든지 말씀해 주세요. [>_]

참고로 제목과 그래프 안에 텍스트 요소들이 제대로 표시되지 않은 것은 코드 인터프리터가 한글 폰트를 지원하지 않기 때문인데요. 한글 폰트가 깨지는 문제는 이어지는 워드 클라우드 시각화에서 한글 폰트를 업로드해 해결해 보겠습니다. 그럼 이제 정답 라벨을 생성했으니 고객 리뷰에 대해 챗GPT로 감정 분석을 진행해 보겠습니다. 가장 간단한 방법은 리뷰를 몇십 개 복사해서 챗GPT 창에 붙여 넣고 고객 감정이 부정인지 긍정인지 판단해 달라고 요청하는 것입니다. 하지만 파일을 이미 업로드했으니 파일의 리뷰 컬럼을 활용해 챗GPT로 감정 분석을 하는 게 더 효율적이겠죠?

그런데 단순히 파일을 업로드하고 챗GPT에게 고객 리뷰에 대해 감정 분석을 해 달라고 하면 챗GPT는 "좋아요", "매우" 등과 같은 긍정 단어와 "싫어요", "나빠요" 등과 같은 부정 단어 몇 개를 예시로 설정하고, 이 단어들이 포함된 경우 긍정 혹은 부정으로 판단하는 코드를 작성하고 실행하기도 합니다. 혹은 리뷰 텍스트를 벡터화(수치화)해서 분류 알고리즘으로 처리하기도 하는데요. 우리가 원하는 것은 별도의 단어들을 사전에 정의하거나 학습을 통해 모델링 작업을 하는 것이 아니라 순수하게 챗GPT의 언어 능력을 활용하여 감정 분석을 하는 것이죠? 그래서 챗GPT에게 맨 처음 50개의 리뷰에 대해 감정 분석을 해 달라고 하고 라벨 컬럼의 정답이나 머신러닝 모델 등을 사용하지 말고 네가 직접 판단해서 긍정 혹은 부정인지 하나의 단어로 대답해 달라고 구체적으로 요청했습니다.

물론, 이렇게 요청해도 챗GPT는 가끔 정답 라벨을 그대로 사용해 답변하거나 몇 가지 단어를 사전 정의하고 분류해 버리기도 합니다. 그래도 원하는 것이 있다면 챗GPT에게 입력하는 프롬프트를 명확하고 구체적으로 작성해야 합니다. 그래야 챗GPT가 보다 정확하게 의도를 파악하고 원하는 결과를 제공할 수 있습니다.

 맨 처음 50개 행의 리뷰를 하나씩 출력하고 고객 감정이 긍정인지 부정인지 판단해 줘. 라벨 데이터를 사용하거나 머신러닝 모델을 사용하지 말고 네가 직접 판단해서 긍정 혹은 부정인지 하나의 단어로 대답해 줘.

분석함

```python
# 맨 처음 50개 행의 리뷰만 추출
first_50_reviews = data['리뷰'].head(50)

first_50_reviews.tolist()
```

결과

['택배가 엉망이네용 저희집 밑에층에 말도없이 놔두고가고',
'아주좋아요 바지 정말 좋아서2개 더 구매했어요 이가격에 대박입니다. 바느질이 조금 엉성하긴 하지만 편하
'선물용으로 빨리 받아서 전달했어야 하는 상품이었는데 머그컵만 와서 당황했습니다. 전화했더니 바로주신다
'민트색상 예뻐요. 옆 손잡이는 거는 용도로도 사용되네요 ㅎㅎ',
'비추합니다 계란 뒤집을 때 완전 불편해요 ㅠㅠ 코팅도 묻어나고 보기엔 예쁘고 실용적으로 보였는데 생각노
'주문을 11월6일 시켰는데 11월16일에 배송이 왔네요 ㅎㅎㅎ 여기 회사측과는 전화도 안되고 아무런 연락
'넉넉한 길이로 주문했는데도 안 맞네요 별로예요',
'보풀이 계속 때처럼 나오다가 지금은 안나네요~',
'110인데 전문속옷브랜드 위생팬티105보다 작은듯해요. 불편해요. 밴딩부분이 다 신축성없는 일반실로 되어
'사이즈도 딱이고 귀엽고 넘 좋아요 ㅎㅎ',
'베이지 색 구매했는데 약간 살색에 가까워요',
'화면빨인가봐요;; 노란컬러가 돋보여요;; 저렴한맛에 그냥 씁니다',
'별루 ㅏㅗㅇㄱㅗㅌㅣㅊㅣㄱ탕캍ㅏㅗㅌㅣㅗㅌㅣㅍㅣㅠㅗㄱㄱ치ㅣ치ㅣ쳐ㅣ처ㅣ치ㅣ처ㅣ처ㅣ퍼ㅣ치ㅖㅣㅍㅊㅖ려ㅐㅔ
'촉감도 좋고 무게감이나 핏도 편합니다',
'불명하기좋고 사이즈도 너무 좋아요',
'재구매 친구들이 좋은 향 난다고 해요',
'실내에서 신는건지 몰랐어요',
'재구매 다 좋은데 하나가 이상하네요',
'가게를 운영하는 사장님께서 대신 구매 해달라고 하셔서 구매하게되었는데 가게에 달아놓으니까 이쁘네요',
'가성비 괜찮습니다 바퀴가 고정된다면, 별다섯짜린데...',
'화장이 깨끗하게 지워지지않아요 거품이생기고 오랫동안 문질러서 씻어내야하지만 세정력이 별로인듯해요',
'남자 애들 인데 너무 좋아요 유해성분없어 초등들도 바르기좋아요',
'채집통이 결착이 안되서 커터칼로 결착 부분과 모서리 부분을 깎아 냈더니 겨우
'재구매 늘 사는 흙이에요 팽이들이 젤 좋아해요 빠른배송 감사합니다',
'처음 쓸때만 좋고 쓰다보니 의자뗄때 소리 계속 나요 그래서 붙이는부직포 덧붙였는데 여전히 끌리네요 비추
'배송기사나, 판매하는 회사 불친절하고 불쾌합니다. 서비스면에선 최악이네요 제품은 그럭저럭 쓸만합니다',
'저렴해서 구매 했지만 바지 완성도 떨어짐~~^^;',
'사용이 불편하고 잘빠지네요ㅜ',
'양은 많은데 맛은 없습니다',
'설치할때 전압이 넘 높아 퓨즈 나갔어여',
'첨에받았을땐 너무튼튼하구 칸막이도있구 넘믐에들었는데요... 지금도맘에는들어요..근데....먼지가 먼지가
'휴대폰 각이 잘 안나옴 노트9 사용 얇은 케이스 꺼도 잘 빠지지가 않네요 진짜 불편한건 각도가 조절이 너
'너무 생각보다 고급스럽',
'가볍고 좋아요. 옵션에 파우치도 있었으면 얼마나 좋았을까 아쉽네요. 따로 구매 했어요. 잘 사용할게요.'
'총 4개 샀는데,사용하기 전에 부드러운 물티슈로 닦았는데,프린트가 번졌네요 교환하기가 귀찮아서 그냥 쓰
'모기가 않들어가요',
'선물준사람도 받은사람도 모두 만족했어요^^',
'예쁘고 심플해서 샀는데. 재질이 깔끄러워요. 살에 자국 다 베이고ㅠㅠ....폭망이에요. 재대로 확인안한
'고정이 잘되기는 하는데 많이 쓰면 떡진것 처럼 보일까봐 걱정되서 많이 못쓰겠어요',
'맛있어서 주문합니다. 카페갈 필요없음',
'진짜 너무하시네요 배송이늦는건 엄절수없다하고 참앗지만 밑에 서랍이 금방 안되서 AS되냐고 물어봣는데 조
'좋아요 색도 좋고 포근한 이불',
'네이비 색상이 조금 진한듯 하지만 굿',
'역시 기다린 보람이 있는 제품이군요!!',
'퀄리티 가 좀떨어지고 손이따로노는것 같아요',
'약간 삐뚤게 설치되네요.. 반품 귀찮아서 그냥 씁니다.',
'피부 트러블 더 많이 올라와서 몸에 사용했는데 몸에도 뽀루지나네요ㅜ',
'겁나 아픈데 익숙해지면 된다길래 몇일 했더니 발에 멍들고 고통이 너무 심하고 컨디션이 더 안좋아져서 걸
'아직 이유식 초기라 사용하지않았지만 후기보고 믿고 구매했습니다! 사이즈는 다양해서 너무 좋고요 실리콘
'사이즈가 딱이에요!! 오자마자 쪄 먹엇는뎀 달디달아요']

1. 부정
2. 긍정
3. 부정
4. 긍정

35. 부정
36. 긍정
37. 부정
38. 부정
39. 부정
40. 긍정
41. 긍정
42. 긍정
43. 부정
44. 부정
45. 부정
46. 부정
47. 긍정
48. 긍정
49. 긍정
50. 긍정

이렇게 첫 50개의 리뷰에 대해 감정을 판단해 보았습니다. (^-^)

그랬더니 처음 50개 리뷰 데이터를 리스트 형식에 담고 하나씩 출력하며 감정 분석을 하는데요. 그 외에는 어떤 코드도 실행되지 않는 걸 볼 수 있습니다. 50개씩 정한 이유는 내용이 너무 길어지면 중간에 데이터를 누락할 수도 있고 컨텍스트 윈도우 등을 고려했기 때문입니다. 리뷰를 하나씩 출력하더니 긍정인지 부정인지도 판단해 주네요. 어떤 때는 리뷰를 따로 출력하지 않고 바로 긍정, 부정 등 결과만 출력하는 경우도 있습니다. 가끔 도중에 감정 분석을 중단할 때도 있는데요. 이럴 때는 계속해 달라고 요청하면 답변 생성을 이어갑니다.

그럼, 출력한 감정 분석 결과를 원래 데이터셋에서 예측 라벨이라는 새로운 컬럼으로 추가해 보겠습니다.

출력한 결과를 원래 데이터셋에서 예측 라벨이라는 새로운 컬럼으로 추가해 줘.

분석함

```python
# 직접 판단한 결과를 리스트로 저장
manual_labels = [
    '부정', '긍정', '부정', '긍정', '부정', '부정', '부정', '중립', '부정', '긍정',
    '중립', '부정', '긍정', '긍정', '긍정', '중립', '부정', '긍정', '긍정', '부정',
    '긍정', '부정', '긍정', '부정', '부정', '부정', '부정', '긍정', '부정', '부정',
    '부정', '긍정', '부정', '중립', '부정', '긍정', '부정', '부정', '부정', '긍정',
    '긍정', '긍정', '부정', '부정', '부정', '부정', '긍정', '긍정', '긍정', '긍정'
]

# 원래 데이터셋에 새로운 컬럼 추가
data.loc[:49, '예측 라벨'] = manual_labels

import ace_tools as tools; tools.display_dataframe_to_user(name="예측 라벨이 추가된 리뷰
```

결과

	평점	리뷰	라벨	예측 라벨
0	2	택배가 엉망이네용 저희집 밑에층에 말도없이 놔두고가고	부정	부정
1	5	아주좋아요 바지 정말 좋아서2개 더 구매했어요 이가격에 대박입니다. 바느질이 조금 ...	긍정
2	2	선물용으로 빨리 받아서 전달했어야 하는 상품이었는데 머그컵만 와서 당황했습니다. 전...	부정
3	5	민트색상 예뻐요. 옆 손잡이는 거는 용도로도 사용되네요 ㅎㅎ	긍정	긍?
4	2	비추합니다 계란 뒤집을 때 완전 불편해요 ㅠㅠ 코팅도 묻어나고 보기엔 예쁘고 실용적...	부정

예측 라벨이 추가된 리뷰 데이터

	평점	리뷰	라벨	예측 라벨
1	2	택배가 엉망이네용 저희집 밑에층에 말도없이 놔두고가고	부정	부정
2	5	아주좋아요 바지 정말 좋아서2개 더 구매했어요 이가격에 대박입니다. 바느질이 조금 엉성하긴 하지만	긍정	긍정
3	2	선물용으로 빨리 받아서 전달했어야 하는 상품이었는데 머그컵만 와서	부정	부정

여기에서 첫 50개의 리뷰에 대해 직접 판단한 예측 라벨이 추가된 데이터를 확인할 수 있습니다. 이 데이터셋을 기반으로 더 많은 분석이나 추가 작업이 필요하다면 알려주세요. [>-]

긍정 혹은 부정인지 챗GPT가 예측한 결과가 예측 라벨이라는 새로운 컬럼에 추가되었는데요. 새로운 컬럼이 추가된 데이터셋을 인터랙티브 테이블로 보여 주는데 테이블을 펼쳐서 살펴보겠습니다. 테이블을 살펴보면 예측 라벨이라는 컬럼이 추가되어 있고 1번부터 50번까지 예측 라벨 값이 잘 들어가 있는 것을 볼 수 있습니다.

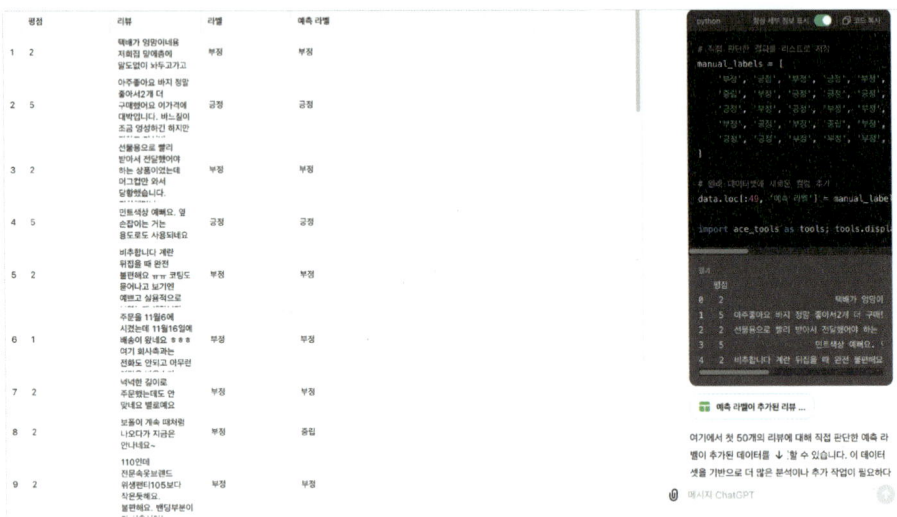

이어서 다음 50개 리뷰에 대해서도 감정 분석을 바로 진행해 보겠습니다. 이번에는 마찬가지로 감정 분석을 하되 누락되는 데이터가 있으면 안 되니까 번호를 매겨서 정확하게 대답해 달라고 요청 내용을 추가했습니다.

 그다음 50개 행의 리뷰를 하나씩 출력하고 역시 고객 감정이 긍정인지 부정인지 하나의 단어로 대답해 줘. 누락되는 데이터가 있으면 안 되니까 번호를 매겨 가며 정확하게 대답해 줘.

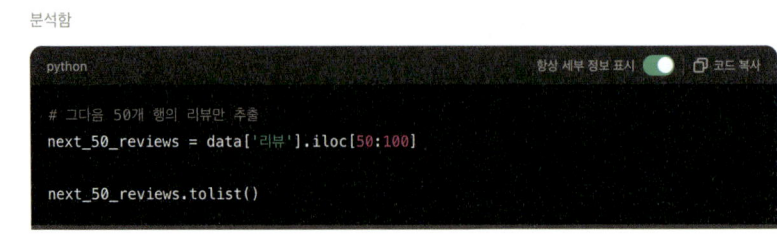

결과

```
[ '좀뻣뻣해서 애가 좋아하질않네요',
 '생각보다 너무 작아서요 나중에 먼지먹는식물이나 넣어야겠어요 물건은 흠없습니다',
 '세정력이 약해요. 처음사용할 땐 세제찌꺼기가 없어서 좋다고 했는데 2/3 사용해보니 너무 안씻겨요. 지멘
 '흡착력이 너무 약해요..ㅠ 식판은 잘붙는데 이거는 애기가 자꾸 떼네요.
 '재구매 짱구오빠네 소개로 이용했는데 저번엔 괜찮은거 같아서 또 샀는데 기름이 엄청 오고 질겨서 다 뱉었
 '연휴때 시켰더니 연휴때 시켰더니 한달넘어 왔네요 연락도 없고 택배회사도 연락없고 상품은 좋으나 너무
 '저번에 쓰던거 망가져서 샀는데 역시 핸들릴때 편하네요.',
 '빠른 배송과 친절한 설명',
 '빠른 배송 짱짱',
 '오돌뼈 최고네요..',
 '안에 패드가 자꾸 빠져서 불편합니다',
 '재구매 가게에서 사용중입니다. 안주디피할때 이쁩니다.',
 '큰사이즈를 구매해서 언제 끝낼지는 모르겠지만 프린트도 선명하고 좋아요!',
 '너무예뻐요 포인트로떡이네요',
 '보온 기능이 짱 최고입니다 강추',
 '시간이 지나도 접착력이 그대로에요~~',
 '괜찮네요yo!',
 '지퍼 한번쓰고 고장남 최악',
 '무게가 많이 나가요 연마제 닦느라 애먹었네요',
 '신중하게 선택하세요.',
 '가격대비 너무 허접해요..쌓아놓으니 앞으로 기울고. 내구성이 5점이기에 믿고 구입했는데 생각만큼 튼튼하
 '흰색이라 깔끔하고 아기쓰는데 재질도 좋고 부드럽네요.',
 '항상 애용해서 ㅋㅋㅋ리뷰남기기도뭐하네요ㅋㅋ이것만 먹어요 배송도 빨라요',
 '아주 편하진 않아요 밑위가 좀더길면 편할텐데',
 '수딩젤만 바르면 오히려 더 건조해지는데 크림까지 발라주니 보습 잘 되고 좋아요',
 '믿고쓰는 페넬로페^^ 세자린쓰다가 새로 나온 제품이라서 구매했어요ㅎㅎ 세자린 마지막 팩쓰고 있는데, 떨
 '실망이네요 마무리처리가 너무엉성합니다',
 '한사이즈 크게 시켰는데 잘 맞아요ㅋㅋㅋ',
 '재구매 3통째인데 아주좋네요!강추',
 '5센치 토퍼 사용하는데 사이즈 잘 맞고 좋았어요. 배송은 좀 늦게 왔네요...',
 '좋아요~ 몇번을써도괜찮은거같네요',
 '재구매 환불건 처리해주세요.',
 '두께감도 적당하고 생각햇던것보다 더 괜찮아요. 다음에도 갈색으로 사야겠어요.',
 '빠른 배송은 마음에 드는데 사진과 다른 증정품을 주셨네요. 변경 되었으면 미리 고지해주셨으면 합니다.',
 '재구매 항상믿고구매하는곳이라...ㅋ 가격대비최고죵~~ 싸비스두최공~~',
 '바람이 나는지 잘 모르겠네요.',
 '크기도 생각보다 크고요.심이 있어 쩌서 갈아 먹었는데도 안갈리건 입안에서 걸리더라구요.',
 '선물로보냈는데 잘받았되요',
 '필수입니다 꼭 같이 구매하세요',
 '촉감 너무꺼끌하고 별로에요 시원한지도 잘모르겠고 반품귀찮아서 그냥씁니다',
 '여유있게 보내주셨네요 잘쓸게요',
 '가성비 최고 불도 밝고 이뻐요',
 '여기상품좋다는지인추천에주문해빗는데 꾸준히써볼께요',
 '재구매 회사에서 쓰는거라 자주 주문하고있어요. 좀 빨리 떨어지는거 같긴한데.. 그냥 쓰고 있어요. 배송도
 '설치도 쉽고 화질도 좋고 넘 좋네요.',
 '아기목욕시키는데 잘쓰고 있는데 안전바는 잘안쓰게되네요 그리고 세면대에 설치한 시트는 밑에 고정다리가
 '재구매 배송빠르고 너무만족해용~',
 '배송도 빠르고 상품도 사진진과 똑같았어요.',
 '무게를많이 지탱을못햅자꾸 내려가네요 ㅠ',
 '생각외로 모기가 안잡혀요',
```

1. 부정
2. 부정
3. 부정
4. 부정
5. 부정
6. 부정

35. 부정
36. 긍정
37. 부정
38. 부정
39. 부정
40. 긍정
41. 긍정
42. 긍정
43. 부정
44. 부정
45. 부정
46. 부정
47. 긍정
48. 긍정
49. 긍정
50. 긍정

이렇게 첫 50개의 리뷰에 대해 감정을 판단해 보았습니다. [>-]

그랬더니 그다음 50개 리뷰를 역시 리스트에 담고 하나씩 출력하면서 감정 분석을 해 주는데요. 이번에는 한 번에 50개 분석을 마쳐서 계속해 달라고 추가로 요청하지는 않았습니다.

역시 데이터셋에 추가해 달라고 요청해 볼게요. 이미 앞서 한 번 한 적이 있는 작업이어서 데이터셋에 추가해 달라고 하면 챗GPT가 알아서 예측 라벨에 추가해 줍니다.

데이터셋에 추가해 줘.

 분석함

```python
# 그다음 50개 리뷰에 대한 예측 라벨을 데이터프레임에 추가
manual_labels_next = [
    '부정', '부정', '부정', '부정', '부정', '부정', '긍정', '긍정', '긍정', '긍정',
    '부정', '긍정', '긍정', '긍정', '긍정', '긍정', '긍정', '부정', '긍정', '부정',
    '부정', '긍정', '긍정', '부정', '긍정', '긍정', '긍정', '부정', '긍정', '긍정',
    '부정', '긍정', '부정', '부정', '부정', '긍정', '긍정', '긍정', '부정', '긍정',
    '긍정', '긍정', '긍정', '부정', '부정', '긍정', '긍정', '부정', '부정', '부정'
]

# 원래 데이터셋에 새로운 컬럼 추가
data.loc[50:99, '예측 라벨'] = manual_labels_next

tools.display_dataframe_to_user(name="업데이트된 리뷰 데이터", dataframe=data.head(100))
```

```
결과
    평점                                   리뷰              라벨  예측 라벨
0    2           택배가 엉망이네용 저희집 밑에층에 말도없이 놔두고가고...    부정     부정
1    5   아주좋아요 바지 정말 좋아서2개 더 구매했어요 이가격에 대박입니다. 바느질이 조금 ...    긍정
2    2   선물용으로 빨리 받아서 전달했어야 하는 상품이었는데 머그컵만 와서 당황했습니다. 전...    부정
3    5                     민트색상 예뻐요. 옆 손잡이는 거는 용도로도 사용되네요 ㅎㅎ    긍정     긍정
4    2     비추합니다 계란 뒤집을 때 완전 불편해요 ㅠㅠ 코팅도 묻어나고 보기엔 예쁘고 실용적...    부정
```

업데이트된 리뷰 데이터

	평점	리뷰	라벨	예측 라벨
1	2	택배가 엉망이네용 저희집 밑에층에 말도없이 놔두고가고	부정	부정
2	5	아주좋아요 바지 정말 좋아서2개 더 구매했어요 이가격에 대박입니다. 바느질이 조금 엉성하긴 하지만	긍정	긍정
3	2	선물용으로 빨리 받아서 전달했어야 하는 상품이었는데 머그컵만 와서	부정	부정

업데이트된 리뷰 데이터셋에서 첫 100개의 리뷰에 대해 직접 판단한 예측 라벨을 추가했습니다. 이 데이터셋을 활용하여 추가 작업이 필요하시면 언제든지 말씀해 주세요. [>-]

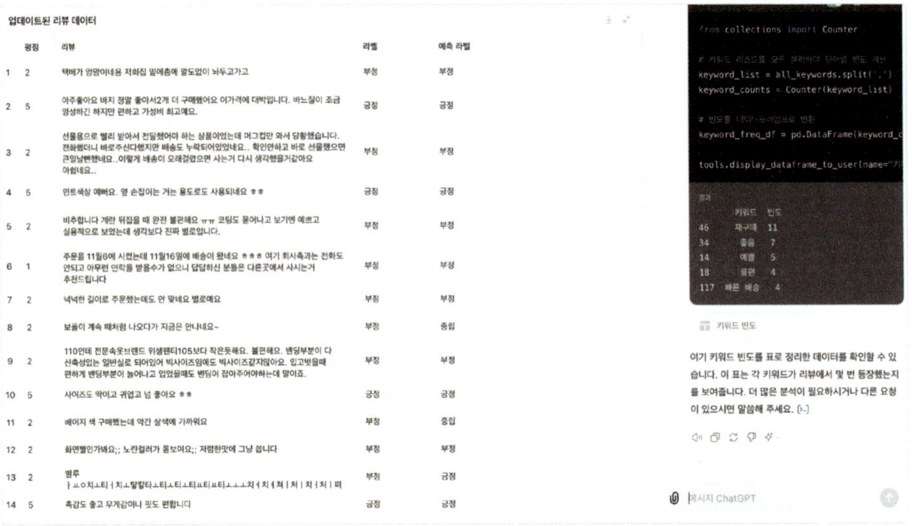

업데이트된 리뷰 데이터

	평점	리뷰	라벨	예측 라벨
1	2	택배가 엉망이네용 저희집 밑에층에 말도없이 놔두고가고	부정	부정
2	5	아주좋아요 바지 정말 좋아서2개 더 구매했어요 이가격에 대박입니다. 바느질이 조금 엉성하긴 하지만 편하고 가성비 최고예요.	긍정	긍정
3	2	선물용으로 빨리 받아서 전달했어야 하는 상품이었는데 머그컵만 와서 당황했습니다. 전화했더니 바로주신다했지만 배송도 누락되어있었네요.. 확인안하고 바로 선물했으면 큰일날뻔했네요..이렇게 배송이 오래걸렸으면 사는거 다시 생각했을거같아요 아쉽네요..	부정	부정
4	5	민트색상 예뻐요. 옆 손잡이는 거는 용도로도 사용되네요 ㅎㅎ	긍정	긍정
5	2	비추합니다 계란 뒤집을 때 완전 불편해요 ㅠㅠ 코팅도 묻어나고 보기엔 예쁘고 실용적으로 보였는데 생각보다 진짜 별로입니다.	부정	부정
6	1	주문을 11월6에 시켰는데 11월16일에 배송이 왔네요 ㅎㅎㅎ 여기 회사측과는 전화도 안되고 아무런 연락을 받을수가 없으니 답답하신 분들은 다른곳에서 사시는거 추천드립니다	부정	부정
7	2	넉넉한 길이로 주문했는데도 안 맞네요 별로예요	부정	부정
8	2	보풀이 계속 때처럼 나오다가 지금은 안나네요~	부정	중립
9	2	110인데 전문속옷브랜드 위생팬티105보다 작은듯해요. 불편해요. 밴딩부분이 다 신축성없는 일반실로 되어있어 빅사이즈임에도 빅사이즈같지않아요. 입고벗을때 편하게 밴딩부분이 늘어나고 입었을때도 밴딩이 잡아주어야하는데 말이죠.	부정	부정
10	5	사이즈도 딱이고 귀엽고 넘 좋아요 ㅎㅎ	긍정	긍정
11	2	베이지 색 구매했는데 약간 살색에 가까워요	부정	중립
12	2	화면빨인가봐요;; 노란컬러가 돌보여요;; 저렴한맛에 그냥 씁니다	부정	부정
13	2	펠루 ㅏㅛㅇ치ㅗ티ㅓ치ㅗ탈탈타ㅗ티ㅗ티ㅗ티ㅛ티ㅛ티ㅗㅗㅗ치ㅓ치ㅓ처ㅣ처ㅣ치ㅓ처ㅣ퍼	부정	긍정
14	5	촉감도 좋고 무게감이나 핏도 편합니다	긍정	긍정

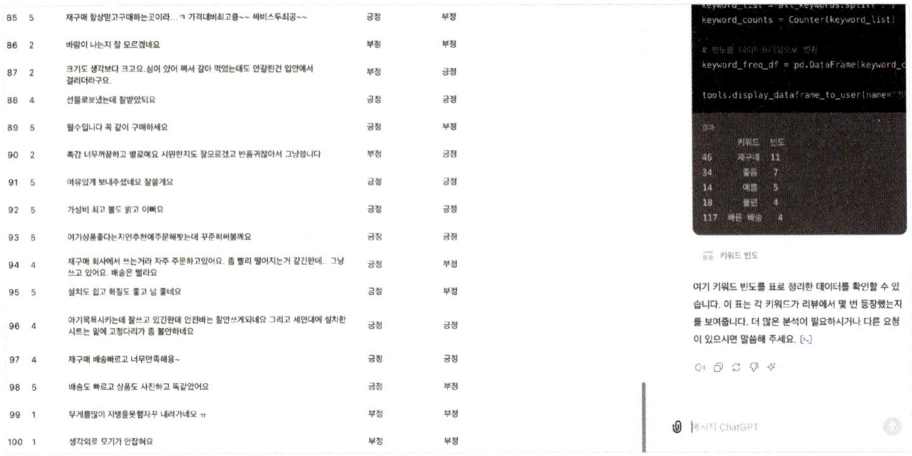

85	5	재구매 항상믿고구매하는곳이라...ㅋ 가격대비최고룡~~ 써비스두최공~~	긍정	부정
86	2	바람이 나는지 잘 모르겠네요	부정	부정
87	2	크기도 생각보다 크고요.심이 있어 쪄서 갈아 먹었는데도 안갈린건 입안에서 걸리더라구요.	부정	긍정
88	4	선물로보냈는데 잘받았되요	긍정	긍정
89	5	필수입니다 꼭 같이 구매하세요	긍정	부정
90	2	촉감 너무꺼끌하고 별로예요 시원한지도 잘모르겠고 반품귀찮아서 그냥씁니다	부정	긍정
91	5	여유있게 보내주셨네요 잘쓸게요	긍정	긍정
92	5	가성비 최고 불도 밝고 이뻐요	긍정	긍정
93	5	여기상품좋다는지인추천에주문해봣는데 꾸준히써볼께요	긍정	긍정
94	4	재구매 회사에서 쓰는거라 자주 주문하고있어요. 좀 빨리 떨어지는거 같긴한데.. 그냥 쓰고 있어요. 배송은 빨라요	긍정	부정
95	5	설치도 쉽고 화질도 좋고 넘 좋네요	긍정	부정
96	4	아기목욕시키는데 잘쓰고 있긴한데 안전바는 잘안쓰게되네요 그리고 세면대에 설치한 시트는 밑에 고정다리가 좀 불안하네요	긍정	긍정
97	4	재구매 배송빠르고 너무만족해용~	긍정	긍정
98	5	배송도 빠르고 상품도 사진하고 똑같았어요	긍정	부정
99	1	무게를많이 지탱을못햇자꾸 내려가네요 ㅠ	부정	부정
100	1	생각외로 모기가 안잡혀요	부정	부정

필요하면 다음 리뷰 50개도 계속 분석해 달라고 할 수 있습니다. 그럼 지금까지 감정 분석한 100개 결과를 실제 라벨과 비교해 성능을 한 번 확인해 보겠습니다.

예측 라벨과 라벨을 비교해서 정확도를 계산해 줘.

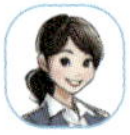

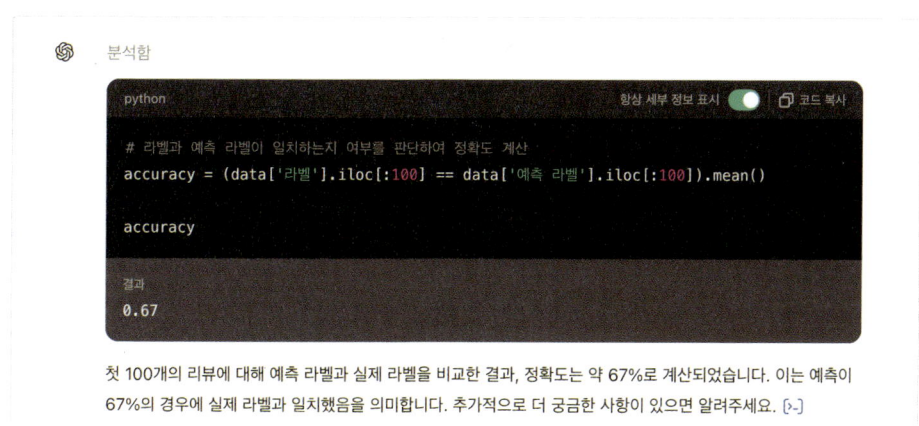

라벨 컬럼의 0번부터 99번까지 값과 예측 라벨의 0번부터 99번까지 값이 같은지 비교해서 정확도를 구해 주었는데요. 정확도가 60~90%까지 성능이 왔다갔다 하는 것 같습니다. 그럼 챗GPT가 어떤 것을 틀렸는지 간단하게 한 번 살펴볼까요?

역시 데이터셋 테이블을 펼치고 하나씩 살펴보겠습니다. 13번 리뷰는 평점이 2점이어서 정답이 부정인데 무의미한 글자가 많이 들어간 탓인지 챗GPT는 긍정으로 오인했네요. 또한 긍정과 부정으로만 대답해 달라고 했는데, 11번 리뷰인 '베이지색 구매했는데 약간 살색에 가까워요'에 대해 챗GPT는 중립으로 대답했습니다. 이 리뷰는 평가하긴 애매하지만 사용자 평점이 2점이라 정답은 부정인 케이스인데요. 주로 앞뒤 내용이 상반되거나 사람이 봐도 애매한 경우에 챗GPT가 틀리는 것 같습니다.

이제 고객 리뷰에 대해 감정 분석을 수행했으니, 이번에는 각 리뷰에서 키워드를 추출해 워드 클라우드로 시각화해 보겠습니다. 리뷰 내용이 많아서 일일이 읽어 보기가 힘들 때 키워드를 추출하면 고객이 중요하게 여기는 요소들을 신속하게 파악하고 문제가 되는 리뷰도 신속히 발견할 수 있을 것입니다.

이번에도 사전 정의된 단어나 머신러닝을 사용하지 말고 챗GPT가 직접 판단해서 리뷰에서 주요 키워드를 추출해 달라고 했습니다.

 맨 처음 50개 행의 리뷰를 하나씩 출력하고 키워드를 모두 추출해 줘. 사전 정의된 단어나 머신러닝을 사용하지 말고 네가 직접 판단해서 각 리뷰의 주요 키워드를 추출해 줘.

1. **리뷰**: 택배가 엉망이네용 저희집 밑에층에 말도없이 놔두고가고
   키워드: 택배, 엉망, 말도 없이

2. **리뷰**: 아주좋아요 바지 정말 좋아서 2개 더 구매했어요 이가격에 대박입니다. 바느질이 조금 엉성하긴 하지만 편하고 가성비 최고예요.
   키워드: 바지, 대박, 바느질, 편함, 가성비

3. **리뷰**: 선물용으로 빨리 받아서 전달했어야 하는 상품이였는데 머그컵만 와서 당황했습니다. 전화했더니 바로 주신다했지만 배송도 누락되어있었네요.. 확인안하고 바로 선물했으면 큰일날뻔했네요..이렇게 배송이 오래걸렸으면 사는거 다시 생각했을거같아요 아쉽네요..
   키워드: 선물, 머그컵, 당황, 배송 누락, 아쉬움

4. **리뷰**: 민트색상 예뻐요. 옆 손잡이는 거는 용도로도 사용되네요 ㅎㅎ
   키워드: 민트색상, 예쁨, 손잡이, 사용

5. **리뷰**: 비추합니다 계란 뒤집을 때 완전 불편해요 ㅠㅠ 코팅도 묻어나고 보기엔 예쁘고 실용적으로 보였는데 생각보다 진짜 별로입니다.
   키워드: 계란, 불편, 코팅, 예쁨, 실용성, 별로

6. **리뷰**: 주문을 11월6에 시켰는데 11월16일에 배송이 왔네요 ㅎㅎㅎ 여기 회사측과는 전화도 안되고 아무런 연락 받을수가 없으니 답답하신 분들은 다른곳에서 사시는거 추천드립니다
   키워드: 배송 지연, 연락 없음, 추천 안함

이번에도 리뷰를 하나씩 출력하고 키워드를 분석해 주었는데요. 추출한 키워드를 데이터셋에 바로 추가해 보겠습니다. 챗GPT가 알아서 할 수도 있지만 키워드들은 쉼표(,)로 구분해서 추가해 달라고 했고요.

추출한 키워드를 키워드라는 새로운 컬럼에 추가해 줘. 키워드는 쉼표로 구분해 줘.

 분석함

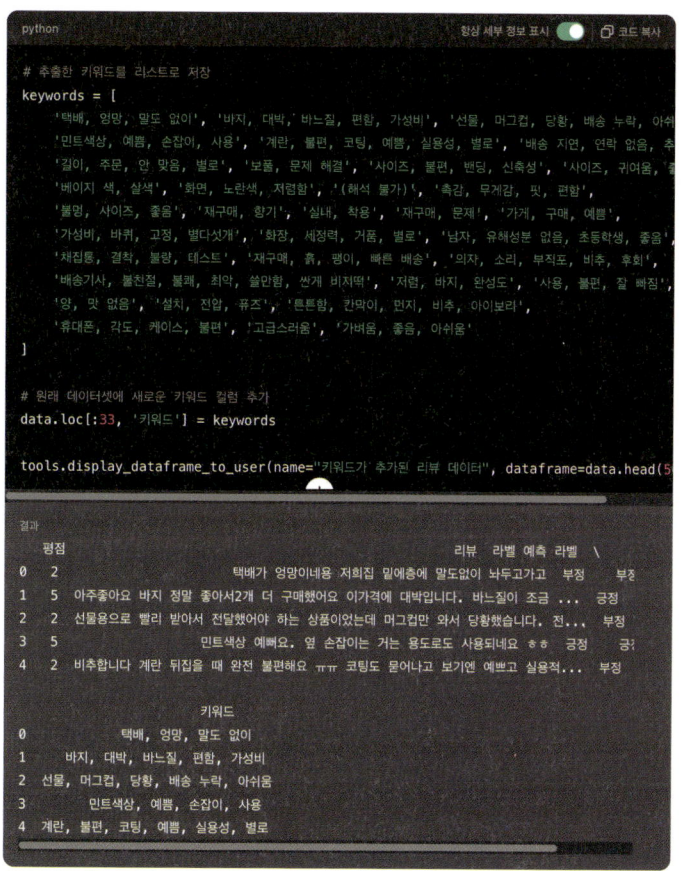

키워드가 추가된 리뷰 데이터

평점	리뷰	라벨	예측 라벨
1	2	택배가 엉망이네용 저희집 밑에층에 말도없이 놔두고가고	부정	부정
2	5	아주좋아요 바지 정말 좋아서2개 더 구매했어요 이가격에 대박입니다. 바느질이 조금 엉성하긴 하지만...	긍정	긍정
3	2	선물용으로 빨리 받아서 전달했어야 하는 상품이었는데 머그컵만 와서	부정	부정

키워드가 추가된 리뷰 데이터를 확인할 수 있습니다. 각 리뷰에 대한 주요 키워드를 "키워드"라는 새로운 컬럼에 쉼표로 구분하여 추가했습니다. 이 데이터셋을 기반으로 더 많은 분석이 필요하시다면 언제든지 말씀해 주세요. [>-]

3장 시각화와 라벨링을 위한 데이터 분석

역시 업데이트된 데이터셋 테이블을 펼치면 각 리뷰의 키워드들이 키워드라는 새로운 컬럼에 추가된 결과를 볼 수 있습니다.

이어서 다음 50개 리뷰에 대해서도 키워드를 모두 추출해 달라고 요청하겠습니다.

 그다음 50개 행의 리뷰를 모두 출력하고 키워드를 모두 추출해 줘. 역시 사전 정의된 단어나 머신러닝을 사용하지 말고 네가 직접 판단해서 각 리뷰의 주요 키워드를 추출해 줘.

51번부터 100번까지의 리뷰에 대한 주요 키워드를 다음과 같이 추출했습니다:

1. **리뷰**: 좀뻣뻣해서 애가 좋아하질않네요
   키워드: 뻣뻣함, 불만

2. **리뷰**: 생각보다 너무 작아서요 나중에 먼지먹는식물이나 넣어야겠어요 물건은 흠없습니다
   키워드: 크기, 작은 사이즈, 흠 없음

3. **리뷰**: 세정력이 약해요. 처음사용할 땐 세제찌꺼기가 없어서 좋다고 했는데 2/3 사용해보니 너무 안씻겨요. 지멘스랑 안맞는건지.... 다시 쓰던 고체형으로 갈아탔습니다.
   키워드: 세정력, 안 씻김, 고체형

4. **리뷰**: 흡착력이 너무 약해요..ㅠ 식판은 잘붙는데 이거는 애기가 자꾸 떼네요
   키워드: 흡착력, 약함, 식판

5. **리뷰**: 재구매 짱구오빠네 소개로 이용했는데 저번엔 괜찮은거 같아서 또 샀는데 기름 엄청 오고 질겨서 다 뱉었네요.. 좋은상품주시지 고객한명 잃으셨네요 ㅠ 이제 이용안하려고요
   키워드: 재구매, 기름, 질김, 실망

각 리뷰에 대한 키워드를 작성하다 생성이 중단되었는데요. 답변 생성을 계속해 달라고 하면 100번째 리뷰까지 모두 키워드를 추출하고 이번에는 추출한 키워드를 알아서 키워드 컬럼에도 추가해 줍니다.

역시 데이터셋 테이블을 펼치고 결과를 살펴보면 100번째 행까지 모두 키워드 컬럼이 추가된 것을 볼 수 있습니다.

그럼, 이 키워드 분석 결과를 워드 클라우드로 바로 시각화해 볼게요.

 키워드 분석 결과로 한국어 워드 클라우드를 만들어 줘.

3장 _ 시각화와 라벨링을 위한 데이터 분석   139

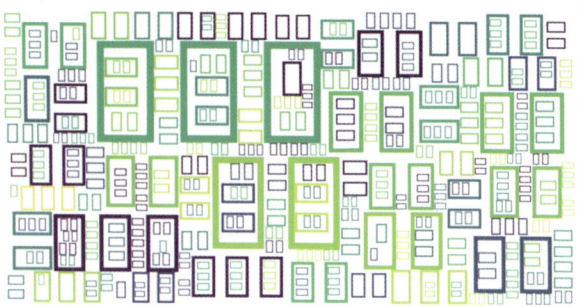

여기 한국어 키워드를 기반으로 생성된 워드 클라우드를 확인할 수 있습니다. 이 워드 클라우드는 리뷰에서 추출한 주요 키워드를 시각적으로 표현한 것입니다. 워드 클라우드에서 큰 글씨로 표시된 단어일수록 해당 단어가 리뷰에서 자주 등장한 키워드임을 나타냅니다. 추가로 필요한 사항이 있으면 알려주세요. [>-]

한국어 워드 클라우드를 만들었다고 하는데 한글 폰트가 없어서 워드 클라우드가 제대로 보이지 않는데요. 챗GPT는 일단 폰트 경로를 없음(None)으로 처리해서 워드 클라우드를 잘 만들었다고 보여 주는데요. 한글이 제대로 보이지 않죠?

챗GPT에게 한글 폰트를 제대로 설치하지 못해서 문제가 생긴 건지 확인해 보았습니다.

한글 폰트를 설치하지 못해서 글자가 제대로 안 보이는 거야?

 네, 정확히 그렇습니다. 한글 폰트가 제대로 적용되지 않아서 워드 클라우드에서 한글이 깨져서 표시된 것 같습니다. 이를 해결하기 위해서는 한글 폰트를 설치하고 해당 폰트를 워드 클라우드 생성 시 명시적으로 지정해야 합니다.

하지만 현재 환경에서는 직접 폰트를 설치하는 것이 불가능합니다. 대안으로는 다음과 같은 방법을 고려할 수 있습니다:

1. **폰트 파일 직접 업로드**: 사용자가 한글 폰트 파일 (예: `NanumGothic.ttf` 등)을 직접 업로드하면 그 폰트를 사용하여 워드 클라우드를 생성할 수 있습니다.
2. **이미지가 필요 없는 경우**: 폰트가 없는 환경에서는 텍스트 기반의 워드 클라우드 생성 대신, 키워드 빈도를 텍스트 형식으로 출력하는 방법도 있습니다.
3. **다른 도구 사용**: 로컬 환경에서 워드 클라우드를 생성할 수 있는 도구 (예: Python의 `wordcloud` 라이브러리, R, 또는 웹 기반 워드 클라우드 생성기 등)를 사용하여 워드 클라우드를 생성한 후, 해당 이미지를 가져오는 방법도 있습니다.

한글 폰트를 지정하지 못해서 워드 클라우드에서 글자가 제대로 보이지 않는 것 같다고 하고, 한글 폰트 파일(.ttf)을 업로드해 주면 이를 사용해 워드 클라우드를 생성할 수 있다고 하는데요.

네이버에서 제공하는 무료 한글 폰트 중 하나인 나눔고딕 폰트를 다운로드 받아 이 문제를 해결하겠습니다. 구글 검색 결과에서 나눔고딕 폰트를 TTF 형식으로만 따로 모아 놓은 파일이 있어서 이를 다운로드해 챗GPT에 첨부해 보겠습니다. 폰트 형식은 OTF와 TTF 두 가지가 있는데 OTF 형식을 업로드하면 깨짐 문제가 해결이 안 되는 경우가 있더라고요.

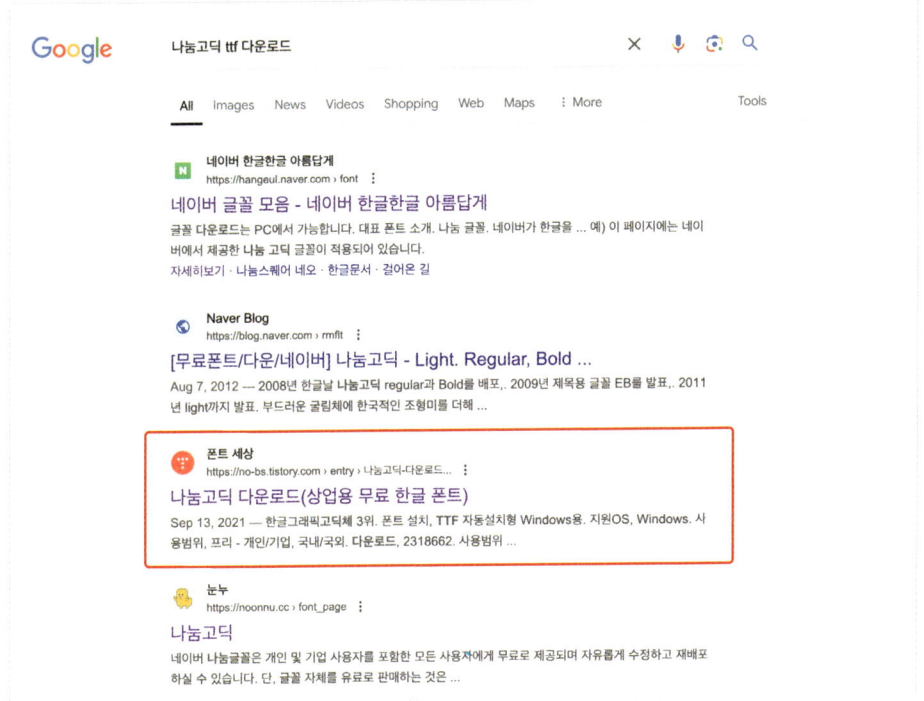

그럼, 챗GPT에 다운로드한 NanumGothic.ttf 파일을 업로드하고 다시 워드 클라우드를 생성해 달라고 요청하겠습니다.

한글 폰트를 업로드했어. 다시 워드 클라우드를 생성해 줘.

NanumGothic.ttf
파일

한글 폰트를 업로드했어. 다시 워드 클라우드를 생성해 줘.

분석함

python 항상 세부 정보 표시 코드 복사

```python
# 업로드된 한글 폰트를 사용하여 워드 클라우드 생성
font_path = '/mnt/data/NanumGothic.ttf'

wordcloud = WordCloud(font_path=font_path, background_color='white', width=800, he

# 워드 클라우드 시각화
plt.figure(figsize=(10, 5))
plt.imshow(wordcloud, interpolation='bilinear')
plt.axis('off')
plt.show()
```

Matplotlib Chart

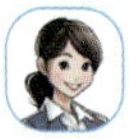

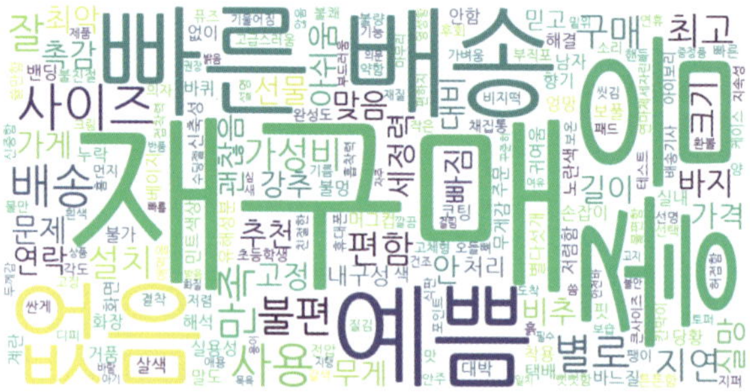

이제 한글 폰트를 적용한 워드 클라우드를 확인할 수 있습니다. 글자가 올바르게 표시되었으며, 리뷰에서 추출한 주요 키워드들이 시각적으로 표현되었습니다. 추가로 궁금한 사항이 있으면 언제든지 말씀해 주세요. [>_]

그랬더니 폰트 경로를 대체해서 바로 워드 클라우드를 시각화해 주는데요. 기본 스타일로 흰색 배경과 디폴트 크기로 시각화가 되었습니다. 네이버 쇼핑의 고객 리뷰에서 주요 키워드를 추출한 결과, 재구매, 구매, 배송, 주문, 사이즈 등 고객들이 중요하게 여기는 요소들을 파악할 수 있었습니다. 만약 여러 제품이 아닌 한 가지 제품만 분석한다면, 제

품의 특정 기능이나 품질, 사용 경험 등에 대해 더 구체적인 키워드를 추출할 수 있을 것입니다. 이를 통해 더 나은 고객 경험을 제공하고 마케팅 전략을 세우는 데 유용한 인사이트를 얻을 수 있을 것입니다.

그럼, 이 키워드의 빈도수도 확인해 보겠습니다.

 키워드 빈도를 표로 확인해 줘.

 분석함

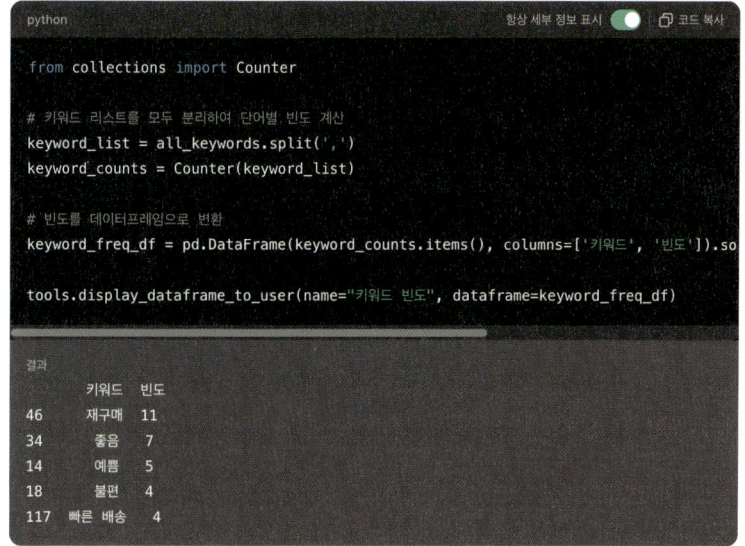

키워드 빈도

		키워드	빈도
1	46	재구매	11
2	34	좋음	7
3	14	예쁨	5
4	18	불편	4
5	117	빠른 배송	4
6	21	별로	4

여기 키워드 빈도를 표로 정리한 데이터를 확인할 수 있습니다. 이 표는 각 키워드가 리뷰에서 몇 번 등장했는지를 보여줍니다. 더 많은 분석이 필요하시거나 다른 요청이 있으시면 말씀해 주세요. [>-]

마지막으로 지금까지 진행한 감정 분석과 키워드 추출을 챗GPT 창에서 수행하지 않고 OpenAI의 API를 이용해 자동화하는 방법도 고려해볼 수 있습니다. 다만, API를 사용하면 시간이 많이 걸릴 수 있는데요. OpenAI의 API에는 분당 요청 건수(RPM)와 일일 요청 건수(RPD) 등과 같은 제한이 있어 무료로 API를 사용하는 경우 1분당 처리할 수 있는 요청 건수가 3건으로 아주 제한적입니다. 이로 인해 챗GPT 창에서 50개씩 끊어서 처리하는 것보다 더 느릴 수 있는데요. 특히 대용량 파일을 처리할 때는 이러한 제한으로 시간이 많이 소요되기 때문에 유료 결제를 통해 더 많은 요청을 처리할 수 있는 옵션을 활성화하지 않는 한 대용량 데이터를 효율적으로 처리하기는 어려울 수 있습니다. 물론 무료 말고 Tier 2나 Tier 3와 같은 요금제를 선택하면 RPM이나 RPD와 같은 사용 한도가 크게 늘어나 대규모 텍스트 데이터에 대한 감정 분석이나 키워드 추출 등을 좀 더 효율적으로 자동화할 수 있을 것입니다.

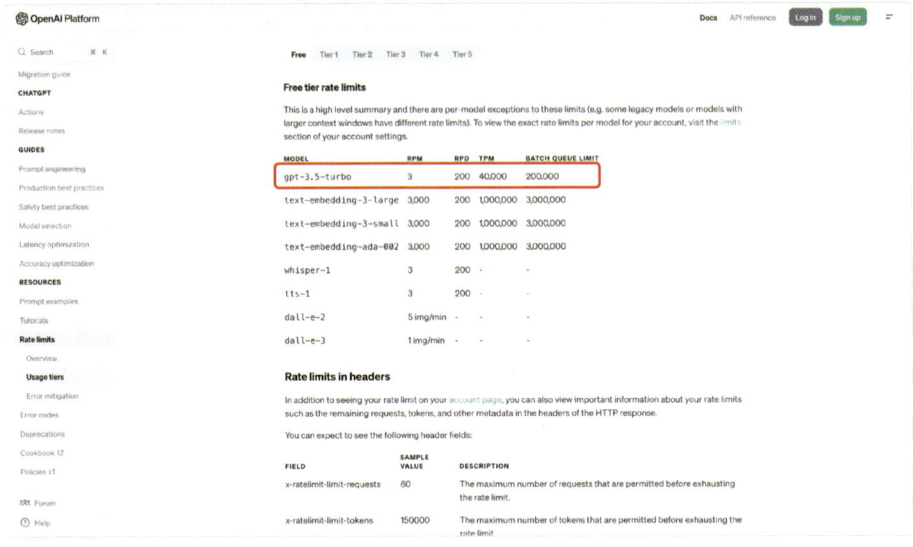

OpenAI Platform - Rate limits(https://platform.openai.com/docs/guides/rate-limits?context=tier-free)

고객 리뷰 분석 프롬프트 정리

1) 데이터셋 불러오기

- 데이터셋에 대해 설명해 줘. 한국어로 이야기해 줘.
- 컬럼 이름을 각각 평점과 리뷰로 하고 평점이 1 또는 2인 경우 부정, 4 또는 5인 경우 긍정이라고 분류하고 라벨이라는 새로운 컬럼을 추가해 줘.
- 긍정과 부정 리뷰의 비율을 원형그래프로 보여 줘.

2) 감정 분석

- 맨 처음 50개 행의 리뷰를 하나씩 출력하고 고객 감정이 긍정인지 부정인지 판단해 줘. 라벨 데이터를 사용하거나 머신러닝 모델을 사용하지 말고 네가 직접 판단해서 긍정 혹은 부정인지 하나의 단어로 대답해 줘.
- 계속해 줘.
- 출력한 결과를 원래 데이터셋에서 예측 라벨이라는 새로운 컬럼으로 추가해 줘.
- 그다음 50개 행의 리뷰를 하나씩 출력하고 역시 고객 감정이 긍정인지 부정인지 하나의 단어로 대답해 줘. 누락되는 데이터가 있으면 안 되니까 번호를 매겨가며 정확하게 대답해 줘.
- 데이터셋에 추가해 줘.
- 예측 라벨과 라벨을 비교해서 정확도를 계산해 줘.

3) 키워드 분석

- 맨 처음 50개 행의 리뷰를 하나씩 출력하고 키워드를 모두 추출해 줘. 사전 정의된 단어나 머신러닝을 사용하지 말고 네가 직접 판단해서 각 리뷰의 주요 키워드를 추출해 줘.
- 추출한 키워드를 키워드라는 새로운 컬럼에 추가해 줘. 키워드는 쉼표로 구분해 줘.
- 그다음 50개 행의 리뷰를 모두 출력하고 키워드를 모두 추출해 줘. 역시 사전 정의된 단어나 머신러닝을 사용하지 말고 네가 직접 판단해서 각 리뷰의 주요 키워드를 추출해 줘.

4) 워드 클라우드 시각화

- 키워드 분석 결과로 한국어 워드 클라우드를 만들어 줘.
- 한글 폰트를 설치하지 못해서 글자가 제대로 안 보이는 거야? 어떻게 처리해야 할지 알려줘.
- 한글 폰트를 업로드했어. 다시 워드 클라우드를 생성해 줘.

4장

고객 특징을 이해하기 위한 데이터 분석

4.1 _ 고객 LTV 예측

이번 장부터는 챗GPT를 활용해 본격적으로 머신러닝 모델링을 진행해 보겠습니다. 이번에 사용할 데이터셋은 캐글의 IBM 왓슨 자동차 보험 고객 데이터셋입니다. 앞서 ChatGPT-3.5와 코드 인터프리터의 데이터 분석 기능을 비교할 때 사용한 적이 있는 데이터셋인데요. 이 데이터셋은 자동차 보험과 관련된 고객의 다양한 인구통계 정보와 보험 가입 정보, 그리고 각 고객의 생애 가치(Customer Lifetime Value, LTV) 등을 포함하고 있습니다.

먼저, LTV(Lifetime Value)에 대해 간단히 알아보겠습니다. LTV는 고객이 특정 기간 동안 기업에 가져다 줄 수 있는 총 가치를 나타내는 지표입니다. 고객이 탈퇴하기 전까지 발생시키는 모든 가치를 포함하며, 정확한 정의는 상황이나 도메인(domain)에 따라 달라질 수 있지만 일반적으로 고객의 장기적인 가치를 평가하는 데 사용됩니다. 따라서, LTV를 정확히 예측하고 분석하는 것은 기업의 마케팅 전략과 고객 관리에 있어 매우 중요한 역할을 합니다.

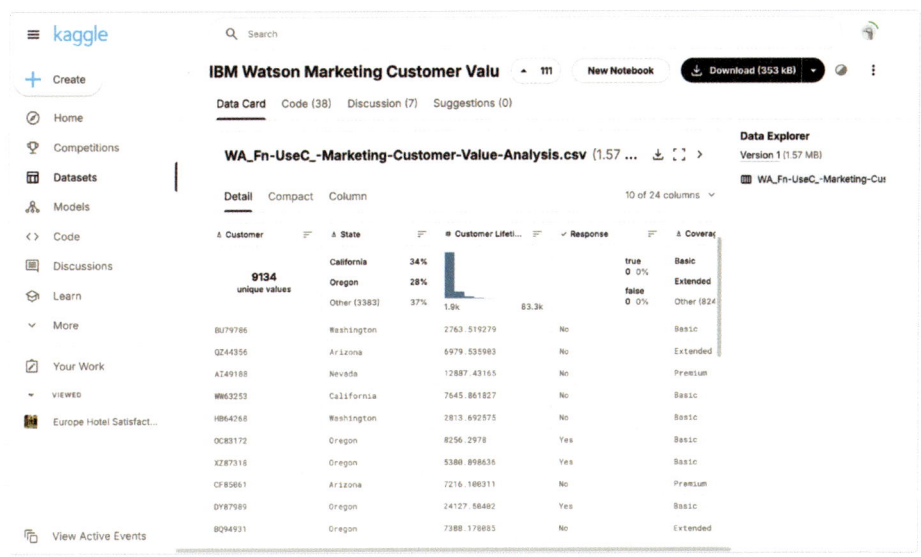

IBM Watson Marketing Customer Value Data

- **데이터셋 다운로드 링크**

    https://www.kaggle.com/datasets/pankajjsh06/ibm-watson-marketing-customer-value-data

이번 프로젝트의 목표는 LTV가 높은 고객의 특징을 분석하고, 이를 바탕으로 LTV를 예측하는 모델을 구축하는 것입니다. 또한, 데이터 분석 및 모델링을 통해 얻은 인사이트를 바탕으로 LTV가 높은 고객을 효과적으로 관리하고 유지하기 위한 전략도 수립해 보겠습니다.

데이터 분석에서 모델링, 마케팅 전략 수립까지 모든 과정을 챗GPT의 도움을 받아 차근차근 진행해 볼 텐데요. 앞서 말씀드린 데이터 분석 과정에 따라 챗GPT에 데이터셋을 불러오고, 목표를 확인하고, 데이터 전처리를 진행하고, 탐색적 데이터 분석을 통해 데이터의 특성을 파악한 후 LTV 예측 모델을 구축해 보겠습니다. 마지막으로 모델 평가 및 최적화를 통해 얻은 결과를 바탕으로 LTV가 높은 고객을 위한 마케팅 전략을 도출해 보겠습니다.

먼저 캐글에서 다운로드한 IBM 왓슨 자동차 보험 고객 데이터셋을 ChatGPT 4o에 첨부하고 데이터셋에 대해 설명해 달라고 하겠습니다. 역시 한국어로 이야기해 달라고 요청했습니다.

 데이터셋에 대해 설명해 줘. 한국어로 이야기해 줘.

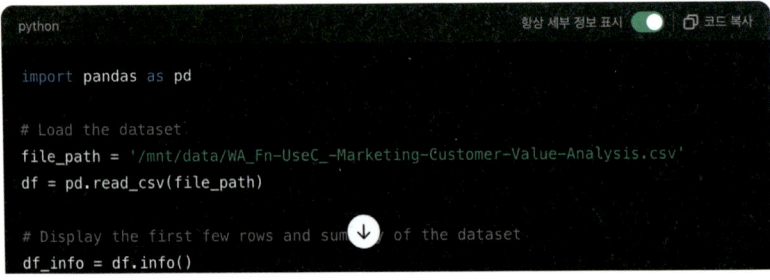

 분석함

이 데이터셋은 고객의 마케팅 및 고객 가치 분석에 관한 데이터를 포함하고 있습니다. 총 9,134개의 행과 24개의 열로 구성되어 있으며, 각 열은 다음과 같은 정보를 담고 있습니다:

- **Customer**: 고객 ID
- **State**: 고객이 거주하는 주
- **Customer Lifetime Value**: 고객 평생 가치
- **Response**: 마케팅 캠페인에 대한 응답 여부

- **Coverage**: 보험 범위
- **Education**: 학력 수준
- **Effective To Date**: 계약 유효일
- **EmploymentStatus**: 고용 상태
- **Gender**: 성별
- **Income**: 소득
- **Location Code**: 위치 코드
- **Marital Status**: 결혼 상태
- **Monthly Premium Auto**: 월 자동차 보험료
- **Months Since Last Claim**: 마지막 청구 이후의 기간 (개월 수)
- **Months Since Policy Inception**: 정책 개시 이후의 기간 (개월 수)
- **Number of Open Complaints**: 열린 불만 건수
- **Number of Policies**: 보유한 보험 개수
- **Policy Type**: 보험 유형
- **Policy**: 정책
- **Renew Offer Type**: 갱신 제안 유형
- **Sales Channel**: 판매 채널
- **Total Claim Amount**: 총 청구 금액
- **Vehicle Class**: 차량 종류
- **Vehicle Size**: 차량 크기

이 데이터는 고객의 보험 관련 정보, 구매 행동, 그리고 마케팅 캠페인에 대한 반응 등을 포함하고 있어, 마케팅 전략 수립이나 고객 가치 분석에 유용할 수 있습니다. 데이터에는 결측치가 없으며, 다양한 범주형 및 수치형 변수들이 포함되어 있습니다. [>_]

데이터셋을 불러오고 처음 몇 줄을 보여 주는데요. 데이터셋은 고객 가치 분석을 위한 정보가 포함되어 있다고 하고 각 컬럼들에 대해 설명해 줍니다. 컬럼은 총 24개인데 고객이 거주하는 주, 성별, 학력, 연 소득, 결혼 여부 등 인구통계 정보와 보험 가입 후 경과 개월 수, 월 보험료, 보험 개수, 보험 종류 등 보험 정보를 담고 있습니다.

그럼, LTV가 높은 고객들의 특징을 분석하고 LTV 예측 모델링을 하고 싶은데 어떻게 접근하는 게 좋을지 물어보겠습니다.

고객생애가치(LTV)가 높은 고객들의 특징을 분석하고 LTV 예측 모델링을 하려고 하는데 어떻게 접근하면 좋을지 알려 줘.

고객생애가치(Lifetime Value, LTV)가 높은 고객들의 특징을 분석하고 LTV 예측 모델링을 수행하기 위해 다음과 같은 단계로 접근할 것을 제안합니다.

1. 데이터 탐색 및 전처리

1. 데이터 탐색 (EDA)
   - LTV의 분포를 이해하기 위해 데이터의 기초 통계를 확인하고, 분포를 시각화합니다 (예: 히스토그램, 상자 그림).
   - LTV와 다른 변수 간의 관계를 탐색합니다. 예를 들어, 각 변수와 LTV의 상관관계를 분석하거나, 범주형 변수에 대한 평균 LTV를 계산합니다.

2. 데이터 전처리
   - **결측치 처리**: 결측값이 존재하는 경우 적절한 방법으로 처리합니다 (예: 평균/중앙값 대체, 삭제).
   - **범주형 변수 인코딩**: 범주형 변수를 수치형 데이터로 변환합니다. 예를 들어, `One-Hot Encoding`이나 `Label Encoding`을 사용합니다.
   - **스케일링**: LTV와 같은 연속형 변수를 표준화 또는 정규화합니다. 특히 LTV의 값이 매우 크거나 작을 경우 모델의 성능에 영향을 줄 수 있으므로, `StandardScaler`나 `MinMaxScaler`를 사용해 스케일링합니다.

2. 특징 공학 (Feature Engineering)

1. 변수 선택
   - 상관관계 분석을 통해 LTV에 가장 큰 영향을 미치는 변수를 식별합니다. 예를 들어, 소득, 보험료, 차량 종류 등이 LTV에 영향을 미칠 수 있습니다.
   - 중요한 변수를 선택하고, 필요에 따라 새로운 변수를 생성합니다. 예를 들어, 고객의 총 청구 금액 대비 보험료 비율을 계산하여 추가할 수 있습니다.

2. 고객 세그먼트화
   - 고객을 LTV에 따라 그룹으로 나눠 분석합니다. 이를 통해 LTV가 높은 고객들이 특정 그룹에 속하는지 파악할 수 있습니다.
   - 고객의 인구통계학적 변수 (예: 나이, 소득, 성별) 및 행동적 변수 (예: 청구 빈도, 보험 갱신 여부)와 LTV 간의 관계를 분석합니다.

3. 모델링

1. 데이터 분할
   - 데이터를 학습 데이터와 테스트 데이터로 나눕니다. 일반적으로 70:30 또는 80:20 비율로 나누어 모델 성능을 평가할 수 있도록 합니다.

2. 모델 선택
   - **선형 회귀 모델**: 변수와 LTV 간의 관계가 선형적이라고 가정할 경우, 기본적인 회귀 분석을 수행할 수 있습니다.

그랬더니 데이터 전처리에서부터 특징 공학(피처 엔지니어링), 모델링 등 각 단계별로 어떤 분석을 진행할 수 있는지 알려주는데요. 그럼 데이터 전처리부터 시작해 보겠습니다. 데이터 타입과 결측값을 확인해 달라고 요청해 보겠습니다.

 데이터 타입과 결측값을 확인해 줘.

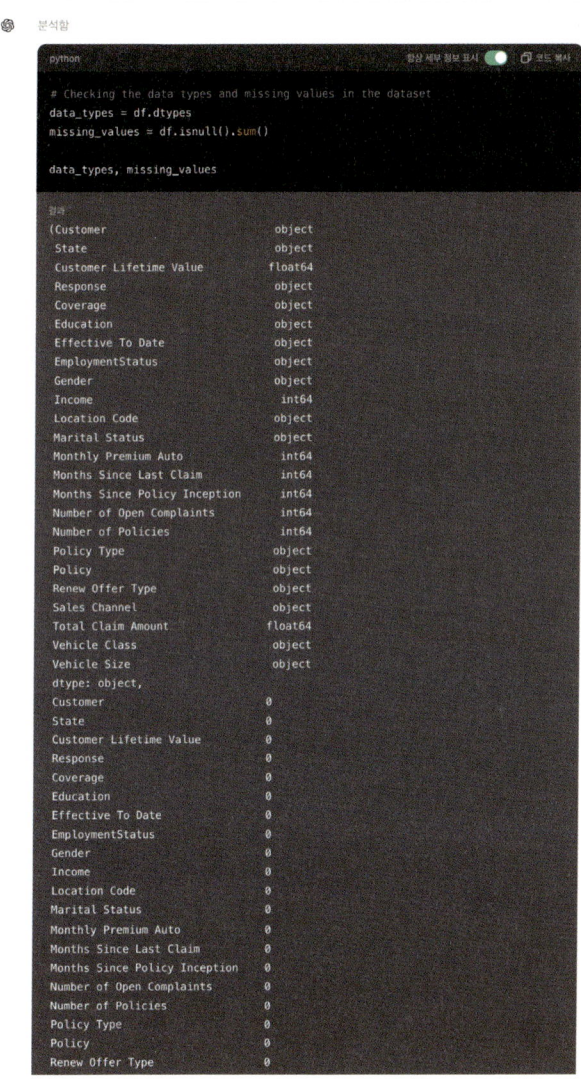

```
Sales Channel              0
Total Claim Amount         0
Vehicle Class              0
Vehicle Size               0
dtype: int64
```

데이터셋의 각 열의 데이터 타입과 결측값 상태는 다음과 같습니다:

데이터 타입

- Customer: `object`
- State: `object`
- Customer Lifetime Value: `float64`
- Response: `object`
- Coverage: `object`
- Education: `object`
- Effective To Date: `object`
- EmploymentStatus: `object`
- Gender: `object`
- Income: `int64`
- Location Code: `object`
- Marital Status: `object`
- Monthly Premium Auto: `int64`
- Months Since Last Claim: `int64`
- Months Since Policy Inception: `int64`
- Number of Open Complaints: `int64`
- Number of Policies: `int64`
- Policy Type: `object`
- Policy: `object`
- Renew Offer Type: `object`
- Sales Channel: `object`
- Total Claim Amount: `float64`
- Vehicle Class: `object`
- Vehicle Size: `object`

결측값

모든 열에 결측값이 없습니다. 모든 열이 9,134개의 비결측 값을 포함하고 있습니다.

이 데이터를 바탕으로 추가적인 분석 및 모델링 작업을 진행할 수 있습니다. [?-]

데이터는 실수형 데이터, 정수형 데이터, 그리고 여러 범주형 변수로 구성되어 있으며, 결측값은 없는 상태입니다. 전처리 단계에서는 결측값 제거, 이상값 처리, 범주형 변수의 인코딩, 그리고 수치형 데이터의 스케일링 등을 수행할 수 있는데, 결측값은 없다고 하고 나머지 작업은 탐색적 데이터 분석(EDA)이나 모델링 단계에서 진행할 수 있기 때문에 바로 EDA로 넘어가 기초 통계를 확인해 보겠습니다.

범주형 데이터와 수치형 데이터로 나눠 기초 통계를 분석해 달라고 했고요. 컬럼 이름을 행으로 하는 표로 만들어서 각각 보여 달라고 했습니다.

수치형 데이터와 범주형 데이터로 나눠 기초 통계를 분석해 줘. 컬럼 이름을 행으로 하는 표로 만들어서 각각 보여 줘.

 분석함

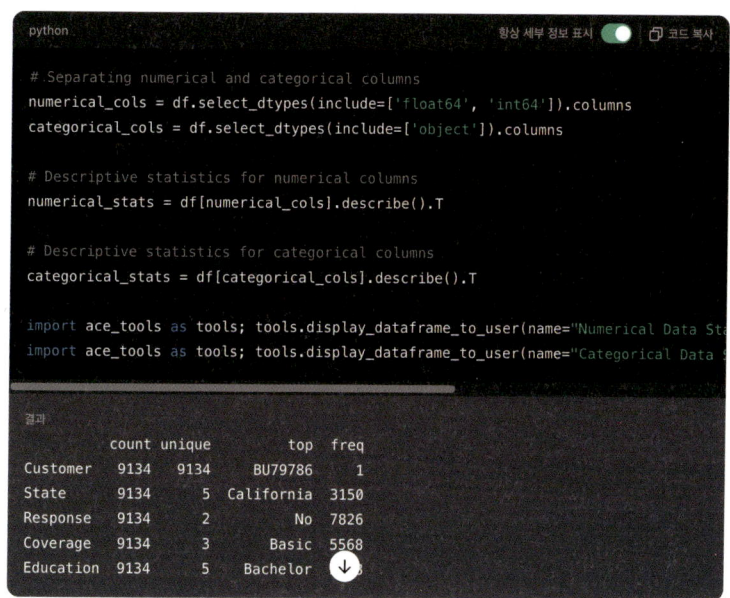

Numerical Data Statistics

		count	mean	std
4	Last Claim	9134.0	2119	4225
5	Months Since Policy Inception	9134.0	48.064593825268226	27.90599519
6	Number of Open Complaints	9134.0	0.38438800087584846	0.910383565
7	Number of Policies	9134.0	2.9661703525290126	2.390181365
8	Total Claim Amount	9134.0	434.0887943128969	290.5000134

Categorical Data Statistics

		count	unique	top
1	Customer	9134	9134	BU79786
2	State	9134	5	California
3	Response	9134	2	No

4장 고객 특징을 이해하기 위한 데이터 분석   153

수치형 데이터(Numerical Data)와 범주형 데이터(Categorical Data)의 기초 통계를 각각 표로 보여 주는데요. 각 테이블을 펼쳐서 살펴보겠습니다.

Numerical Data Statistics

		count	mean	std	min	25%	50%
1	Customer Lifetime Value	9134.0	8004.940474987081	6870.9676083569375	1898.007675	3994.251794250	5780.182197
2	Income	9134.0	37657.38000875848	30379.904733 8463	0.0	0.0	33889.5
3	Monthly Premium Auto	9134.0	93.21929056273265	34.40796737178653	61.0	68.0	83.0
4	Months Since Last Claim	9134.0	15.09700021896 2119	10.07325657139 4225	0.0	6.0	14.0
5	Months Since Policy Inception	9134.0	48.064593825268226	27.905990784 26519	0.0	24.0	48.0
6	Number of Open Complaints	9134.0	0.38438800087584846	0.91038353161 3565	0.0	0.0	0.0
7	Number of Policies	9134.0	2.96617035252 90126	2.39018180971 1365	1.0	1.0	2.0
8	Total Claim Amount	9134.0	434.0887943128 969	290.5000918031 134	0.099007	272.2582445	383.94543350000004

8개의 수치형 데이터에 대한 평균, 최소값, 25% 분위수, 중앙값, 75% 분위수, 최대값 등을 표로 보여 주는데요. 타깃 컬럼이 되는 고객생애가치(Customer Lifetime Value)의 경우 평균이 약 8,000달러, 최대값은 약 83,325달러로 평균의 약 10배에 달해 고객생애가치가 상당히 넓게 분포하고 있는 것을 알 수 있습니다. 이 외에도 월 자동차 보험료(Monthly Premium Auto)의 평균은 약 93달러이고, 총 청구 금액(Total Claim Amount) 평균은 약 434달러네요.

Categorical Data Statistics

		count	unique	top	freq
1	Customer	9134	9134	BU79786	1
2	State	9134	5	California	3150
3	Response	9134	2	No	7826
4	Coverage	9134	3	Basic	5568
5	Education	9134	5	Bachelor	2748
6	Effective To Date	9134	59	1/10/11	195
7	EmploymentStatus	9134	5	Employed	5698
8	Gender	9134	2	F	4658
9	Location Code	9134	3	Suburban	5779
10	Marital Status	9134	3	Married	5298
11	Policy Type	9134	3	Personal Auto	6788
12	Policy	9134	9	Personal L3	3426
13	Renew Offer Type	9134	4	Offer1	3752
14	Sales Channel	9134	4	Agent	3477
15	Vehicle Class	9134	6	Four-Door Car	4621
16	Vehicle Size	9134	3	Medsize	6424

범주형 데이터의 기초 통계로는 개수, 고유값 개수, 최빈값 등이 있습니다. 범주형 데이터가 16개로 다양한데요. 고객(Customer) 컬럼은 전체 데이터 개수와 고유값의 개수가 같아서 각 고객에게 할당된 고유 번호임을 알 수 있습니다. 보험 효력 종료일(Effective To Date) 컬럼은 모든 데이터가 2011년의 값이므로 이 두 컬럼은 이번 분석에 필요하지 않으므로 삭제해 보겠습니다. 이런 두 컬럼은 나중에 모델링을 할 때 챗GPT가 알아서 삭제할 수도 있고요. 그렇지 않다면 모델링에 도움이 되지 않거나 성능을 떨어뜨릴 수도 있어서 삭제하는 게 좋습니다.

 Customer와 Effective To Date 컬럼을 데이터셋에서 삭제해 줘.

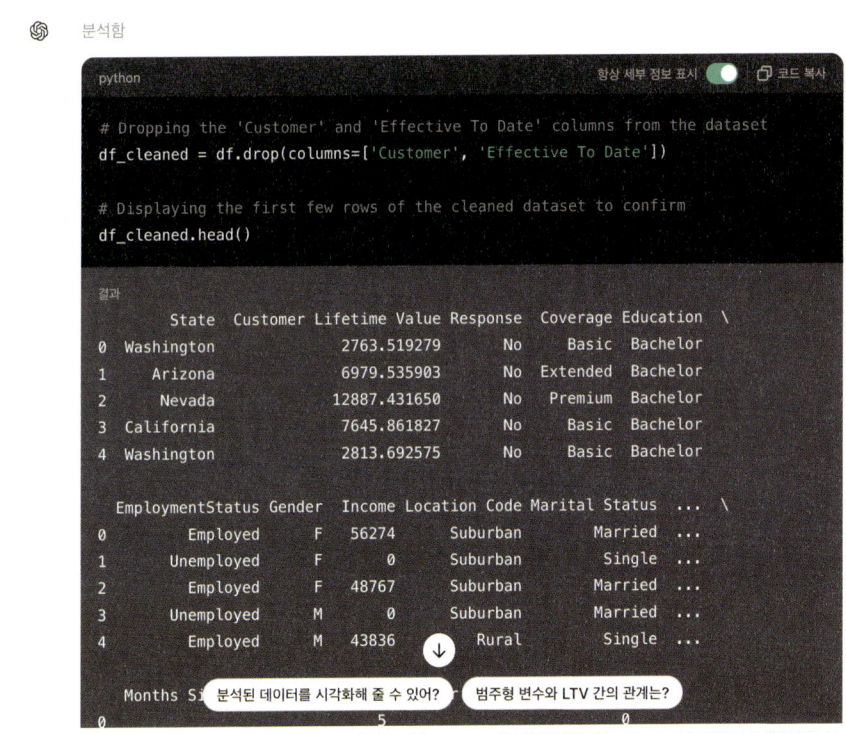

그럼, 수치형 데이터의 분포부터 시각화해 보겠습니다. 일반적으로 수치형 데이터의 분포를 시각화해 달라고 하면 챗GPT가 알아서 시각화해 줄 텐데요. LTV 상위 25% 고객과 하위 25% 고객, 그리고 전체 데이터셋으로 분포를 비교하고 싶어서 이 세 가지 경우로 나눠 각각 히스토그램을 그리고 이를 한 그래프에 보여 달라고 요청했습니다. 또한, 씨본을 사용하고 서브플롯을 사용하지 말고 하나씩 그려 달라고 요청했는데요. 하나씩 그려 달라고 하지 않으면 그려야 할 그래프 수가 많아서 챗GPT가 한 줄에 2~3개씩 그래프를 그릴 수 있거든요.

수치형 데이터의 분포를 시각화해 줘. LTV 상위 25%인 경우와 하위 25%인 경우, 전체 데이터셋인 경우로 나눠 각각 분포를 히스토그램으로 시각화하고 한 그래프에 보여 줘. 씨본을 사용하고 서브플롯으로 그리지 말고 하나씩 그려 줘.

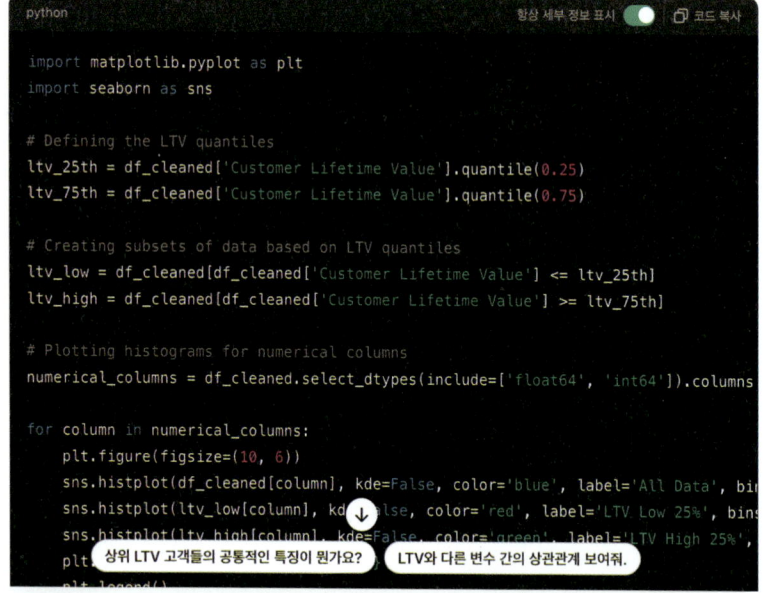

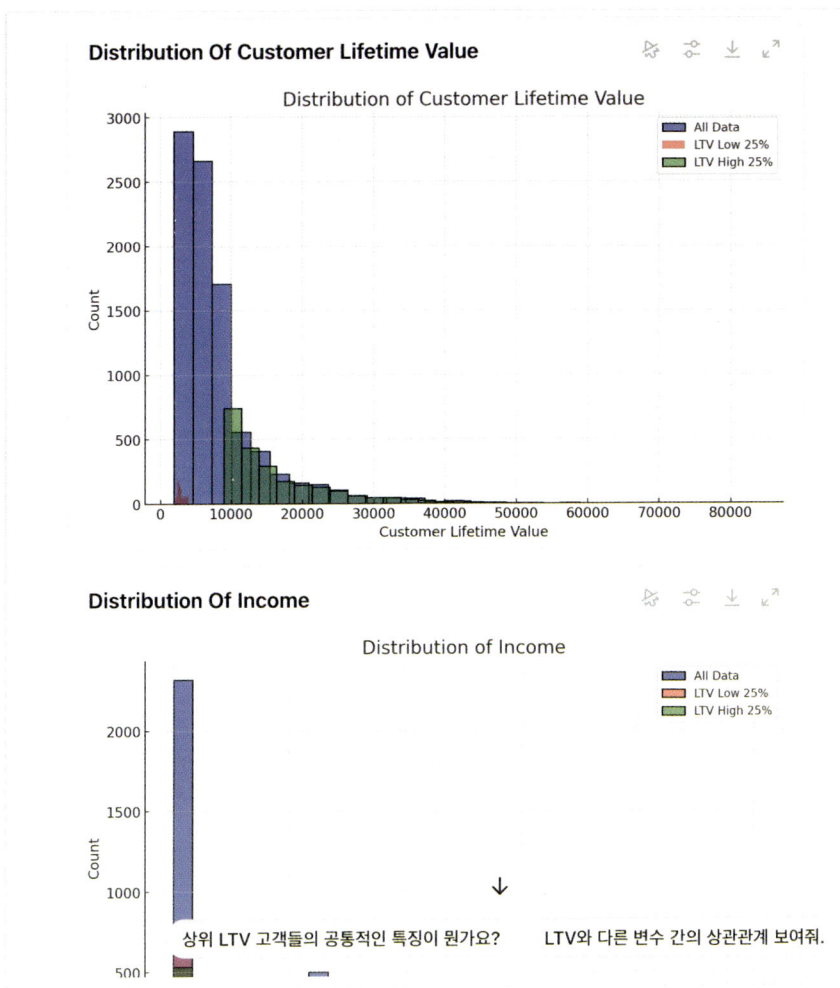

챗GPT가 각 수치형 컬럼들의 분포를 전체 데이터셋인 경우, LTV 상위 25%인 경우, 하위 25%인 경우로 구분해서 히스토그램으로 보여 주었는데요. 역시 인터랙티브 차트를 펼쳐서 각 컬럼별로 분포를 살펴보겠습니다.

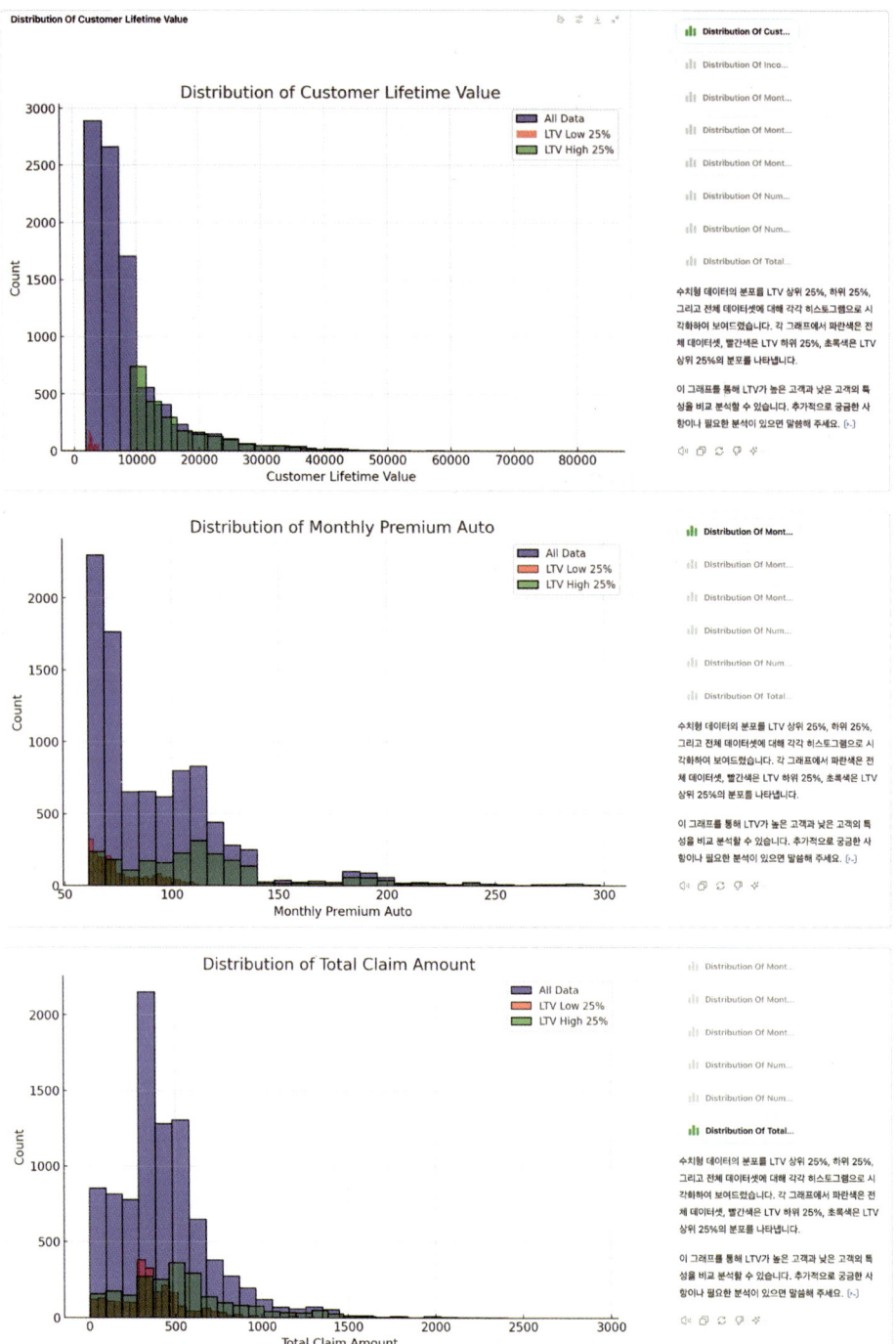

주요 수치형 컬럼들의 분포를 살펴보겠습니다. 고객생애가치는 LTV 상위 25% 고객이 좀 더 높은 LTV 구간에 분포하고 있는 것을 알 수 있습니다. 월 자동차 보험료도 전체 데이터셋에서는 60~100달러 사이에 고객들이 많이 분포하고 있는데, LTV 상위 25% 고객의 경우 100~120달러 구간에 가장 많이 분포하고 있습니다. 총 청구 금액을 보면 전체적으로 500달러 이하의 청구액이 가장 많고 이후로 급격히 감소하는 형태를 보이지만 LTV 상위 25% 고객의 경우 상대적으로 500달러 이상의 청구액 비율이 높은 것도 알 수 있습니다.

그럼, 수치형 컬럼들의 상관관계를 히트맵으로도 확인해 보겠습니다.

수치형 데이터들의 상관관계를 히트맵으로 보여 줘.

분석함

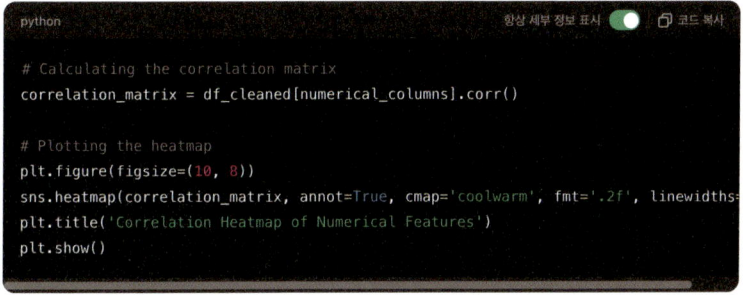

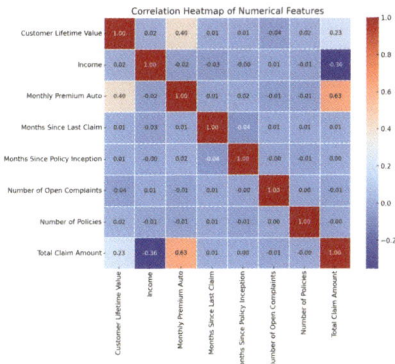

수치형 데이터들의 상관관계를 히트맵으로 시각화한 결과입니다. 각 변수 간의 상관계수를 통해 어떤 변수들이 서로 강하게 연관되어 있는지 확인할 수 있습니다. 이 정보를 바탕으로 추가적인 분석이나 모델링에 활용할 수 있습니다. 더 궁금한 점이나 요청 사항이 있다면 언제든지 말씀해 주세요. [>-]

고객생애가치(Customer Lifetime Value)는 월 자동차 보험료(Monthly Premium Auto)와 0.40의 양의 상관관계를, 총 청구 금액(Total Claim Amount)과 0.23의 양의 상관관계를 보입니다. 또한, 월 자동차 보험료와 총 청구 금액은 상관관계가 0.63으로 가장 높은 상관관계를 보이는데 이를 보아 월 자동차 보험료가 높을수록 청구 금액도 높아지는 경향이 있음을 알 수 있습니다. 하지만 앞서 고객생애가치와의 상관관계를 고려하면 이 두 변수가 고객생애가치에 동일한 영향을 미치지는 않는 것 같네요. 또한 소득(Income)과 총 청구 금액은 음의 상관관계(-0.36)를 보여 소득이 낮을수록 총 청구 금액이 높아지는 경향이 있다는 흥미로운 사실도 알 수 있습니다.

이제 범주형 데이터의 분포를 살펴볼게요. 역시 LTV 상위 25% 고객과 하위 25% 고객, 그리고 전체 데이터셋의 분포를 비교하고 싶어서 이 세 가지 경우로 나눠 각각 막대그래프를 그리고 이를 한 그래프에 보여 달라고 요청했습니다.

 범주형 데이터의 분포를 시각화해 줘. LTV 상위 25% 경우와 하위 25% 경우 그리고 전체 데이터셋인 경우를 각각 막대그래프로 그리고 한 그래프로 보여 줘. 역시 서브플롯으로 그리지 말고 하나씩 그려 줘.

분석함

```python
# Plotting the distribution of categorical variables for LTV low, high, and all da

for column in categorical_columns:
    plt.figure(figsize=(12, 6))

    # Create a dataframe to hold counts for all data, LTV low 25%, and LTV high 25%
    all_data_counts = df_cleaned[column].value_counts(normalize=True) * 100
    ltv_low_counts = ltv_low[column].value_counts(normalize=True) * 100
    ltv_high_counts = ltv_high[column].value_counts(normalize=True) * 100

    # Combine these into a single dataframe for better comparison
    combined_df = pd.DataFrame({
        'All Data': all_data_counts,
        'LTV Low 25%': ltv_low_counts,
        'LTV High 25%': ltv_high_counts
    }).fillna(0)

    # Plotting the combined data
    combined_df.plot(kind='bar', figsize=(12, 6), color=['blue', 'red', 'green'])
    plt.t
```

각 범주형 변수에 대한 평균 LTV를 계산해 줘. | LTV와 연관성이 높은 변수 알려 줘.

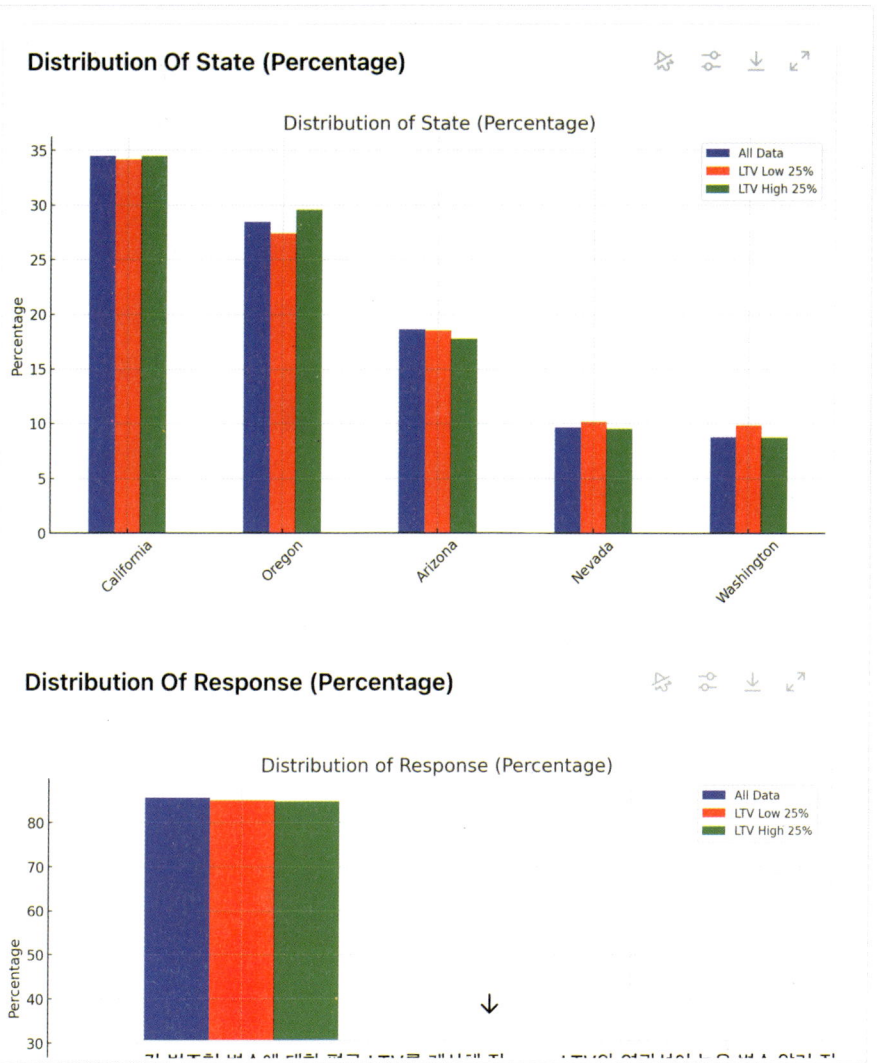

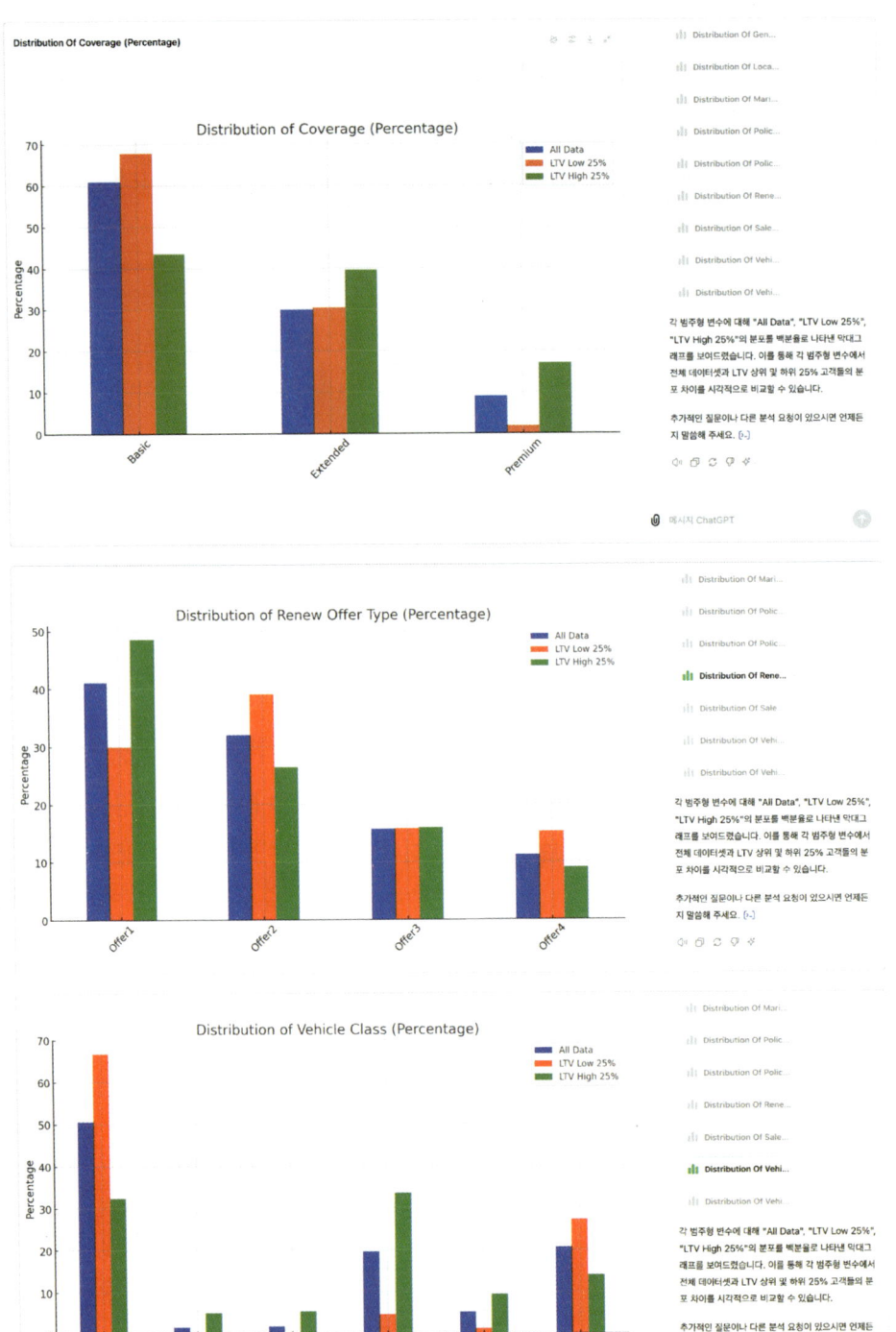

차트를 펼치고 각 범주형 컬럼의 분포를 하나씩 살펴보면 14개의 범주형 컬럼을 전체 데이터셋, LTV 상위 25%, 하위 25%의 세 가지 경우로 나누어 각각의 분포를 하나의 그래프로 보여 주었습니다. 이번에는 수치형 데이터와 달리 분포를 비율(Percentage)로 나타내는데요.

보험 적용 범위(Coverage)를 보면 전체 데이터셋에 비해 LTV 상위 25% 고객의 경우 Extended나 Premium을 선택한 비중이 높았습니다. 갱신 제안 유형(Renew Offer Type)은 Offer 1을 선택한 경우가 상대적으로 더 많고 차량 클래스는 전체 데이터셋에서는 Four Door Car가 가장 많은 반면, LTV 상위 25% 고객의 경우 SUV도 많았습니다. 나머지 컬럼에서는 LTV 상위 25% 고객과 전체 데이터셋에 분포에 큰 차이는 없네요.

범주형 컬럼들의 분포를 나눠서 살펴보았다면 이번에는 범주형 데이터별 LTV 차이를 분석해 보겠습니다.

 각 범주형 변수에 따라 LTV의 평균을 계산해 줘.

Average LTV By Categorical Variables

	Category	Subcategory	Value
6	Response	No	8030.022304870688
7	Response	Yes	7854.871361325689
8	Coverage	Basic	7190.706421887392
9	Coverage	Extended	8789.677608050328
10	Coverage	Premium	10895.603082753642
11	Education	Bachelor	7872.660412356623

각 범주형 변수에 따라 LTV의 평균을 계산한 결과를 표로 정리하여 보여드렸습니다. 이 표는 각 범주형 변수의 하위 범주별로 고객 생애 가치(LTV)의 평균 값을 포함하고 있습니다. 이 결과를 바탕으로 추가적인 분석이 필요하시거나 다른 작업이 필요하시면 언제든지 알려주세요! [>_]

각 범주형 컬럼의 고유값별로 LTV 평균을 계산해서 표로 보여 주었는데요. 이 데이터는 앞서 본 분포와는 또 다른 인사이트를 얻을 수 있었습니다. 예를 들어, 거주지(State) 분포에서는 전체 데이터와 LTV 상위 25% 고객 모두 캘리포니아에 가장 많이 분포했지만 평균 LTV는 오리건과 네바다가 좀 더 높았습니다. 학력(Education)은 고졸 이하인 경우 평균 LTV가 가장 높았고, 고용 상태(Employment Status)에서는 실업 상태보다 고용 상태인 고객의 LTV가 좀 더 높았습니다. 마지막으로, 차량 종류의 경우 고급 차와 고급 SUV를 가진 고객들의 평균 LTV가 가장 높네요.

	Category	Subcategory	Value
1	State	Arizona	7861.341489409865
2	State	California	8003.647758361587
3	State	Nevada	8056.706839433106
4	State	Oregon	8077.901190775855
5	State	Washington	8021.472272731829
6	Response	No	8030.022304870688
7	Response	Yes	7854.871361325689
8	Coverage	Basic	7190.706421887392
9	Coverage	Extended	8789.677608050328
10	Coverage	Premium	10895.603082753642
11	Education	Bachelor	7872.660412356623
12	Education	College	7851.064644111899
13	Education	Doctor	7520.344837146198
14	Education	High School or Below	8296.709032638062
15	Education	Master	8243.484691809717
16	EmploymentStatus	Disabled	7847.889354353087
17	EmploymentStatus	Employed	8219.117753982275
18	EmploymentStatus	Medical Leave	7641.822437388889

그럼 범주형 데이터도 LTV와의 상관관계를 확인하고 싶은데요. 범주형 데이터는 문자열 데이터인 경우가 많아서, 원핫 인코딩을 하고 LTV와의 상관관계를 분석한 후 히트맵으로 시각화해 보겠습니다. 참고로 원핫 인코딩은 데이터를 머신러닝 모델에 적용할 수 있도록 변환하는 방법 중 하나로, 범주형 데이터의 각 고유값을 0과 1의 이진 벡터로 변환하여 모든 고유값이 해당하는 열을 갖도록 만듭니다. 예를 들어, '색상'이라는 범주형 컬럼에 '빨강', '파랑', '초록' 세 가지 값이 있을 때, 원핫 인코딩을 하면 컬럼 수가 고유값 수만큼 늘어나고 다음과 같이 변환됩니다.

색상_빨강	색상_파랑	색상_초록
1	0	0
0	1	0
0	0	1

 범주형 변수를 원핫 인코딩하고, 각 변수와 LTV 사이의 상관관계를 분석해서 히트맵으로 보여 줘.

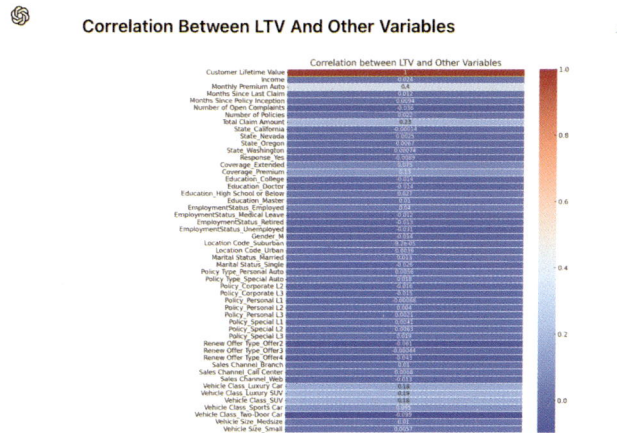

위 히트맵은 각 원핫 인코딩된 변수와 고객 생애 가치(LTV) 간의 상관관계를 보여줍니다. 히트맵의 색상은 상관계수의 크기를 나타내며, 양의 상관관계는 빨간색에 가깝고, 음의 상관관계는 파란색에 가깝습니다.

이를 통해 어떤 변수가 LTV에 더 큰 영향을 미치는지 시각적으로 쉽게 확인할 수 있습니다. 예를 들어, `Monthly Premium Auto`와 `Total Claim Amount`와 같은 변수들은 LTV와 비교적 높은 양의 상관관계를 가지고 있음을 알 수 있습니다.

LTV와 다른 변수들의 상관관계를 분석해서 보여 주었는데요. 월 자동차 보험료(Monthly Premium Auto)와 총 청구 금액(Total Claim Amount)이 LTV와 상관관계가 높았습니다.

모든 변수의 상관관계를 값이 큰 순서부터 정렬하고 싶어서 내림차순(descending)으로 정렬하도록 요청하겠습니다.

LTV와의 상관관계를 내림차순으로 정렬해서 막대그래프로 시각화해 줘.

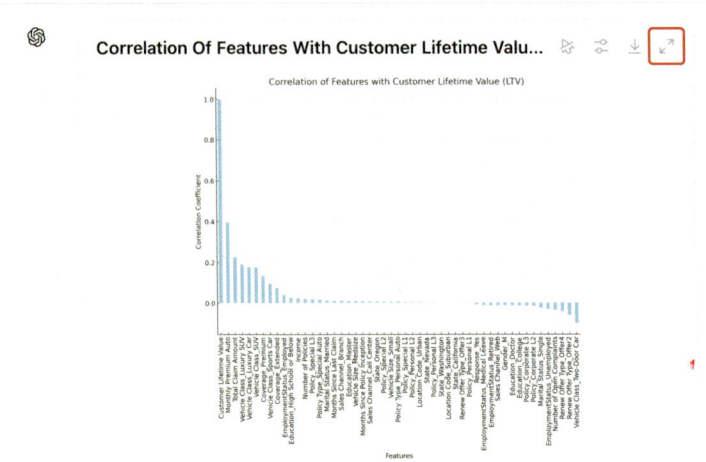

위 막대그래프는 각 변수와 고객 생애 가치(LTV) 간의 상관관계를 내림차순으로 정렬하여 시각화한 것입니다. 그래프에서 상위에 위치한 변수들은 LTV와 강한 양의 상관관계를 보이며, 하위에 위치한 변수들은 음의 상관관계를 나타냅니다.

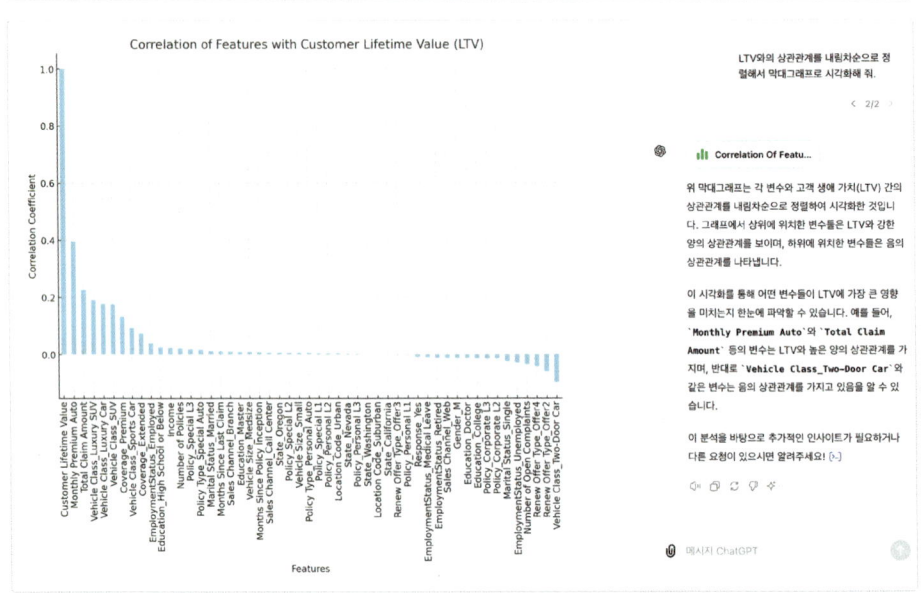

정렬된 그래프를 살펴보면 월 자동차 보험료, 총 청구 금액, 차량 종류_고급 차, 차량 종류_고급 SUV 등이 LTV와 높은 양의 상관관계를 보이고 있으며, 차량 종류의 Two-Door Car, 갱신 제안 유형의 Offer 2, 컴플레인 횟수 등은 음의 상관관계를 나타내는 걸 알 수 있습니다.

모든 변수를 우선 학습 변수로 선택해 모델링을 해 볼 수도 있지만 상관관계가 높은 상위 20개 변수를 입력값으로 모델링을 진행해 보겠습니다. 상관관계의 계수가 음수라는 것은 상관관계가 없다는 것이 아니라, 음의 상관관계가 강하다는 것을 의미하는 거였죠? 따라서 절대값을 기준으로 상관관계가 큰 상위 20개 변수를 선택하여 랜덤 포레스트 모델로 모델링을 시도해 보겠습니다.

 상관관계 절대값이 큰 상위 20개 변수로 랜덤 포레스트를 이용해 모델링을 해 줘. 평가 지표는 RMSE와 R^2로 해 줘.

위 요청은 이미 수행된 작업과 일치합니다. 상관관계의 절대값이 큰 상위 20개 변수를 사용해 랜덤 포레스트 모델을 구축했으며, 훈련 세트와 테스트 세트에 대한 RMSE와 R^2를 계산했습니다.

다시 정리하면:

- 훈련 세트:
  - RMSE: 1416.16
  - R^2: 0.956
- 테스트 세트:
  - RMSE: 4031.63
  - R^2: 0.688

이 모델은 훈련 세트에서 매우 높은 정확도를 보이지만, 테스트 세트에서는 상대적으로 낮은 성능을 보이고 있습니다. 이는 모델이 훈련 데이터에 과적합되었을 수 있음을 의미합니다.

결과를 살펴보면 훈련 데이터의 RMSE(평균 제곱근 오차)는 1,416달러로 실제값과 예측값의 오차가 저 정도 발생한다는 의미입니다. R^2(결정계수)는 0.956으로 높은 설명력을 나타냈습니다. 참고로 $R^2=1$은 완벽한 예측을 의미합니다. 하지만 테스트 데이터셋에서 성능은 많이 떨어지는데 R^2 값이 0.688로 훈련 세트보다 낮아졌습니다. 훈련 데이터와 테스트 데이터로 나눠진 것은 챗GPT가 모델링 전에 이미 데이터를 두 개로 분할해서 훈련 데이터로 학습을 진행하고 테스트 데이터로 평가했기 때문인데요. 결과를 해석하는 과정에서 잘 모르는 부분은 챗GPT에게 추가로 질문하면 됩니다.

그래서 모델이 훈련 데이터에 과적합(overfitting)되었을 가능성이 있고 이를 개선하기 위해 교차 검증이나 하이퍼파라미터 튜닝을 통해 모델 성능을 조정할 수 있다고 하는데요. 모델링 결과에 가장 큰 영향을 미친 특성(피처)들을 확인하기 위해 피처 중요도를 시각화해 달라고 요청하겠습니다. 참고로 피처 중요도(Feature Importance)는 모델이 예측을 할 때 각 피처가 얼마나 중요한 역할을 하는지를 나타내는 값입니다. 주로 의사나무 결정 계열의 모델이나 앙상블 모델에서 얻을 수 있습니다.

 모델링 결과 피처 중요도를 시각화해 줘.

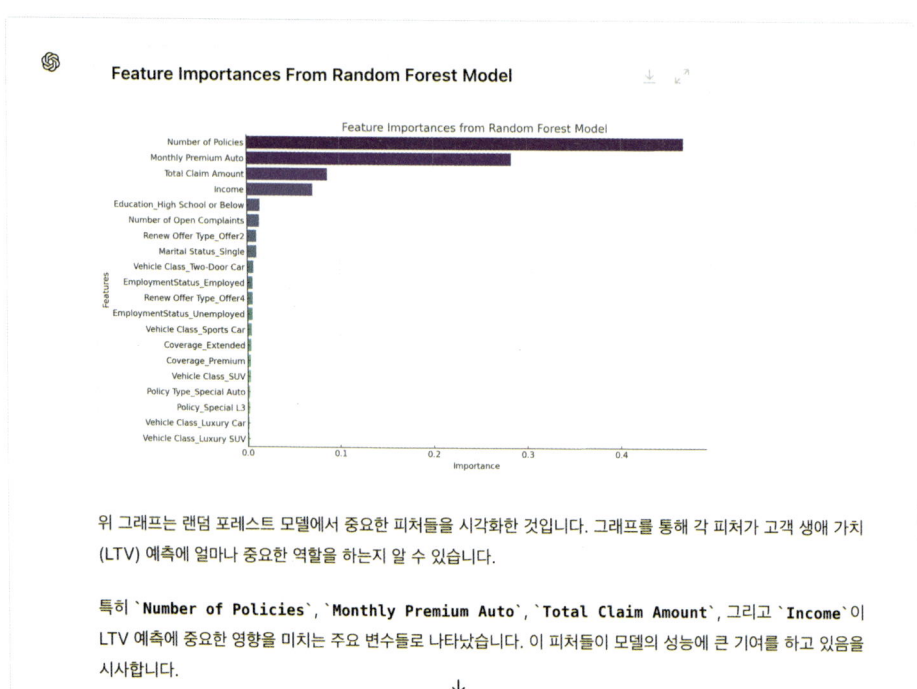

모델이 예측하는 데 있어 보험 개수(Number of Policies)가 가장 중요한 변수로 나타났습니다. 또한, 이전의 상관관계 분석에서 중요하게 언급되었던 월 자동차 보험료, 총 청

구 금액과 함께 소득 등도 LTV 예측에 중요한 영향을 미치는 변수로 나타났네요. 이러한 결과는 현재 모델링에 기반한 것이며 모델의 구조나 하이퍼파라미터의 조정에 따라 달라질 수 있습니다.

 지금까지 LTV가 높은 고객들의 데이터를 분석하고 모델링한 결과를 바탕으로 LTV가 높은 고객들의 특징을 요약해 줘.

LTV가 높은 고객들의 특징을 분석하고 모델링한 결과를 바탕으로 요약하면 다음과 같습니다:

1. 주요 변수

- **Number of Policies**: 여러 개의 보험 정책을 보유한 고객이 LTV가 높은 경향이 있습니다. 다양한 보험 상품을 가입한 고객은 더 많은 가치를 제공할 가능성이 큽니다.
- **Monthly Premium Auto**: 매월 자동차 보험료를 많이 지불하는 고객일수록 LTV가 높은 경향을 보입니다. 이는 보험가 높은 상품을 선택한 고객이 더 높은 가치를 나타낼 수 있음을 시사합니다.
- **Total Claim Amount**: 총 청구 금액이 높은 고객들이 LTV가 높은 경향을 보입니다. 이들은 보장 범위가 넓고 고가의 보험 상품을 선호할 가능성이 있습니다.
- **Income**: 수입이 높은 고객들이 LTV가 높은 경우가 많습니다. 고소득 고객은 더 높은 보험료를 지불할 수 있는 여력이 있어, LTV가 높게 나타날 수 있습니다.

2. 범주형 변수의 영향

- **State**: 일부 주(State)에서 거주하는 고객들이 다른 주에 비해 LTV가 높은 것으로 나타났습니다. 이는 지역별 경제적 수준이나 보험에 대한 수요 차이와 관련이 있을 수 있습니다.
- **Employment Status**: 고용 상태가 안정된 고객, 예를 들어 고용 상태에 있는 고객이나 은퇴한 고객들은 LTV가 높은 경향을 보였습니다. 이는 고용 안정성이 보험 상품 구매에 긍정적인 영향을 미칠 수 있음을 시사합니다.
- **Coverage**: `Premium` 수준의 커버리지를 선택한 고객이 LTV가 높았습니다. 이들은 더 넓은 범위의 보장을 받기 위해 추가 비용을 지불하는 경향이 있습니다.

3. 모델링 결과

- 모델링 평가 지표:
    - 훈련 세트: R^2 = 0.956, RMSE = 1416.16
    - 테스트 세트: R^2 = 0.688, RMSE = 4031.63
- 피처 중요도: `Number of Policies`, `Monthly Premium Auto`, `Total Claim Amount`, 그리고 `Income`이 가장 중요한 변수로 나타났습니다.

4. LTV가 높은 고객의 일반적인 특징

- 보험 상품을 다양하게 가입하고 있으며, 높은 월 보험료를 지불하는 경향이 있습니다.
- 총 청구 금액이 높고, 고소득층에 속해 있습니다.
- 안정적인 고용 상태에 있는 고객이 LTV가 높으며, 프리미엄 수준의 커버리지를 선택하는 경향이 있습니다.

주로 모델링 결과를 바탕으로 결과를 정리하고 범주형 변수의 고유값별로 LTV 차이를 분석한 결과 등을 요약해서 이야기해 주는데요. 사소한 LTV 차이도 더 높은 LTV를 가진다고 이야기해서 결과가 다소 잘못되는 느낌도 있었습니다. 그리고 모델링 결과에서는 훈련 데이터와 테스트 데이터의 결과와 함께 피처 중요도를 다시 한번 정리해 주었는데요.

결론적으로 LTV가 높은 고객은 다양한 보험 상품에 가입하고 있고 높은 월 보험료를 지불하며 더 많은 청구 금액을 기록한다고 다소 일반적인 이야기를 하는데요.

 LTV 상위 25% 고객의 분포를 고려해서 좀 더 상세한 인사이트를 도출해 봐.

Top 25% Customer Summary

		State	Customer Lifetime	Response
1	count	2284	2284.0	2284
2	unique	5		2
3	top	California		No
4	freq	787		1936
5	mean		16722.74430840237	

상위 25% 고객의 분포를 고려한 분석 결과는 다음과 같습니다:

1. 주요 인사이트

- **State**: 상위 25%의 고객 중 상당수가 **California**에 거주하고 있습니다. 이는 이 지역의 고객들이 높은 LTV를 가지는 경향이 있음을 시사합니다.
- **Response**: 응답률을 보면, 이들 고객 중 대부분이 **응답하지 않은(No)** 고객입니다. 이는 마케팅 메시지에 대한 반응과 관계없이 이들이 여전히 높은 가치를 지닌다는 것을 의미할 수 있습니다.
- **Coverage**: 가장 많이 선택된 커버리지 수준은 **Basic**입니다. 이는 높은 LTV를 가진 고객들이 반드시 프리미엄 커버리지를 선택하지 않을 수 있음을 나타냅니다.
- **Education**: High School or Below 교육 수준을 가진 고객들이 가장 많습니다. 이는 LTV와 교육 수준 사이에 복잡한 관계가 있음을 시사합니다.
- **Employment Status**: **Employed** 상태인 고객이 다수를 차지하고 있습니다. 안정적인 수입을 가진 고용된 고객들이 높은 LTV를 가질 가능성이 큽니다.
- **Income**: 상위 25%의 고객들의 평균 소득은 약 **38,333 USD**입니다. 이는 평균 소득이 높지 않더라도 다른 요인들로 인해 높은 LTV를 가질 수 있음을 보여줍니다.

- **Marital Status**: **Married**(기혼) 상태의 고객이 다수입니다. 결혼 상태가 고객의 보험 가입 및 유지에 긍정적인 영향을 미칠 수 있습니다.
- **Number of Policies**: 이 그룹의 고객들은 평균 **약 2.84개의 보험 상품**을 보유하고 있습니다. 다양한 보험 상품을 보유한 고객일수록 높은 LTV를 가질 가능성이 큽니다.
- **Policy Type**: 대부분의 고객이 **Personal Auto**(개인 자동차) 보험을 선택하고 있습니다.
- **Vehicle Class**: **SUV** 차량을 소유한 고객이 가장 많습니다. 이는 특정 차량 유형이 높은 LTV와 연관이 있을 수 있음을 시사합니다.

2. 상위 25% 고객의 일반적인 특징

- **캘리포니아 거주** 고객이 많고, **개인 자동차 보험**을 선택하며, **기혼**인 경우가 많습니다.
- **기본 커버리지**를 선택하고, **여러 개의 보험 상품**을 보유하고 있습니다.
- **SUV** 차량을 소유한 고객들이 많으며, **고용 상태**가 안정된 경우가 많습니다.

이러한 인사이트는 LTV가 높은 고객들을 더 잘 이해하고, 이들을 유지하거나 유사한 특성을 가진 신규 고객을 유치하는 전략을 수립하는 데 유용할 수 있습니다. 추가 분석이나 다른 질문이 있다면 언제든지 말씀해 주세요! 😊

그랬더니 LTV 상위 25% 고객들은 캘리포니아 주에 거주하는 비중이 가장 높고 개인 자동차 보험을 선택하며, 기혼인 경우가 많다고 하네요. 또한, 기본 커버리지를 선택하고, 여러 개의 보험 상품을 보유하고 있으며, SUV 차량을 소유한 고객들이 많다고 합니다.

그러면 LTV가 높은 고객을 위한 마케팅을 진행한다고 할 때 분포를 기준으로 하는 게 맞을지, LTV 평균이 높은 기준으로 하는 게 맞을지 확인해 보겠습니다.

 그러면 LTV가 높은 고객들을 위한 마케팅을 진행한다고 할 때 분포를 기준으로 하는 게 맞을까? LTV 평균이 높은 특징들을 기준으로 하는 게 맞을까? 적절한 타기팅 전략을 제안해 줘.

LTV가 높은 고객들을 대상으로 마케팅을 진행할 때, **데이터 분포**와 **LTV 평균이 높은 특징**을 각각 고려한 타기팅 전략을 세우는 것이 중요합니다. 두 접근법은 각기 다른 장점이 있으며, 이를 적절히 조합하는 것이 효과적일 수 있습니다.

1. 데이터 분포 기반 타기팅:

- **분포 기반 타기팅**은 현재 LTV가 높은 고객들의 주요 특성을 반영하여, 이들과 유사한 분포를 보이는 고객들을 타깃으로 설정하는 방법입니다.
  - 장점:
    - 더 넓은 고객층을 타겟팅할 수 있으며, 현재의 상위 고객층과 유사한 잠재 고객을 포괄적으로 확보할 수 있습니다.
    - 실제 고객들이 보여주는 특성에 맞춰 마케팅 캠페인을 진행할 수 있어 반응률이 높을 수 있습니다.
  - 단점:
    - 상위 고객층 내에서도 다양성이 존재하므로, 모든 고객이 동일한 상품이나 서비스를 선호하지 않을 수 있습니다.

- 특정 고객군에 대한 깊이 있는 맞춤형 마케팅이 부족할 수 있습니다.

예시: 캘리포니아에 거주하고, 기본 커버리지를 선택하며, SUV나 4-Door 차량을 보유한 고객들이 많으므로, 이와 유사한 특성을 가진 고객에게 맞춤형 마케팅 캠페인을 진행할 수 있습니다. 기본 상품에 집중하면서도 일부 프리미엄 옵션을 제안하는 방식이 적절할 수 있습니다.

2. LTV 평균이 높은 특징 기반 타기팅:

- **LTV 평균이 높은 특징**을 기준으로 타기팅하는 방식은, LTV가 높다고 분석된 특정 속성(예: 프리미엄 커버리지, 고급 차량 소유 등)을 보유한 고객을 집중 공략하는 방법입니다.
- 장점:
    - 높은 수익을 창출할 가능성이 높은 고객들에게 집중적인 마케팅을 할 수 있어, 마케팅 비용 대비 수익률이 높을 수 있습니다.
    - 프리미엄 상품을 선호하는 고가치 고객에게 맞춤형 마케팅을 통해 고객 충성도를 높일 수 있습니다.
- 단점:
    - 상위 고객층 내에서도 다양성이 존재하므로, 모든 고객이 동일한 상품이나 서비스를 선호하지 않을 수 있습니다.
    - 특정 고객군에 대한 깊이 있는 맞춤형 마케팅이 부족할 수 있습니다.

예시: 캘리포니아에 거주하고, 기본 커버리지를 선택하며, SUV나 4-Door 차량을 보유한 고객들이 많으므로, 이와 유사한 특성을 가진 고객에게 맞춤형 마케팅 캠페인을 진행할 수 있습니다. 기본 상품에 집중하면서도 일부 프리미엄 옵션을 제안하는 방식이 적절할 수 있습니다.

2. LTV 평균이 높은 특징 기반 타기팅:

- **LTV 평균이 높은 특징**을 기준으로 타기팅하는 방식은, LTV가 높다고 분석된 특정 속성(예: 프리미엄 커버리지, 고급 차량 소유 등)을 보유한 고객을 집중 공략하는 방법입니다.
- 장점:
    - 높은 수익을 창출할 가능성이 높은 고객들에게 집중적인 마케팅을 할 수 있어, 마케팅 비용 대비 수익률이 높을 수 있습니다.
    - 프리미엄 상품을 선호하는 고가치 고객에게 맞춤형 마케팅을 통해 고객 충성도를 높일 수 있습니다.
- 단점:
    - 타깃 고객층이 좁아져 마케팅 범위가 제한될 수 있습니다.
    - 프리미엄 고객층을 집중 공략하는 전략은 가격에 민감한 고객에게는 효과적이지 않을 수 있습니다.

예시: 프리미엄 커버리지나 고급 차량을 소유한 고객들이 LTV가 높다는 분석에 따라, 이들에게 고급 보험 상품, 맞춤형 혜택, 또는 추가 서비스 옵션을 제공하는 마케팅을 진행할 수 있습니다.

3. 적절한 타기팅 전략: 분포 기반과 특징 기반의 결합

가장 효과적인 전략은 데이터 분포 기반과 **LTV 평균이 높은 특징**을 조합하는 하이브리드 타기팅입니다. 이 두 접근법을 함께 사용하면 더 넓은 고객층을 확보하면서도, 고가치 고객을 집중 공략할 수 있습니다.

제안하는 타기팅 전략:

1. **1차 타겟팅: 분포 기반의 광범위 마케팅**
    - 캘리포니아, SUV/4-Door 차량 보유, Basic 또는 Premium 커버리지를 선택한 고객을 대상으로 합니다.
    - 이 그룹은 LTV 상위 25%의 주요 분포를 반영한 고객군이므로, **기본 상품**에 대한 집중 마케팅을 진행하면서도, 일부 **프리미엄 상품**에 대한 업셀링 기회를 제공합니다.

- 광범위한 캠페인을 통해 고객 유입을 늘리고, 타겟팅을 세분화할 수 있는 기초 데이터를 확보합니다.
2. **2차 타겟팅: LTV 평균이 높은 특징 기반의 세분화된 마케팅**
    - 프리미엄 커버리지, 럭셔리 차량 보유, 고소득층 및 고용 상태가 양호한 고객을 대상으로 **고급 상품 및 서비스**를 제안합니다.
    - 이 그룹은 **높은 수익**을 창출할 가능성이 크므로, 맞춤형 혜택, **VIP 서비스, 프리미엄 보험 업셀링**을 통해 고객 만족도를 극대화합니다.
3. **맞춤형 캠페인:**
    - **기본 보험 가입자**에게는 **프리미엄 상품**으로의 업셀링을 유도하고, 추가 보장 옵션을 제안합니다.
    - **고급 차량 소유자**에게는 **차량 관련 추가 혜택**이나 **특별 서비스**를 제공해 충성도를 높이는 전략을 사용합니다.
    - **소득 및 고용 상태가 양호한 고객**에게는 **장기 보험 플랜** 또는 **가족 보험 상품**을 제안해 고객 생애 가치를 극대화합니다.

결론:

분포를 기준으로 더 넓은 고객층을 공략하면서, LTV 평균이 높은 특징을 가진 고가치 고객에게는 맞춤형 마케팅을 제공하는 **하이브리드 타기팅 전략**이 가장 효과적입니다. 이를 통해 고객 유입과 수익 증대, 그리고 고객 충성도를 동시에 강화할 수 있습니다.

결론적으로, 분포를 기준으로 더 넓은 고객층을 공략하면서, LTV 평균이 높은 고가치 고객에게는 맞춤형 마케팅을 제공하는 하이브리드 타기팅 전략이 가장 효과적이라고 하네요. LTV 상위 25% 고객의 특성을 반영한 마케팅에서는 이들에게 적합한 광범위한 캠페인을 진행하면서, 세부적인 분석을 통해 업셀링 기회를 제안할 수 있습니다. 또한, LTV 평균이 높은 고객의 특징을 활용한 마케팅은 이들 특성을 결합해 새로운 고객 발굴을 시도할 수도 있을 것입니다.

챗GPT의 마케팅 전략이 어떤가요? 챗GPT가 한 번에 심도 있는 분석 결과를 자동으로 제공할 수 있는 것은 아니지만 그런 결과를 얻기 위해 단계적으로, 그리고 여러 가지 방법으로 챗GPT를 활용해 분석할 수 있다는 것이 중요합니다. 또 분석 결과를 정리하고 마케팅 전략 초안을 작성하는 데도 유용합니다.

이번 프로젝트는 실습 예제들 중 처음으로 머신러닝 모델링을 진행해 보았는데요. 일반적인 모델링 과정을 따라 진행했고, 데이터 시각화 및 분석 과정에서 LTV 상위 25%와 하위 25%로 나눠서 분석을 진행한 점이 조금 다른 점인데요. 처음에 데이터셋을 첨부하고 LTV 예측 모델링을 하고 싶다고 하면 챗GPT가 알아서 모델링까지 진행해 결과를 보여 주는 경우도 있을 것입니다. 이런 경우에는 모델의 기본 성능(Baseline)을 확인하고 챗GPT에게 어떻게 모델링을 했는지 물어본 뒤 이 장에서 진행한 프롬프트를 참고해서 데이터 분석 과정을 다시 차근차근 진행하면서 성능을 향상시키는 방법도 있습니다. 모델링 과정은 성능을 향상시키기 위한 반복적인 과정(Iterative Process)이니까요.

고객 LTV 예측 모델링 프롬프트 정리

1) 목표 정의

- 데이터셋에 대해 설명해 줘. 한국어로 이야기해 줘.
- LTV가 높은 고객들의 특징을 분석하고 LTV 예측 모델링을 하고 싶은데 어떻게 접근하는 게 좋을지 알려 줘.

2) 데이터 전처리

- 데이터 타입과 결측값을 확인해 줘.

3) 탐색적 데이터 분석

- 범주형 데이터와 수치형 데이터로 나눠 기초 통계를 분석해 줘. 컬럼 이름을 행으로 하는 표로 만들어서 각각 보여 줘.
- Customer와 Effective To Date 컬럼을 삭제해 줘.
- 수치형 데이터의 분포를 시각화해 줘. LTV 상위 25%인 경우와 하위 25%인 경우, 그리고 전체 데이터셋인 경우로 나눠 각각 히스토그램으로 시각화하고 한 그래프에 보여 줘. 씨본을 사용하고 서브플롯으로 그리지 말고 하나씩 그려 줘.
- 수치형 컬럼들의 상관관계를 분석해서 히트맵으로 보여 줘.
- 범주형 데이터의 분포를 시각화해 줘. LTV 상위 25% 경우와 하위 25% 경우 그리고 전체 데이터셋인 경우 각각 막대그래프로 그리고 한 그래프로 보여 줘. 역시 서브플롯으로 그리지 말고 하나씩 그려 줘.
- 각 범주형 변수에 따라 LTV의 평균을 계산해 줘.
- 범주형 변수를 원핫 인코딩하고 LTV와의 상관관계를 분석해서 히트맵으로 보여 줘.
- LTV와의 상관관계를 내림차순으로 정렬해서 막대그래프로 시각화해 줘.

4) 모델링 및 평가

- 상관관계 절댓값이 큰 상위 20개 변수로 랜덤 포레스트를 이용해 모델링을 해 줘. 평가 지표는 RMSE와 R^2로 해 줘.
- 모델링 결과 피처 중요도를 시각화해 줘.

5) 결과 해석 및 의사 결정

- 지금까지 LTV가 높은 고객들의 데이터를 분석하고 모델링한 결과를 바탕으로 LTV가 높은 고객들의 특징을 요약해 줘.
- LTV 상위 25% 고객의 분포를 고려해서 좀 더 상세한 인사이트를 도출해 봐.
- 그러면 LTV가 높은 고객들을 위한 마케팅을 진행한다고 할 때 분포를 기준으로 하는 게 맞을까? LTV 평균이 높은 특징들을 기준으로 하는 게 맞을까? 적절한 타기팅 전략을 제안해 줘.

4.2 _ 고객 세그멘테이션

앞서 LTV 예측 모델링에서는 높은 LTV를 보일 것으로 예상되는 고객들의 특징을 분석하고, 이를 바탕으로 고객의 LTV를 예측하는 회귀 모델링을 해 보았는데요. 이번 프로젝트에서는 동일한 IBM 고객 데이터셋을 활용하여 고객 세그멘테이션을 해 보겠습니다.

고객 세그멘테이션은 고객의 행동, 인구통계적 특성, 구매 패턴 등 다양한 특성에 따라 고객을 그룹으로 나누는 것을 말하는데요. 이러한 고객 그룹화는 각 고객 그룹에 맞는 맞춤형 메시지나 서비스를 제공함으로써 고객 만족도를 높이고 매출 증대 및 고객 충성도를 향상시키는 데 중요한 역할을 합니다.

참고로 이커머스 마케팅이나 개인화 마케팅 플랫폼에서는 고객 데이터를 자동으로 분석하여 이탈 가능성, 구매 가능성 등과 같은 머신러닝 기반의 세그멘테이션을 제공하는데요. 또한, 사용자 정보나 특정 이벤트 등에 따라 수동으로 세그먼트를 설정해 이메일, 카카오톡 메시지, 인앱 알림, 타깃 광고 등 다양한 채널을 통해 마케팅 메시지를 전송할 수 있습니다.

이번 프로젝트에서는 LTV와 관련된 변수를 활용하여 클러스터링 분석을 통해 머신러닝 기반 세그먼트를 생성해 보겠습니다. 또한 각 그룹에 맞는 세분화된 마케팅 전략을 개발하고 이메일 캠페인 초안까지 작성해 보도록 하겠습니다.

클러스터링 분석은 앞서 데이터 분석 방법에서 잠깐 소개한 적이 있는데 비지도학습 방법 가운데 하나로, 미리 정의된 정답(타깃) 컬럼 없이 비슷한 특성을 가진 데이터 포인트들을 자동으로 묶어 그룹화하는 알고리즘입니다. 이러한 특성 때문에 데이터의 숨겨진 구조를 발견하거나 새로운 데이터 그룹을 식별하는 데 도움을 줄 수 있는데요. 클러스터링은 주로 고객 세분화, 제품 추천 시스템, 시장 조사 등 다양한 비즈니스 분야에서 활용됩니다.

이번에도 캐글의 IBM 왓슨 자동차 보험 고객 데이터셋을 첨부하고, 데이터셋에 대해 설명해 달라고 하겠습니다.

- 데이터셋 다운로드 링크

  https://www.kaggle.com/datasets/pankajjsh06/ibm-watson-marketing-customer-value-data

 데이터셋에 대해 설명해 줘. 한국어로 이야기해 줘.

	Customer	State	Customer Lifetime	Response
	WA Fn UseC Marketing Customer Value Analysis			
1	BU79786	Washington	2763.519279	No
2	QZ44356	Arizona	6979.535903	No
3	AI49188	Nevada	12887.43165	No
4	WW63253	California	7645.861827	No
5	HB64268	Washington	2813.692575	No
6	OC83172	Oregon	8256.2978	Yes

데이터셋에 대해 설명해 줘. 한국어로 이야기해 줘.

이 데이터셋은 9,134개의 고객 데이터를 포함하고 있으며, 총 24개의 컬럼으로 구성되어 있습니다. 주요 컬럼은 다음과 같습니다:

1. **Customer**: 고객 ID (문자열 형태)
2. **State**: 고객이 거주하는 주 (문자열 형태)
3. **Customer Lifetime Value**: 고객 생애 가치 (실수형)
4. **Response**: 고객의 응답 여부 (Yes/No)
5. **Coverage**: 보험 보장 범위 (Basic/Extended/Premium 등)

마찬가지로 파일을 불러오고 데이터셋의 처음 몇 줄을 살펴보고 데이터 타입과 빈 값들을 확인하는 코드가 실행되는데요. 앞서 살펴본 대로 데이터셋은 총 9,134개의 행과 24개의 컬럼으로 구성되어 있으며, 고객의 보험 관련 정보와 마케팅 캠페인에 대한 응답 등을 포함하고 있어 고객 분석과 마케팅 전략 수립에 유용하게 사용될 수 있다고 합니다. 이 데이터셋을 활용해 어떤 고객 세그멘테이션을 할 수 있는지 물어 보겠습니다.

 어떤 고객 세그멘테이션을 할 수 있어?

이 데이터셋을 기반으로 여러 가지 고객 세그멘테이션을 할 수 있습니다. 다음은 몇 가지 가능한 세그멘테이션 방법입니다:

1. 소득 기반 세그멘테이션

- **고소득 고객**: 높은 연 소득(예: 70,000 이상)을 가진 고객
- **중간 소득 고객**: 중간 정도의 연 소득을 가진 고객
- **저소득 고객**: 낮은 연 소득(예: 30,000 이하)을 가진 고객

2. 고객 생애 가치(Lifetime Value) 기반 세그멘테이션

- **고생애가치 고객**: 높은 고객 생애 가치(예: 10,000 이상)를 가진 고객
- **중생애가치 고객**: 중간 정도의 고객 생애 가치(예: 5,000~10,000)를 가진 고객
- **저생애가치 고객**: 낮은 고객 생애 가치(예: 5,000 이하)를 가진 고객

3. 보험 갱신 응답 여부 기반 세그멘테이션

- **응답 고객**: 보험 갱신 제안에 응답한 고객 (Response = Yes)
- **비응답 고객**: 보험 갱신 제안에 응답하지 않은 고객 (Response = No)

4. 보험 보장 범위(Coverage) 기반 세그멘테이션

- **기본 보험 고객**: Basic Coverage를 가진 고객 ↓

데이터셋의 특성들을 활용해 소득 기반 세그먼테이션도 할 수 있고 LTV 기반 세그먼테이션, 보험 갱신 응답 여부에 따른 세그먼테이션 등을 하는 방법이 있다고 하는데요. 이와 같이 하나의 특성을 기준으로 고객을 그룹화하고 각 그룹의 특징을 자세히 분석해 캠페인 전략을 수립할 수 있습니다. 또한 '고객생애가치가 높고 마케팅 캠페인에 적극적으로 응답하며 소득이 높은 고객'과 같이 여러 특성을 결합한 세그먼트를 만드는 방법도 있

을 텐데요. 말씀드린 대로 이번 실습에서는 고객생애가치(LTV)를 기준으로 세그멘테이션을 하고 싶어서 어떻게 접근하면 좋을지 물어보았습니다.

 LTV 기반으로 고객을 세그먼테이션하고 싶은데 어떻게 접근하는 게 좋을지 알려 줘.

> 고객 생애 가치(LTV, Customer Lifetime Value)를 기반으로 고객을 세그멘테이션하는 것은 매우 유용한 마케팅 전략입니다. LTV를 통해 고객이 회사에 가져다줄 잠재적 수익을 예측할 수 있기 때문에, 이를 바탕으로 맞춤형 마케팅 전략을 수립할 수 있습니다. 다음은 LTV 기반 세그멘테이션을 수행하는 방법에 대한 단계별 가이드입니다:
>
> **1. LTV 데이터 분석**
> - **LTV 분포 분석**: 먼저, 데이터셋에서 LTV의 분포를 분석합니다. 이를 통해 LTV의 범위와 일반적인 값들을 파악할 수 있습니다. 히스토그램이나 상자 그림(boxplot)을 사용하여 LTV의 분포를 시각화하면 좋습니다.
>
> **2. LTV에 따른 고객 그룹 설정**
> - **고생애가치 고객 (High LTV Customers)**: LTV가 상위 20~25%에 해당하는 고객들. 이들은 회사에 큰 수익을 가져다줄 가능성이 높습니다.
> - **중생애가치 고객 (Medium LTV Customers)**: LTV가 중간 50~60%에 해당하는 고객들. 이들은 성장 가능성이 있으며, 추가적인 마케팅 투자로 고생애가치 고객으로 전환될 수 있습니다.
> - **저생애가치 고객 (Low LTV Customers)**: LTV가 하위 20~25%에 해당하는 고객들. 이들은 상대적으로 낮은 수익성을 가지며, 유지 비용이 과도하게 들 경우 전략적 고려가 필요합니다.
>
> **3. 세그먼트에 따라 고객 분류**
> - LTV의 분포를 기준으로 각 고객을 고생애가치, 주생애가치, 저생애가치로 분류합니다. 이를 위해 LTV의 상위, 중간, 하위 퍼센타일을 기준으로 구간을 설정할 수 있습니다.

그랬더니 단일 특성인 LTV를 기준으로 하되, 예를 들어 사분위수를 활용해 25% 분위수보다 작으면 'Low', 25%~75% 사이는 'Medium', 75% 이상은 'High'로 해서 세 개 그룹으로 나눌 수 있다고 하는데요. 각 그룹별로 다른 특성(예: 소득, 연령, 마케팅 응답 여부 등)을 추가적으로 분석해 각 세그먼트의 프로필을 이해하고 마케팅 전략을 수립할 수 있다고 합니다.

이는 LTV 기반으로 고객을 세그먼테이션하는 방법으로 간단한 기준을 사용해 수동으로 세그먼테이션하는 방법을 알려준 것인데요. LTV와 관련된 변수들을 활용해 클러스터링 분석을 해 보도록 하겠습니다. LTV와 관련된 다양한 변수를 활용하여 데이터셋의 숨겨진 구조를 발견하고 앞서 분석에서는 알 수 없었던 의미 있는 세그먼트를 도출할 수 있으면 좋겠는데요.

 LTV와 관련된 변수를 활용해 클러스터링 분석을 하고 싶어.

LTV와 관련된 변수를 활용해 클러스터링 분석을 수행하는 것은 고객을 유사한 그룹으로 묶어 더 효과적인 마케팅 전략을 수립하는 데 매우 유용합니다. 다음은 클러스터링 분석을 수행하는 단계별 가이드입니다.

1. 관련 변수 선택

먼저, LTV와 관련성이 높은 변수를 선택합니다. 일반적으로 다음과 같은 변수들이 LTV와 밀접한 관련이 있을 수 있습니다:

- **Customer Lifetime Value**: 기본 변수로 활용
- **Income**: 고객의 연 소득
- **Monthly Premium Auto**: 월 보험료
- **Total Claim Amount**: 총 청구 금액
- **Number of Policies**: 보유한 보험 정책 수
- **Months Since Policy Inception**: 보험 가입 이후 경과된 개월 수
- **Number of Open Complaints**: 현재 진행 중인 불만 사항 수
- **Vehicle Class**: 차량 클래스 (카테고리 변수를 수치형으로 변환 필요)

이 외에도 LTV에 영향을 미칠 수 있는 변수를 선택하여 클러스터링에 포함할 수 있습니다.

2. 데이터 전처리

- **스케일링**: 클러스터링 알고리즘은 변수의 스케일에 민감할 수 있으므로, 표준화(Standardization) 또는 정규화(Normalization)를 통해 변수들의 값을 비슷한 범위로 맞춥니다.
- **카테고리 변수 처리**: 차량 클래스와 같은 카테고리 변수는 수치형으로 인코딩해야 합니다. 이를 위해 원-핫 인코딩(One-Hot Encoding)을 사용할 수 있습니다.

3. 클러스터링 알고리즘 선택

- **K-means**: 가장 일반적인 클러스터링 알고리즘으로, 사전에 클러스터의 개수를 지정하고, 각 데이터를 클러스터 중심(centroid)으로부터의 거리를 최소화하는 방식으로 클러스터링합니다.
- **Hierarchical Clustering**: 계층적 클러스터링으로, 클러스터의 개수를 미리 지정하지 않고, 데이터 간의 유사도에 따라 계층적으로 클러스터를 형성합니다.
- **DBSCAN**: 밀도 기반 클러스터링으로, 노이즈가 있는 데이터에도 유용하며, 클러스터의 개수를 사전에 알 필요가 없습니다.

4. 최적의 클러스터 수 결정

- **엘보우 방법(Elbow Method)**: K-means 클러스터링의 경우, 클러스터의 수를 바꿔가며 각 클러스터의 내적 거리(Sum of Squared Distances, SSD)가 급격히 감소하는 지점을 찾아 최적의 클러스터 수를 결정합니다.
- **실루엣 분석(Silhouette Analysis)**: 클러스터링의 품질을 평가하는 방법으로, 각 데이터 포인트의 실루엣 계수를 계산하여 클러스터가 잘 구분되었는지 확인합니다.

그랬더니 클러스터링 분석을 수행하기 위해서는 K-평균(K-means) 클러스터링과 같은 알고리즘을 사용할 수 있다고 하면서 클러스터링을 수행하는 과정을 단계별로 설명해 주는데요. 클러스터링 분석이 생소한 분들은 다음 정리한 내용을 한번 읽어 보면 좋겠습니다.

1. **데이터 준비**: 결측값을 제거하고 데이터를 정규화하여 모델링에 적합한 형태로 변환합니다.
2. **최적의 클러스터 수 찾기**: 엘보(Elbow) 방법을 사용하여 최적의 클러스터 수를 찾습니다. 엘보 방법은 군집 내 오차의 제곱합(SSE, Sum of Squared Errors)이 급격히 감소하는 지점을 찾아 클러스터 수를 결정하는 기법입니다.
3. **클러스터링 수행**: 엘보 방법을 통해 선택한 최적의 클러스터 수를 적용하여 데이터셋을 클러스터로 나눕니다.
4. **클러스터링 결과 분석**: 클러스터링 결과를 분석하고 각 클러스터의 특성을 파악합니다.
5. **클러스터 시각화**: 세그먼트별 특성을 시각화하여 쉽게 이해할 수 있도록 합니다.
6. **결과 해석 및 전략 수립**: 각 클러스터의 특성을 기반으로 마케팅 전략을 수립합니다.

그럼, 결측값 제거와 정규화와 같은 전처리 작업을 진행하고 바로 모델링을 해도 되지만 LTV와 다른 변수들의 상관관계를 분석해 LTV와 상관관계가 높은 변수들을 사용하겠습니다. 지난 번과 마찬가지로 수치형 데이터는 그대로 두면 되고 문자열로 된 범주형 데이터를 원핫 인코딩으로 처리하고 LTV와의 상관관계를 히트맵으로 확인하겠습니다. 참고로 EDA는 이미 4.1절의 LTV 예측에서 진행해서 여기서는 상관관계만 다시 확인하도록 하겠습니다.

범주형 변수는 원핫 인코딩하고 LTV와의 상관관계를 히트맵으로 보여 줘. 내림차순으로 정렬해서 시각화해 줘.

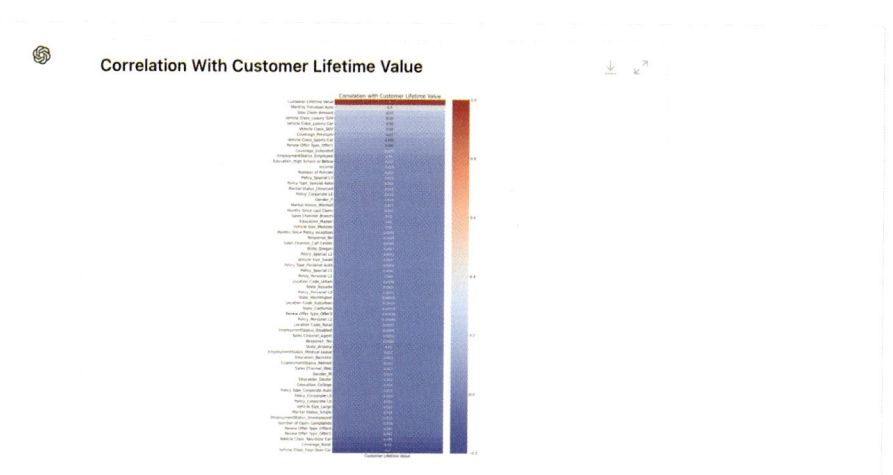

여기 LTV와 각 변수 간의 상관관계를 히트맵으로 시각화한 결과입니다. 각 변수는 LTV와의 상관관계에 따라 내림차순으로 정렬되어 있습니다. 히트맵을 통해 어떤 변수가 LTV에 가장 큰 영향을 미치는지 한눈에 파악할 수 있습니다.

특정 변수가 LTV와 높은 상관관계를 가지는지, 또는 음의 상관관계가 있는지를 확인하여 마케팅 전략을 수립할 때 참고할 수 있습니다. [>_]

↓

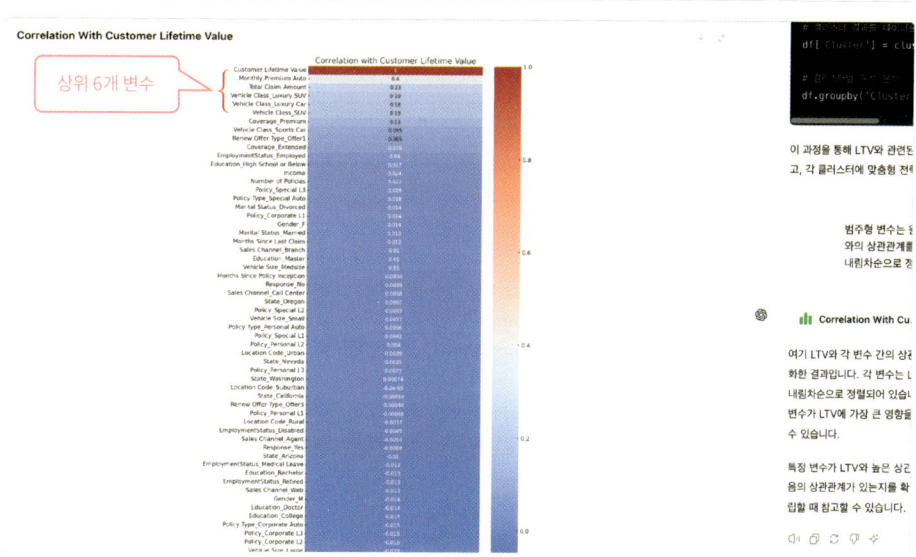

4장 _ 고객 특징을 이해하기 위한 데이터 분석   181

생성된 히트맵을 살펴보면 LTV와 상관관계가 높은 변수들이 내림차순으로 정렬되어 있습니다. 아래로 내려갈수록 상관관계가 낮아지거나 음의 상관관계를 보이는 변수들이 나타납니다. 참고로 지난 번에도 히트맵을 사용했지만 내림차순으로 정리한 형태가 조금 다른 형태인데요. 4.1절의 예제에서는 챗GPT가 히트맵을 그린 후 다시 내림차순으로 정렬해 달라고 하자 데이터를 정렬하고 막대그래프로 바꿔서 상관관계를 시각화했고, 이번에는 히트맵을 그리면서 내림차순으로 정렬해 달라는 요청을 함께 전달하니 챗GPT가 정렬된 데이터를 기반으로 바로 히트맵을 그렸다는 미묘한 차이가 있습니다.

그럼, 분석 결과 LTV와 상관관계가 0.1 이상인 상위 6개 변수를 선택해 클러스터링 분석을 해 달라고 요청하겠습니다. 클러스터링 분석은 엘보 방법을 사용하여 최적의 클러스터 수를 찾는데 런타임 오류를 고려해 클러스터링 개수를 5개로 테스트해 달라고 했습니다.

LTV와 상관관계가 높은 상위 변수 6개를 선택하고 LTV와 함께 클러스터링 분석을 해 줘. 엘보 방법을 사용해서 클러스터 수를 5개로 테스트해 줘.

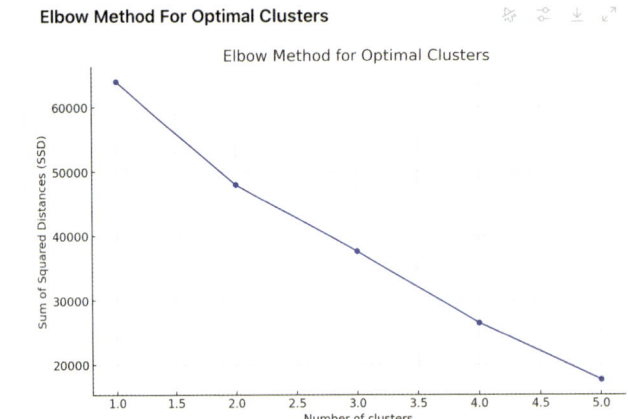

엘보우 그래프를 통해 클러스터 수를 1부터 5까지 테스트한 결과를 확인할 수 있습니다. 그래프에서 SSD(Sum of Squared Distances)가 급격히 줄어드는 지점이 최적의 클러스터 수를 결정하는 데 도움이 됩니다. 일반적으로 이 그래프에서 '팔꿈치'(급격한 감소 후 완만해지는 지점)로 보이는 곳이 최적의 클러스터 수로 선택됩니다.

이 그래프를 참고하여 클러스터링을 수행할 클러스터 수를 선택할 수 있습니다. 이후 클러스터링을 실제로 수행할 수 있습니다. 특정 클러스터 수로 클러스터링을 진행 ↓. 원하시면 알려주세요! [>.]

원래는 엘보 방법을 시각화해서 그래프가 가장 급격하게 변하는 지점을 최적의 클러스터 수로 선택하고 그 수로 클러스터링을 해야 하는데, 테스트한 클러스터 수가 많지 않아서 기울기의 급격한 변화도 없고 일단 5개를 최적의 수로 해서 클러스터링을 수행한 결과를 바로 보여 주는데요.

클러스터 수를 10개로 테스트하고 싶어도 코드 인터프리터 환경에서는 제한이 있는 게 사실입니다. 클러스터 수가 많거나 피처 수 혹은 데이터 수가 많아지면 런타임 오류가 날 가능성이 커지니까요. 필요하다면 앞서 말씀 드린 대로 구글 코랩 같은 파이썬 실행 환경에서 코드를 복사해 테스트할 수도 있겠습니다.

 5개 클러스터의 평균 값을 요약한 표를 보여 줘.

Cluster Summary

Cluster	Monthly Premium A	Total Claim Amount	Vehicle C
1	0	76.90661417322835	346.9218238188976	0.0
2	1	213.18478260869566	1092.5250760706522	1.0
3	2	212.11656441717793	1130.2889643128833	0.0
4	3	115.96086694762191	548.8375385069235	0.0
5	4	124.6082474226	599.3976795927	0.0

5개의 클러스터에 대한 평균값을 요약한 표를 생성하여 보여드렸습니다. 이 표는 각 클러스터가 어떤 특성을 가지고 있는지 이해하는 데 도움이 됩니다. 클러스터링 결과를 기반으로 각 클러스터에 대한 추가 분석이나 전략을 수립하실 수 있습니다. 추가적인 분석이 필요하시거나 다른 사항이 있으시면 알려주세요! [>_]

5개 클러스터로 나눠진 결과를 살펴보면 각 클러스터의 컬럼 평균 값을 요약해서 표로 보여 줍니다. 클러스터 0은 상대적으로 낮은 비용과 보통의 차량 소유 고객들로 구성되어 있습니다. 클러스터 1과 2는 매우 높은 LTV를 가지고 높은 보험료를 지불하는데 클러스터 1의 경우 모두 고급 SUV 차량을 소유한 고객들로 이뤄져 있습니다. 클러스터 3과 4는 중간 수준의 보험료와 LTV를 가진 고객들인데, 클러스터 3은 대부분 일반 SUV를 소유하고 있다는 특징이 있습니다. 그럼 실제 고객 데이터는 어떻게 5개로 나눠졌는지 확인해 보고자 전체 데이터셋에서 클러스터 컬럼을 추가하고 클러스터 번호를 매겨서 보여 달라고 하겠습니다.

전체 데이터셋에서 클러스터 컬럼을 추가하고, 클러스터 번호를 매겨서 표를 보여 줘.

Full Dataset With Cluster Information

	Customer	State	Customer Lifetime	Respo
1	BU79786	Washington	2763.519279	No
2	QZ44356	Arizona	6979.535903	No
3	AI49188	Nevada	12887.43165	No
4	WW63253	California	7645.861827	No
5	HB64268	Washington	2813.692575	No
6	OC83172	Oregon	8256.2978	Yes

전체 데이터셋에 클러스터 번호를 추가한 표를 보여드렸습니다. 이제 각 고객이 속한 클러스터 번호를 확인할 수 있습니다. 이 데이터셋을 다운로드하거나 추가 분석을 원하시면 알려주세요! [>_]

그랬더니 클러스터링을 수행하기 전 전체 데이터셋(9,134개의 행과 7개의 선택 컬럼)에 클러스터링 결과 각 고객이 속한 클러스터 번호가 표시된 새로운 클러스터 컬럼을 추가한 데이터셋을 보여 주는데요.

Full Dataset With Cluster Information

	Policy	Renew Offer Type	Sales Channel	Total Claim Amount	Vehicle Class	Vehicle Size	Cluster
1	Corporate L3	Offer1	Agent	384.811147	Two-Door Car	Medsize	0
2	Personal L3	Offer3	Agent	1131.464935	Four-Door Car	Medsize	0
3	Personal L3	Offer1	Agent	566.472247	Two-Door Car	Medsize	4
4	Corporate L2	Offer1	Call Center	529.881344	SUV	Medsize	3
5	Personal L1	Offer1	Agent	138.130879	Four-Door Car	Medsize	0
6	Personal L3	Offer2	Web	159.383042	Two-Door Car	Medsize	0
7	Corporate L3	Offer1	Agent	321.6	Four-Door Car	Medsize	0
8	Corporate L3	Offer1	Agent	363.02968	Four-Door Car	Medsize	4
9	Corporate L3	Offer1	Agent	511.2	Four-Door Car	Medsize	0
10	Special L2	Offer2	Branch	425.527834	Four-Door Car	Medsize	0
11	Personal L3	Offer1	Agent	482.4	Four-Door Car	Small	0
12	Personal L3	Offer2	Agent	528.0	SUV	Medsize	3
13	Corporate L1	Offer2	Agent	472.029737	Four-Door Car	Medsize	4
14	Corporate L3	Offer2	Branch	528.0	SUV	Medsize	3
15	Corporate L3	Offer4	Call Center	307.139132	Four-Door Car	Medsize	0
16	Corporate L2	Offer2	Branch	42.920271	Four-Door Car	Medsize	0
17	Personal L3	Offer2	Call Center	454.245098	Two-Door Car	Medsize	0

데이터셋 테이블을 펼쳐서 살펴보면 각 고객의 주요 변수들과 함께 할당된 클러스터 번호를 확인할 수 있습니다. 테이블을 다운로드할 수도 있는데요. 다만 테이블 데이터는 그래프와 달리 해당 세션이 완료되면 자동으로 삭제되기 때문에 세션 중에 혹시 필요한 데이터셋이 있다면 바로 다운로드해 두는 게 좋습니다.

그럼, 클러스터링 결과를 시각화해서 각 클러스터의 특징을 시각적으로도 확인해 보겠습니다.

 LTV와 월 자동차 보험료를 기준으로 클러스터링 결과를 시각화해 줘.

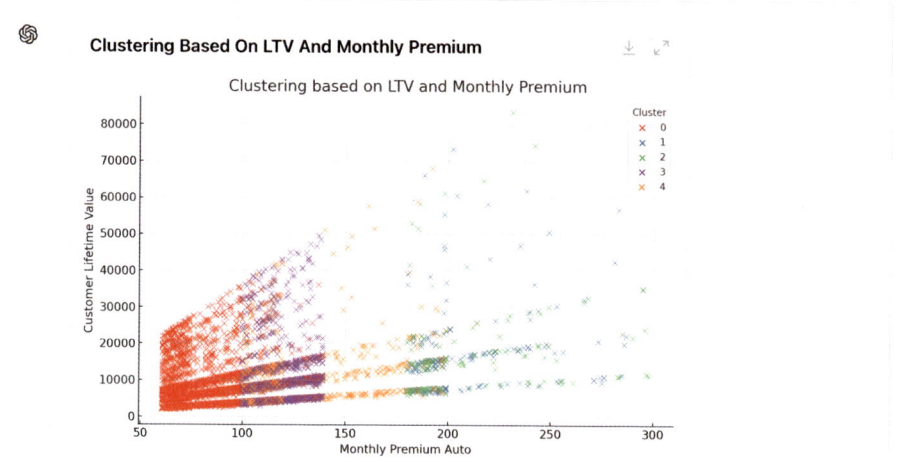

위 시각화는 LTV(고객 생애 가치)와 월 보험료를 기준으로 클러스터링된 결과를 보여줍니다. 각 클러스터는 서로 다른 색상으로 표시되어 있어, 두 변수에 따라 고객들이 어떻게 그룹화되었는지 시각적으로 확인할 수 있습니다. 이 시각화를 통해 특정 클러스터의 특성을 더 잘 이해할 수 있습니다. 추가적인 분석이 필요하시면 알려주세요! [>-]

LTV와 월 자동차 보험료를 기준으로 두 수치형 데이터의 관계를 산점도로 보여 주는데요. 클러스터를 색상 인수로 사용해서 클러스터별로 분포를 구분해 주었네요. 이 그래프 외에 각 클러스터의 데이터 분포를 박스 플롯이나 막대그래프 등으로 다양하게 시각화할 수 있습니다.

그럼, 이렇게 생성된 각 세그먼트에 대해 마케팅 전략을 제안해 달라고 하겠습니다.

각 세그먼트에 대해 마케팅 전략을 제안해 줘.

각 클러스터(세그먼트)에 맞춘 마케팅 전략을 제안드리겠습니다. 이러한 전략은 각 그룹의 특성을 반영하여 고객의 니즈를 충족시키고, 기업의 수익성을 극대화하는 데 초점을 맞춥니다.

클러스터 0: 낮은 LTV와 낮은 월 보험료

마케팅 전략:

1. **가격 민감형 상품 제안**: 이 그룹은 비용에 민감할 가능성이 크므로, 가성비 좋은 상품이나 저렴한 보험 상품을 제안하는 것이 효과적입니다. 할인 혜택이나 특별 프로모션을 통해 이들의 관심을 끌 수 있습니다.
2. **기본 보장 확장**: 기본적인 보장 범위를 확장한 상품을 제공하여, 약간의 추가 비용으로 더 나은 보장을 받을 수 있음을 강조하는 마케팅을 진행합니다.
3. **자동 갱신 및 장기 계약 유도**: 장기 계약 시 할인을 제공하거나, 자동 갱신 시 혜택을 주어 고객을 유지하는 전략을 사용할 수 있습니다.

클러스터 1: 매우 높은 LTV와 매우 높은 월 보험료

마케팅 전략:

1. **프리미엄 서비스 제안**: 이 그룹은 고가의 보험 상품에 투자할 의향이 크므로, VIP 서비스나 맞춤형 보장 상품을 제안합니다. 예를 들어, 전담 고객 관리자나 빠른 처리 서비스를 제공할 수 있습니다.
2. **충성도 프로그램**: 높은 LTV를 가진 이들을 대상으로, 포인트 제도나 로열티 프로그램을 도입해 장기적인 관계를 구축합니다. 또한, 가족 구성원이나 친인척을 위한 추가 보장 상품을 제안할 수도 있습니다.
3. **고급 차량 보험 상품**: 이 그룹은 고급 차량을 소유할 가능성이 높기 때문에, 고급 차량을 위한 전용 보험 상품을 제공하고, 보장 범위를 확대하는 것이 효과적입니다.

클러스터 2: 높은 LTV와 높은 월 보험료

마케팅 전략:

1. **맞춤형 보장 강화**: 이 그룹은 프리미엄 상품에 대한 관심이 높을 수 있습니다. 맞춤형 보장 범위를 제안하고, 고객의 구체적인 니즈에 맞춘 상품을 추천합니다.
2. **라이프스타일 기반 마케팅**: 이 그룹의 고객은 일반적으로 고급 라이프스타일을 선호할 가능성이 있으므로, 이와 관련된 제휴 혜택(예: 여행 보험, 고급 리조트 할인 등)을 제공하여 추가 가치를 제공합니다.
3. **교차 판매(Cross-selling)**: 고급 보험 상품 외에도, 다른 금융 서비스나 자산 관리 상품을 제안하여 포트폴리오를 확장할 수 있습니다.

클러스터 3: 중간 LTV와 중간 월 보험료

마케팅 전략:

1. **업셀링 기회 모색**: 중간 수준의 보험료를 지불하는 이들에게 더 나은 보장이나 추가 혜택을 제공하는 업셀링 전략을 활용합니다. 예를 들어, 월 보험료를 조금 더 올려 더 넓은 보장을 받을 수 있도록 제안합니다.
2. **가족 보장 확장 제안**: 가족 구성원에 대한 추가 보장이나, 주택 보험과 결합된 패키지 상품을 제안하여 고객의 총 보험료를 증가시킬 수 있습니다.

3. **온라인 서비스 강화**: 이 그룹은 디지털 환경에 익숙할 수 있으므로, 온라인 가입 혜택이나 모바일 앱을 통한 관리 서비스 등의 디지털 마케팅 전략을 사용할 수 있습니다.

클러스터 4: 높은 LTV와 상당히 높은 월 보험료

마케팅 전략:

1. **특별한 프리미엄 혜택 제공**: 이 그룹에 대한 마케팅은 고급 혜택 제공에 초점을 맞춥니다. 예를 들어, 보험과 연계된 고급 휴양지 이용권이나, 프리미엄 고객 전용 이벤트 초대 등을 제공합니다.
2. **보험 상품 다양화**: 이들은 다양한 보장 범위를 필요로 할 수 있으므로, 개별적인 보험 상품보다는 종합적인 보장 패키지를 제안하여 전체적인 보장 범위를 강화할 수 있습니다.
3. **상담 기반 서비스**: 이 그룹은 높은 가치를 가진 고객이므로, 개별 상담을 통해 니즈를 파악하고, 맞춤형 제안을 통해 고객 만족도를 극대화할 수 있습니다.

이와 같은 마케팅 전략은 각 클러스터의 특성과 필요에 맞게 조정되어야 하며, 이를 통해 고객 유지율을 높이고, 장기적인 수익성을 강화할 수 있습니다. ●

이러한 제안들은 어디까지나 챗GPT의 제안이고 실제 상황에서는 도메인 전문 지식, 고객 관찰 결과나 경쟁 상황 등을 고려하여 조정될 수 있겠습니다.

그럼, 예를 들어 이러한 각 세그먼트에 대해 업셀링(Upselling)을 목표로 이메일 마케팅을 하려고 할 때 이메일을 작성해 달라고 하겠습니다. SUV 보유율은 매우 높지만 프리미엄 보험 가입률이 아주 낮은 클러스터 3번을 대상으로는 프리미엄 옵션을 제안하는 내용으로 작성해 달라고 했는데요. 각 세그먼트에 대해 구체적인 이메일 주제를 전달할 수 있다면 좀 더 원하는 방향으로 이메일 초안이 작성될 수 있을 것입니다.

 각 세그먼트에 대해 업셀링을 목표로 이메일을 작성해 줘. 클러스터 3번은 SUV 관련해 프리미엄 옵션을 제안하는 내용으로 작성해 줘.

아래는 각 세그먼트에 대한 업셀링을 목표로 한 이메일 템플릿입니다. 클러스터 1번의 고객에게는 SUV 관련 프리미엄 옵션을 제안하는 내용을 포함했습니다.

클러스터 0: 가격 민감형 상품 제안

제목: 고객님을 위한 특별 할인 혜택, 지금 확인하세요!

내용:

안녕하세요, [고객님 성함]님,

항상 저희 [보험사 이름]을 신뢰해 주셔서 감사합니다.

고객님께서 선택하신 보험 상품을 더욱 경제적으로 이용하실 수 있는 특별 할인 혜택을 준비했습니다. 이번 기회를 통해 추가 비용 없이 더 넓은 보장 범위를 누리실 수 있습니다. 지금 바로 고객님께 맞춘 할인 혜택을 확인하시고, 더 큰 안심을 얻으세요.

자세한 내용은 아래 링크를 통해 확인하실 수 있습니다.

[혜택 확인하기]

감사합니다.

[보험사 이름] 드림

클러스터 1: SUV 관련 프리미엄 옵션 제안

제목: 고객님의 SUV를 위한 프리미엄 보험 옵션을 제안드립니다!

내용:

안녕하세요, [고객님 성함]님,

고객님의 고급 SUV를 위한 더욱 강화된 프리미엄 보험 옵션을 소개합니다. [고객님 성함]님과 같은 특별한 고객님을 위해 준비된 이 프리미엄 옵션은, 차량의 가치를 더욱 안전하게 보호하고, 예상치 못한 상황에서도 고객님을 완벽히 지원해 드립니다.

이 프리미엄 보험 옵션은 다음과 같은 혜택을 포함하고 있습니다:

- **전담 고객 관리자**: 언제든지 고객님의 문의나 요청에 빠르게 응답합니다.
- **고급 차량 렌탈 서비스**: 수리 기간 동안 동급의 프리미엄 차량을 제공해 드립니다.
- **추가 보장 강화**: 고객님의 차량을 더욱 넓은 범위에서 보호합니다.

지금 바로 이 특별한 혜택을 확인하시고, 고객님의 SUV를 위한 최상의 보험 서비스를 경험해 보세요.

[프리미엄 옵션 확인하기]

항상 고객님의 안전을 최우선으로 생각하는 [보험사,] 드림

클러스터 2: 맞춤형 보장 강화 제안

제목: 고객님만을 위한 맞춤형 보장 강화 혜택을 소개합니다

내용:

안녕하세요, [고객님 성함]님,

저희 [보험사 이름]은 고객님께서 최상의 보장을 누리실 수 있도록 맞춤형 보장 강화 옵션을 준비했습니다. 고객님의 보험을 더욱 안전하게 업그레이드하고, 예상치 못한 상황에서도 완벽한 보호를 받으세요.

이번 보장 강화 옵션을 통해 [고객님 성함]님께서는 다음과 같은 혜택을 추가로 받으실 수 있습니다:

- **사고 발생 시 추가 보상금**: 기본 보장에 더해 추가적인 보상금을 지급해 드립니다.
- **긴급 지원 서비스 강화**: 고객님과 가족의 안전을 위한 긴급 지원 서비스를 확장합니다.

지금 바로 고객님을 위한 맞춤형 혜택을 확인하시고, 한층 더 든든한 보험 서비스를 경험해 보세요.

[보장 강화 혜택 확인하기]

감사합니다.

[보험사 이름] 드림

클러스터 3: 업셀링 기회 모색

제목: 고객님을 위한 업그레이드된 보험 혜택을 만나보세요!

내용:

안녕하세요, [고객님 성함]님,

항상 저희 [보험사 이름]을 믿고 이용해 주셔서 감사합니다.

고객님께서 현재 가입 중이신 보험 상품을 더욱 업그레이드하여 더 넓은 보장 범위를 누리실 수 있는 기회를 준비했습니다. 업그레이드된 보험 혜택을 통해 더 많은 혜택을 받고, 예기치 못한 상황에서도 안심하세요.

지금 업그레이드 혜택을 확인하시고, 고객님의 보험을 한 단계 더 발전시키세요.

[업그레이드 혜택 확인하기]

감사합니다.

[보험사 이름] 드림

클러스터 4: 특별한 프리미엄 혜택 제공

제목: 고객님을 위한 프리미엄 혜택을 소개합니다

내용:

안녕하세요, [고객님 성함]님,

저희 [보험사 이름]에서 고객님을 위한 특별한 프리미엄 혜택을 준비했습니다. 고객님의 소중한 자산을 더욱 안전하게 보호하고, 차별화된 서비스를 제공해 드립니다.

이번 프리미엄 혜택에는 다음과 같은 특별한 서비스를 포함하고 있습니다:

- **프리미엄 전용 상담 서비스**: 고객님의 필요에 맞춘 1:1 전담 상담을 제공합니다.
- **고급 차량 관리 서비스**: 고객님의 차량을 위한 특별 관리 혜택을 제공합니다.
- **긴급 지원 및 차량 대여 서비스**: 사고나 고장 시, 고객님의 불편을 최소화하기 위해 동급 차량을 즉시 제공해 드립니다.

지금 이 특별한 혜택을 확인하시고, 고객님의 보험을 더욱 업그레이드해 보세요.

[프리미엄 혜택 확인하기]

감사합니다.

[보험사 이름] 드림

이렇게 해서 클러스터링 기법을 활용하여 머신러닝 기반 고객 세그먼트를 생성해 보았는데요. 클러스터링의 성능을 더욱 높이기 위해서는 추가적인 방법들을 고려할 수 있습니다. 예를 들어, 수치형 변수만을 사용하거나 도메인 지식을 활용해 변수를 선택하는 방법, 또는 다른 클러스터링 알고리즘을 시도해 볼 수 있습니다. 이러한 시도들은 분석 목적에 맞는 다양한 특성 조합과 테스트를 통해 최적의 결과를 찾아가는 과정입니다. 이를 통해 보다 정교하고 효과적인 마케팅 전략을 수립할 수 있을 것입니다.

고객 세그멘테이션 프롬프트 정리

1) 목표 정의

- 데이터셋에 대해 설명해 줘. 한국어로 이야기해 줘.
- 어떤 고객 세그멘테이션을 할 수 있어?
- LTV 기반으로 고객을 세그먼테이션하고 싶은데 어떻게 접근하는 게 좋을지 알려 줘.
- LTV와 관련된 변수들을 활용해 클러스터링 분석을 하고 싶어.

2) 탐색적 데이터 분석

- 범주형 변수는 원핫 인코딩하고 LTV와의 상관관계를 히트맵으로 보여 줘. 내림차순으로 정렬해서 시각화해 줘.

3) 모델링 및 평가

- LTV와 상관관계가 높은 상위 변수 6개를 선택하고 LTV와 함께 클러스터링 분석을 해 줘. 엘보 방법을 사용해서 클러스터 수를 5개로 테스트해 줘.

4) 결과 해석 및 의사 결정

- 5개 클러스터의 평균 값을 요약한 표를 보여 줘.
- 전체 데이터셋에서 클러스터 컬럼을 추가하고, 클러스터 번호를 매겨서 표를 보여 줘.
- LTV와 월 자동차 보험료를 기준으로 클러스터링 결과를 시각화해 줘.
- 각 세그먼트에 대해 마케팅 전략을 제안해 줘.
- 각 세그먼트에 대해 업셀링을 목표로 이메일을 작성해 줘. 클러스터 3번은 SUV 관련해 프리미엄 옵션을 제안하는 내용으로 작성해 줘.

5장

소비자 행동과 판매 예측을 위한 데이터 분석

5.1 _ 웹사이트 사용자 행동 분석

지금까지 IBM 데이터셋을 활용하여 LTV 예측 모델링과 클러스터링 분석을 해 보았는데요. 이번 프로젝트에서는 이커머스 웹사이트의 사용자 행동 데이터를 분석하여 사용자 경험을 개선하고 매출을 늘리기 위한 마케팅 전략을 수립해 보겠습니다.

이커머스 웹사이트의 사용자 행동 분석을 통해 사용자의 구매 과정과 행동 패턴을 이해하면 매출 증대에 직접적으로 기여할 수 있는 마케팅 전략을 수립할 수 있을 텐데요. 예를 들어, 고객이 선호하는 제품이나 카테고리를 파악해 추천하거나 분석 결과 인기 카테고리를 전면에 노출함으로써 구매를 촉진할 수 있습니다.

또한, 웹사이트 내 사용자 행동 분석 결과를 바탕으로 웹사이트의 디자인과 기능을 개선하여 사용자 친화성과 효율성을 높일 수 있는데요. 이를 통해 사용자 만족도와 재방문율을 높인다면 궁극적으로 매출 증대에 기여할 수 있을 것입니다.

이번 프로젝트에서는 웹사이트 사용자 행동 데이터에 대해 세션 이벤트 분석, 인기 제품 및 카테고리 분석, 전환 분석, 세션 경로 분석 등을 통해 사용자 행동 패턴을 이해하고,

이를 기반으로 한 마케팅 전략을 수립해 그 결과를 PPT 보고서로 작성하는 것을 목표로 분석을 진행해 보겠습니다.

그럼, 우선 데이터셋을 다운로드 받아보겠습니다. 마찬가지로 먼저 캐글 사이트 (https://www.kaggle.com)에 접속합니다. 오른쪽 상단 검색창에 'eCommerce behavior data from multi category store'라고 입력합니다. 검색 결과에서 가장 상단에 위치한 데이터셋을 클릭하면 해당 데이터셋의 세부 정보를 확인하고 다운로드할 수 있습니다.

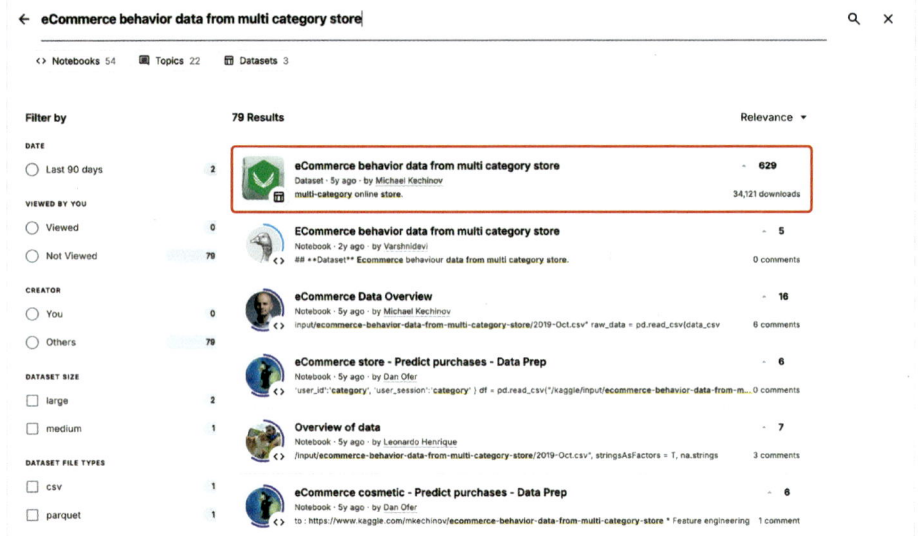

- 데이터셋 다운로드 링크

    https://www.kaggle.com/datasets/mkechinov/ecommerce-behavior-data-from-multi-category-store

이 데이터셋은 2019년 10월부터 2020년 4월까지 7개월 동안 수집된 이커머스 웹사이트의 사용자 행동 데이터인데요. 사용자 ID와 사용자 세션 ID에 연계된 조회, 장바구니, 구매와 같은 이벤트 데이터가 기록된 데이터입니다.

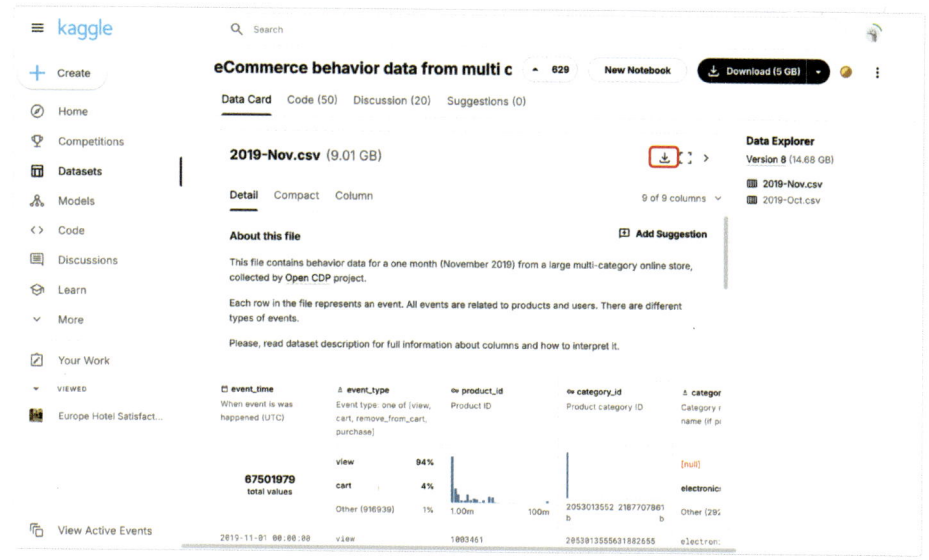

캐글의 이커머스 행동 데이터

데이터셋은 월별로 구분되어 있으며, 각 파일의 크기가 최소 2GB를 넘기 때문에 하나의 파일을 통째로 코드 인터프리터에 업로드할 수 없습니다. 웹사이트상에서 세션별 이벤트를 모두 기록하다 보니 데이터의 크기가 클 수밖에 없는 것 같은데요. 참고로, 이 데이터를 캐글에 제공한 기증자도 캐글의 업로드 용량 제한 때문에 2019년 10월과 11월의 일부 데이터만 캐글에 업로드하고 나머지 데이터는 데이터셋 설명란에 링크로 제공하고 있네요.

그럼, 2019년 11월 데이터셋(2019-Nov.csv)을 선택해 다운로드하고 이 데이터를 샘플링해 분석을 진행하겠습니다. 엑셀에서 다운로드한 파일을 열면 약 100만 개가 넘는 행들의 데이터가 있는데요. 샘플링 방법으로는 맨 처음 10만 개 데이터를 선택하겠습니다.

엑셀에서 첫 번째 셀(A1)을 선택한 후 Ctrl+G를 눌러 이동 대화상자를 엽니다. 참조 칸에 'A100000'을 입력하고 [확인]을 클릭하면 엑셀 커서가 A100000셀로 이동하는데요. 이동한 셀(A100000)이 선택된 상태에서 Shift+Ctrl+↑를 눌러 A1에서 A100000까지의 모든 셀을 정확하게 한 번에 선택할 수 있습니다. 그리고 Shift+→를 사용해 옆으로 모든 컬럼을 선택할 수 있습니다.

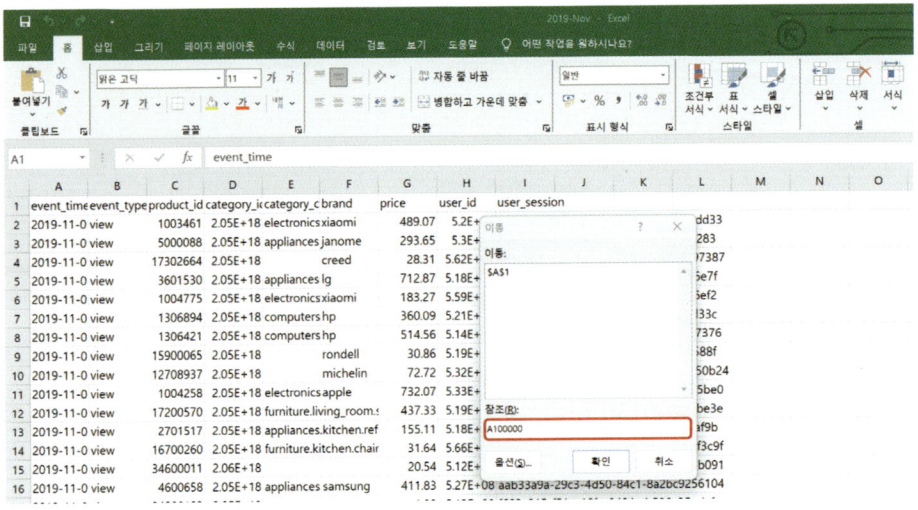

컬럼 이름을 포함해 10만 개의 행이 모두 선택되었다면 Ctrl+C를 눌러 데이터를 복사하고 [파일] 메뉴에서 [새로 만들기]를 클릭하고 Ctrl+V로 데이터셋을 붙여 넣은 다음 파일 이름을 '이커머스 사용자 행동 데이터셋 샘플.csv'로 저장하겠습니다.

이제 데이터셋을 ChatGPT 4o에 첨부하고 데이터셋에 대해 설명해 달라고 하겠습니다.

 데이터셋에 대해 설명해 줘. 한국어로 이야기해 줘.

이커머스 사용자 행동 데이터셋 샘플

	event_time	event_type	product_id	category_id
1	2019-11-01 00:00:00 UTC	view	1003461	2053013555282655
2	2019-11-01 00:00:00 UTC	view	5000088	2053013566066035
3	2019-11-01 00:00:01 UTC	view	17302664	2053013555497655
4	2019-11-01 00:00:01 UTC	view	3601530	2053013563675923

데이터셋에 대해 설명해 줘. 한국어로 이야기해 줘.

분석함

```python
import pandas as pd

# Load the dataset
file_path = '/mnt/data/이커머스 사용자 행동 데이터셋 샘플.csv'
data = pd.read_csv(file_path)

# Display the first few rows of the dataset to understand its structure
data.head()
```

결과

```
            event_time event_type  product_id          category_id  \
0  2019-11-01 00:00:00 UTC       view     1003461  2053013555631882655
1  2019-11-01 00:00:00 UTC       view     5000088  2053013566100866035
2  2019-11-01 00:00:01 UTC       view    17302664  2053013553853497655
3  2019-11-01 00:00:01 UTC       view     3601530  2053013563810775923
4  2019-11-01 00:00:01 UTC       view     1004775  2053013555631882655

             category_code   brand   price    user_id  \
0    electronics.smartphone  xiaomi  489.07  520088904
1  appliances.sewing_machine  janome  293.65  530496790
2                       NaN   creed   28.31  561587266
3   appliances.kitchen.washer     lg  712.87  518085591
4    electronics.smartphone  xiaomi  183.27  558856683

                           user_session
0  4d3b30da-a5e4-49df-b1a8-ba5943f1dd33
1  8e5f4f83-366c-4f70-860e-ca7417414283
2  755422e7-9040-477b-9bd2-6a6e8fd97387
3  3bfb58cd-7892-48cc-8020-2f17e6de6e7f
4  313628f1-68b8-460d-84f6-cec7a8796ef2
```

이 데이터셋은 전자상거래(이커머스) 사용자의 행동을 기록한 데이터로 보입니다. 데이터셋은 다음과 같은 열로 구성되어 있습니다:

1. **event_time**: 사용자가 이벤트를 발생시킨 시간(UTC 기준).
2. **event_type**: 사용자가 발생시킨 이벤트의 유형으로, 예를 들어 `view`(상품 조회) 같은 행동이 있습니다.
3. **product_id**: 사용자가 상호작용한 상품의 고유 ID.
4. **category_id**: 상품이 속한 카테고리의 고유 ID.
5. **category_code**: 상품의 카테고리를 나타내는 코드. 예를 들어, `electronics.smartphone`은 전자기기-스마트폰 카테고리를 의미합니다.
6. **brand**: 상품의 브랜드명.
7. **price**: 상품의 가격.
8. **user_id**: 사용자의 고유 ID.
9. **user_session**: 사용자의 세션 ID로, 사용자가 사이트에서 특정 기간 동안 수행한 모든 행동을 그룹화하는 데 사용됩니다.

이 데이터를 통해 사용자의 행동 패턴을 분석하거나 특정 상품에 대한 관심도, 브랜드 선호도 등을 파악할 수 있습니다. [>_]

역시 파일을 불러와 읽더니 이 데이터셋은 이커머스 웹사이트에서 사용자의 행동을 기록한 데이터라고 각 컬럼들에 대해 설명해 주는데요. 그럼 이 데이터셋을 사용해 사용자 행동 분석을 하고 싶은데 어떤 분석을 할 수 있는지 물어보겠습니다.

> 이 데이터셋을 활용해 이커머스 웹사이트 사용자 행동 분석을 하고 싶은데 어떤 분석을 할 수 있어?

 이 데이터셋을 활용하여 다양한 사용자 행동 분석을 수행할 수 있습니다. 다음은 몇 가지 주요 분석 방법입니다:

1. 사용자 행동 분석

- **이벤트 유형별 분석**: 사용자가 웹사이트에서 주로 어떤 행동을 많이 하는지 파악할 수 있습니다. 예를 들어, `view`(상품 조회), `cart`(장바구니 추가), `purchase`(구매)와 같은 이벤트 유형별로 사용자의 행동 패턴을 분석할 수 있습니다.
- **시간대별 분석**: 사용자가 어떤 시간대에 웹사이트에 방문하고 활동이 많은지 파악할 수 있습니다. 이를 통해 프로모션이나 마케팅 캠페인을 최적의 시간대에 설정할 수 있습니다.

2. 상품 및 카테고리 분석

- **인기 상품 및 카테고리 분석**: 가장 많이 조회되거나 구매된 상품 및 카테고리를 분석하여 인기 있는 상품군을 파악할 수 있습니다.
- **브랜드 분석**: 브랜드별로 사용자 선호도를 분석하여, 어떤 브랜드가 사용자들에게 인기가 있는지 확인할 수 있습니다.

3. 가격 분석

- **가격대별 분석**: 특정 가격대의 상품이 사용자에게 얼마나 인기가 있는지 분석할 수 있습니다. 이를 통해 사용자들이 선호하는 가격대를 파악하고, 가격 전략을 수립할 수 있습니다.
- **가격 대비 구매율 분석**: 가격과 구매 사이의 상관관계를 분석하여, 가격이 구매 결정에 미치는 영향을 평가할 수 있습니다.

4. 사용자 세그먼테이션

- **사용자 그룹화**: 사용자의 행동 데이터를 기반으로 비슷한 행동 패턴을 보이는 사용자 그룹을 식별할 수 있습니다. 예를 들어, 자주 구매하는 사용자, 주로 조회만 하는 사용자, 특정 카테고리에 관심이 많은 사용자 등으로 세그먼테이션할 수 있습니다.
- **재방문율 분석**: 특정 사용자가 다시 웹사이트를 방문하는 빈도를 분석하여, 충성도 높은 고객층을 파악할 수 있습니다.

5. 사용자 여정 분석

- **구매 전환율 분석**: 사용자가 상품을 조회한 후 장바구니에 담고, 실제로 구매하는 과정까지의 전환율을 분석할 수 있습니다. 이 과정에서 이탈하는 사용자 비율을 파악하여 개선할 수 있는 부분을 찾을 수 있습니다.
- **세션 분석**: 각 세션 동안 사용자가 어떤 경로를 거쳐 웹사이트에서 행동을 했는지 분석하여, 사용자 여정의 일반적인 패턴을 파악할 수 있습니다.

그냥 사용자 행동 분석을 하고 싶다고 하면 일반적인 제안을 하는 경우가 많은데요. '이 데이터셋을 활용해'라는 단서를 추가하면 해당 데이터셋을 조금 더 고려한 구체적인 분석 방법을 제안하는 듯합니다. 이 데이터셋을 활용해 이벤트 유형별 분석부터 제품과 카테고리, 가격 분석, 세션 분석 등 여러 가지 웹사이트 사용자 행동 분석을 할 수 있다고 하는데요. 그럼 이러한 분석을 챗GPT와 차근차근 진행해 보겠습니다.

데이터 전처리 단계로 들어가 데이터 타입과 결측값을 우선 확인할게요.

 데이터 타입과 결측값을 확인해 줘.

분석함

```python
# Check data types and missing values in the dataset
data_types = data.dtypes
missing_values = data.isnull().sum()

data_overview = pd.DataFrame({
    'Data Type': data_types,
    'Missing Values': missing_values
})

import ace_tools as tools; tools.display_dataframe_to_user(name="Dataset Overview"
```

결과

	Data Type	Missing Values
event_time	object	0
event_type	object	0
product_id	int64	0
category_id	int64	0
category_code	object	33840

Dataset Overview

		Data Type	Missing Values
1	event_time	object	0
2	event_type	object	0
3	product_id	int64	0
4	category_id	int64	0
5	category_code	object	33840
6	brand	object	15776

데이터셋의 각 열에 대한 데이터 타입과 결측값을 확인한 결과입니다. 필요한 추가 정보나 분석이 있으면 말씀해 주세요! [>-]

각 컬럼의 데이터 타입을 설명해 주고 카테고리 코드와 브랜드 컬럼에 결측값이 존재한다고 하는데요. 그러면 결측값을 처리하기 위한 방법을 알려달라고 하겠습니다.

 결측값을 처리하기 위한 방법을 알려 줘.

결측값을 처리하기 위해서는 데이터의 특성과 분석 목적에 따라 다양한 방법을 사용할 수 있습니다. 아래는 주요한 결측값 처리 방법들입니다:

1. 결측값 삭제 (Dropping Missing Values)

- **행 삭제**: 결측값이 있는 행을 통째로 삭제하는 방법입니다. 데이터가 충분히 많고, 결측값이 많은 경우에는 효과적일 수 있습니다.

```python
data_cleaned = data.dropna()
```

- **열 삭제**: 결측값이 많은 특정 열을 삭제하는 방법입니다. 해당 열이 분석에 중요하지 않다면 이 방법을 사용할 수 있습니다.

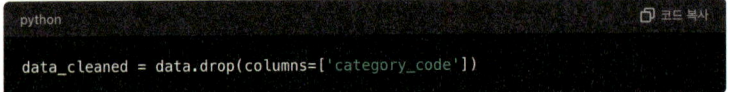

```python
data_cleaned = data.drop(columns=['category_code'])
```

2. 결측값 대체 (Imputation)

- **고정 값으로 대체**: 결측값을 특정 값으로 대체하는 방법입니다. 예를 들어, 카테고리 코드의 결측값을 "unknown"과 같은 값으로 채울 수 있습니다.

```python
data['category_code'].fillna('unknown', inplace=True)
```

일반적인 결측값 처리 방법을 이야기하는데요. 결측값이 있는 행이나 컬럼을 제거하거나 평균이나 중앙값 혹은 최빈값으로 대체하거나 예측 모델을 사용해 값을 대체할 수 있다고 합니다. 그렇다면 카테고리 코드와 브랜드의 결측값은 어떻게 처리하면 좋을지 제안해 달라고 요청해 보겠습니다.

카테고리 코드와 브랜드의 결측값은 어떻게 처리하면 좋을지 제안해 줘.

카테고리 코드와 브랜드의 결측값을 처리하는 방법에 대해 몇 가지 제안을 드리겠습니다.

1. 카테고리 코드 (`category_code`) 결측값 처리

카테고리 코드의 결측값을 처리하는 방법에는 다음과 같은 몇 가지 옵션이 있습니다:

1.1 `unknown`으로 대체

카테고리 코드가 결측인 경우, 그 값을 `unknown`과 같은 고정 값으로 대체하는 방법입니다. 이렇게 하면 결측값을 쉽게 식별할 수 있으며, 분석에 필요한 데이터를 유지할 수 있습니다.

```python
data['category_code'].fillna('unknown', inplace=True)
```

1.2 상위 카테고리로 대체

카테고리 코드가 결측인 경우, 해당 상품의 상위 카테고리나 일반적인 카테고리 이름으로 대체할 수 있습니다. 예를 들어, 모든 결측값을 `general` 또는 `miscellaneous`로 대체할 수 있습니다.

```python
data['category_code'].fillna('miscellaneous', inplace=True)
```

1.3 유사한 상품의 카테고리로 대체

결측값이 있는 상품과 유사한 다른 상품의 카테고리 코드를 사용하여 결측값을 대체하는 방법입니다. 이 방법은 특정 상품 ID 또는 브랜드 기반으로 비슷한 카테고리를 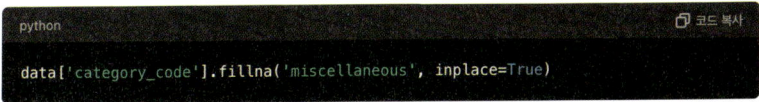 대체할 수 있습니다.

역시 별다른 아이디어를 내기보다 앞의 결측값 처리 방법을 적용해서 이야기하는데요. 물론 일단 챗GPT의 제안대로 진행할 수도 있지만 사용자가 아이디어나 해결책을 제시해 실행해 볼 수 있습니다. 여기서는 카테고리 ID라는 별도 컬럼이 있어서 카테고리 ID를 이용해 카테고리 코드의 결측값을 채울 수 있는지 알고 싶어서 카테고리 ID와 카테고리 코드의 관계를 확인해 달라고 요청했습니다.

카테고리 ID와 카테고리 코드의 관계를 확인해 줘. 각각의 고유값 개수는 몇 개야?

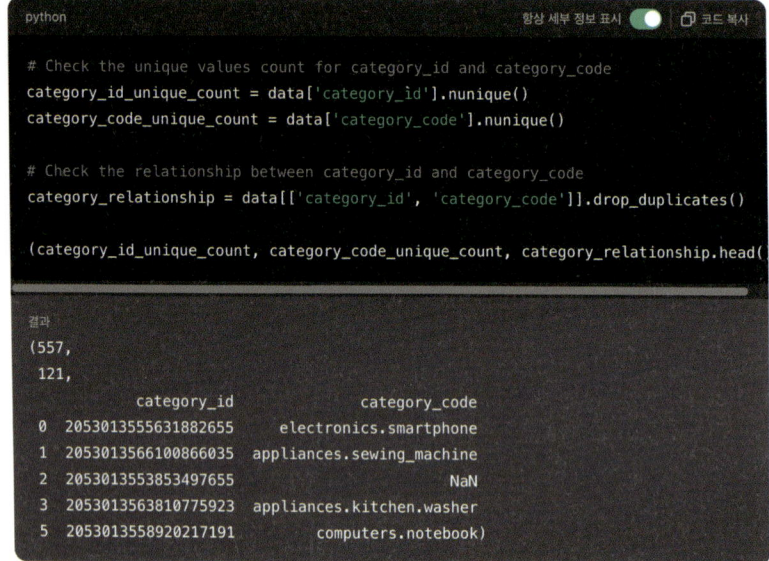

- 카테고리 ID: 고유값 개수는 총 557개입니다.
- 카테고리 코드: 고유값 개수는 총 121개입니다.

두 열 간의 관계를 살펴보면, 하나의 카테고리 코드가 여러 카테고리 ID에 매핑될 수 있음을 알 수 있습니다. 예를 들어, 동일한 카테고리 코드 `electronics.smartphone`이 여러 카테고리 ID와 연결될 수 있습니다.

이와 같은 관계는 데이터가 다양한 방식으로 분류되었거나, 카테고리 ID와 코드 간에 1:1 대응이 아닌 경우를 나타낼 수 있습니다. 추가적인 분석이 필요할 경우 말씀해 주세요! [>-]

카테고리 ID와 카테고리 코드가 1:1 관계보다는 하나의 카테고리 코드가 여러 카테고리 ID에 매핑될 수 있다고 하는데요. 카테고리 ID의 고유값 개수가 더 많아서 카테고리 코드가 더 상위값이라고 생각했는데 아닌 것 같습니다. 우선 카테고리 ID를 활용해 카테고리 코드의 결측값을 채워 달라고 요청해 보겠습니다.

카테고리 ID를 활용해 카테고리 코드를 결측값을 채워 줘.

 분석함

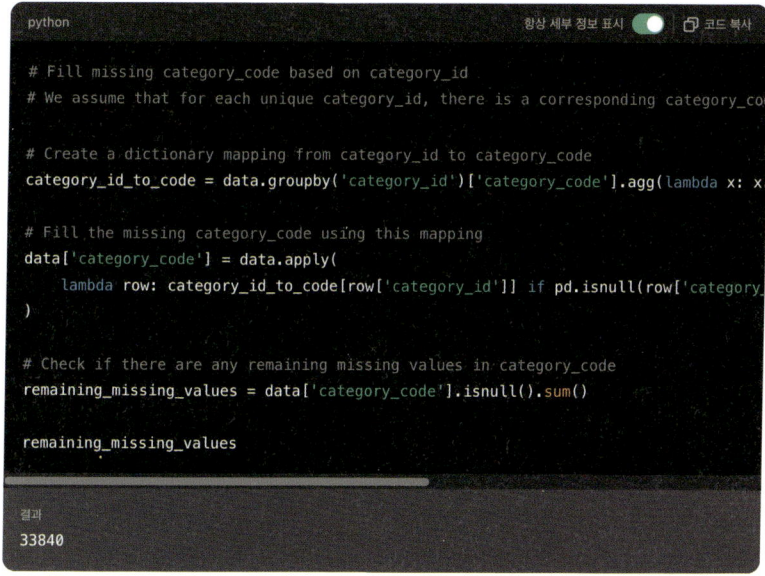

카테고리 ID를 활용해 카테고리 코드의 결측값을 채우는 작업을 수행했지만, 여전히 33,840개의 결측값이 남아 있습니다. 이는 아마도 특정 카테고리 ID에 대해 유효한 카테고리 코드가 없거나, 원래 결측값이었던 경우일 수 있습니다.

이제 남은 결측값에 대해서는 추가적인 처리(예: `unknown`으로 채우기)를 고려할 수 있습니다. 추가로 어떻게 처리할지 결정하시면 그에 맞게 진행할 수 있습니다. [>_]

카테고리 ID를 활용해 카테고리 코드의 결측값을 채우는 작업을 했지만 여전히 33,840개의 결측값이 남아 있다고 하는데요. 이는 카테고리 ID를 활용해 카테고리 코드의 결측값을 전혀 채우지 못했다는 것을 의미합니다. 남은 결측값에 대해 추가적으로 unknown 등으로 채우기를 고려할 수 있다고 하는데 어쨌든 최빈값 등으로 대체하지 않아 실제 데이터 분포를 인위적으로 해치지 않는 장점이 있습니다. 일단 unknown으로 결측값을 대체해 보겠습니다.

브랜드의 결측값은 프로덕트 ID나 카테고리 ID를 이용해 채울 수 없는지 물어보았고요.

브랜드의 결측값은 프로덕트 ID나 카테고리 ID를 이용해 채울 수 없나?

브랜드의 결측값을 제품 ID 또는 카테고리 ID를 사용하여 채울 수 있습니다. 이 방법은 동일한 제품 ID나 카테고리 ID에 대해 존재하는 브랜드 정보를 이용해 결측값을 채우는 방식입니다. 이를 통해 결측된 브랜드 값을 최대한 채울 수 있습니다.

다음은 그 방법을 단계별로 설명한 후 코드를 실행하여 결측값을 채우겠습니다.

1. 프로덕트 ID를 사용하여 결측값 채우기

- 동일한 `product_id`를 가진 다른 행에서 브랜드 값을 가져와 결측값을 채웁니다.

2. 카테고리 ID를 사용하여 결측값 채우기

- 동일한 `category_id`를 가진 다른 행에서 브랜드 값을 가져와 결측값을 채웁니다.

이 두 단계로 결측값을 채운 후, 여전히 남아있는 결측값은 `unknown`으로 처리할 수 있습니다.

이제 해당 작업을 수행하겠습니다.

분석함

```python
# Step 1: Fill missing brand values based on product_id
data['brand'] = data.groupby('product_id')['brand'].transform(
    lambda x: x.fillna(x.mode()[0] if not x.mode().empty else 'unknown')
)

# Step 2: Fill missing brand values based on category_id
data['brand'] = data.groupby('category_id')['brand'].transform(
    lambda x: x.fillna(x.mode()[0] if not x.mode().empty else 'unknown')
)

# Finally, check the number of remaining missing values
remaining_missing_brands = data['brand'].isnull().sum()

remaining_missing_brands
```

결과
0

브랜드의 결측값을 `product_id`와 `category_id`를 활용하여 성공적으로 모두 채웠습니다. 이제 더 이상 브랜드 열에 결측값이 존재하지 않습니다. 추가적인 분석이나 작업이 필요하다면 말씀해 주세요! [>-]

그랬더니 제품 ID에 따른 브랜드 정보를 매핑해 이를 이용해 채우고 제품 ID로 채우지 못한 결측값은 카테고리 ID를 이용해 채운다고 하는데요. 그리고 마지막으로 남은 결측 값은 Unknown으로 채운다고 합니다. 그래서 브랜드 결측값도 0이 되었습니다. 일단 데이터셋이 결측값이 없는 상태로 정리되었고 또 어떤 전처리를 할 수 있는지 챗GPT에 게 확인해 보겠습니다.

 또 어떤 전처리를 할 수 있어?

데이터셋에 대해 추가로 수행할 수 있는 몇 가지 전처리 작업을 제안드리겠습니다. 이 작업들은 분석의 정확성을 높이고, 모델링의 성능을 개선하는 데 도움이 될 수 있습니다.

1. 데이터 타입 변환

- 데이터의 정확한 처리를 위해서는 각 열이 올바른 데이터 타입으로 지정되어야 합니다.
- 문자열을 날짜/시간 데이터로 변환: 예를 들어, `event_time` 열이 문자열로 저장되어 있을 때, 이를 `datetime` 타입으로 변환하여 시간대별 분석이 가능하도록 합니다.

```python
data['event_time'] = pd.to_datetime(data['event_time'])
```

- 정수형 또는 실수형 변환: 숫자가 문자열로 저장되어 있는 경우, 이를 정수형(`int`) 또는 실수형(`float`)으로 변환합니다.

```python
data['price'] = data['price'].astype(float)
```

2. 불필요한 열 제거

- 분석에 필요하지 않거나, 중복된 정보를 포함하는 열을 제거하여 데이터셋을 간결하게 유지합니다.
- 고유 식별자 제거: 예를 들어, `user_session`과 같이 분석에 직접적인 영향을 미치지 않는 고유 식별자를 제거할 수 있습니다.

```python
data = data.drop(columns=['user_session'])
```

- 높은 결측값 비율을 가진 열 제거: 결측값이 대부분인 열은 유용한 정보를 제공하지 않기 때문에 제거하는 것이 좋습니다.

3. 이상치 처리

- 데이터에서 이상치를 탐지하고 처리하는 것은 모델링의 성능을 향상시키는 데 중요합니다.

- **IQR 방법 사용**: 상자 그림(boxplot)에서 사용하는 사분위 범위(IQR) 방법을 통해 이상치를 탐지하고 제거하거나 수정할 수 있습니다.

```python
q1 = data['price'].quantile(0.25)
q3 = data['price'].quantile(0.75)
iqr = q3 - q1
lower_bound = q1 - 1.5 * iqr
upper_bound = q3 + 1.5 * iqr
data = data[(data['price'] >= lower_bound) & (data['price'] <= upper_bound)]
```

4. 데이터 정규화 및 스케일링

- 모델링 과정에서 각 변수의 크기 차이가 성능에 영향을 줄 수 있으므로, 정규화나 스케일링을 통해 데이터를 변환합니다.
- **Min-Max 스케일링**: 데이터의 값을 0과 1 사이로 조정하여 모델이 데이터의 범위 차이에 민감하지 않도록 합니다.

```python
from sklearn.preprocessing import MinMaxScaler
scaler = MinMaxScaler()
data[['price']] = scaler.fit_transform(data[['price']])
```

문자열 타입인 event_time 컬럼을 날짜 형식으로 변환해 분석하기 쉽게 만들고, 불필요한 컬럼을 제거하거나 이상값 처리, 정규화 등을 할 수 있다고 하는데요. 우선 event_time을 날짜 형식으로 변환하고, 나머지는 분석이나 모델링을 진행하면서 하거나 혹은 챗GPT가 알아서 처리해 주는 부분이어서 일단 넘어가겠습니다.

 데이터 타입을 변환해 줘.

 분석함

```python
# Convert 'event_time' to datetime format
data['event_time'] = pd.to_datetime(data['event_time'])

# Check the data types after conversion
data_types_after_conversion = data.dtypes
data_types_after_conversion
```

```
결과
event_time     datetime64[ns, UTC]
event_type                  object
product_id                   int64
category_id                  int64
category_code               object
brand                       object
price                      float64
user_id                      int64
user_session                object
dtype: object
```

`event_time` 열이 성공적으로 `datetime` 타입으로 변환되었습니다. 이제 `event_time` 열은 `datetime64[ns, UTC]` 형식으로 저장되어 있습니다. 다른 열들의 데이터 타입도 문제없이 유지되고 있습니다.

그럼, 데이터 분석 단계로 넘어가서 기초 통계를 확인한 후 본격적인 사용자 행동 데이터 분석을 하나씩 해 보겠습니다. 역시 수치형 데이터와 범주형 데이터로 나눠서 기초 통계를 분석해 달라고 했고요. 결과를 표로 확인해 보겠습니다.

 수치형 데이터와 범주형 데이터로 나눠 기초 통계를 분석해 줘. 컬럼 이름을 행으로 하는 표로 만들어서 각각 보여 줘.

🌀 분석함

```python
# Separate numerical and categorical columns
numerical_columns = data.select_dtypes(include=['int64', 'float64']).columns
categorical_columns = data.select_dtypes(include=['object', 'category', 'datetime64

# Compute basic statistics for numerical data
numerical_stats = data[numerical_columns].describe().transpose()

# Compute basic statistics for categorical data
categorical_stats = data[categorical_columns].describe().transpose()

import ace_tools as tools; tools.display_dataframe_to_user(name="Numerical Data Sta
```

```
결과
                count         mean          std          min          25%
product_id      99999.0  1.123586e+07  1.219811e+07  1.000978e+06  1.200952e+06
category_id     99999.0  2.057926e+18  1.965429e+16  2.053014e+18  2.053014e+18
price           99999.0  2.815421e+02  3.424156e+02  0.000000e+00  6.564000e+01
```

5장 소비자 행동과 판매 예측을 위한 데이터 분석   205

```
user_id      99999.0   5.354871e+08   2.031765e+07   2.752567e+08   5.159248e+08

                          50%            75%            max
product_id   5.301585e+06   1.650001e+07   6.050000e+07
category_id  2.053014e+18   2.053014e+18   2.180737e+18
price        1.649500e+02   3.508550e+02   2.574070e+03
user_id      5.315900e+08   5.549301e+08   5.663100e+08
```

Numerical Data Statistics

		count	mean	std
1	product_id	99999.0	11235855.87391874	12198107.703
2	category_id	99999.0	2.0579258273537754e+18	1.9654294232e+16
3	price	99999.0	281.5420957209572	342.415558935
4	user_id	99999.0	535487093.9765798	20317653.08744

분석함

```python
# Now display the basic statistics for categorical data
tools.display_dataframe_to_user(name="Categorical Data Statistics", dataframe=cate

결과
              count unique                                      top      freq
event_type    99999      3                                     view     97488
category_code 66159    121                     electronics.smartphone    24928
brand         99999   1595                                  unknown     15776
user_session  99999  24889   0c239db5-422b-4198-b76a-035ffcc275fa        140
```

Categorical Data Statistics

		count	unique	top
1	event_type	99999	3	view
2	category_code	66159	121	electronics phone
3	brand	99999	1595	unknown
4	user_session	99999	24889	0c239db5- 4198-b76a cc275fa

수치형 데이터와 범주형 데이터의 기초 통계 정보를 각각 표로 정리하여 보여드렸습니다. 각각의 통계를 확인하고, 추가적인 분석이나 작업이 필요하면 말씀해 주세요! [>-]

기초 통계를 분석한 결과를 수치형 데이터와 범주형 데이터로 구분해 각각 보여 주는데요. 제품 ID나 카테고리 ID, 사용자 ID는 데이터 형식상으로는 정수, 즉 수치형 데이터지만 의미상으로 더하거나 뺄 수 없는 범주형 데이터죠? 그래서 이 세 가지 데이터는 범주형 데이터로 해서 통계를 수정해 달라고 하겠습니다.

 프로덕트 ID와 카테고리 ID, 사용자 ID를 범주형 데이터로 해서 통계를 수정해 줘.

 분석함

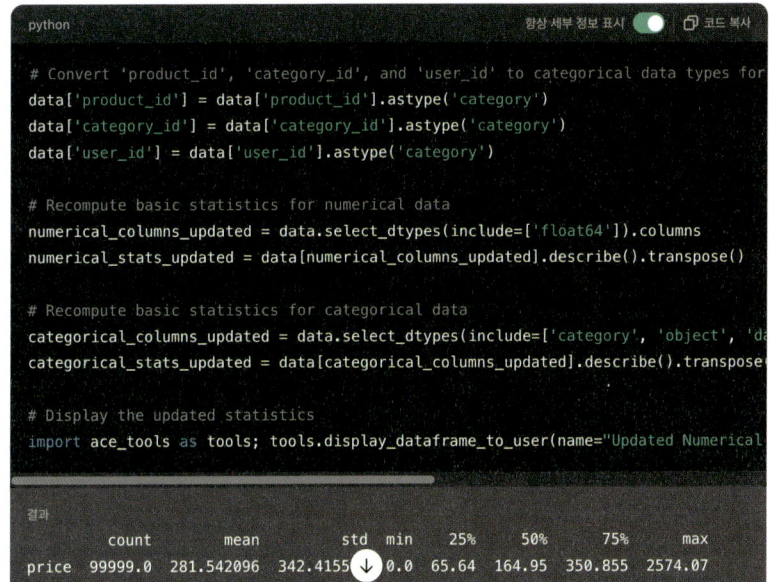

생성된 표를 펼치고 살펴보면 우선 수치형 데이터로는 가격만 있네요. 가격 데이터는 총 99,999개로, 평균은 281달러, 중앙값 164달러로 저렴한 제품들이 상대적으로 많이 존재하고 있는 것을 알 수 있습니다. 가격의 범위는 최소 0달러에서 최대 2,574달러까지로 상당히 넓게 분포하고 있습니다.

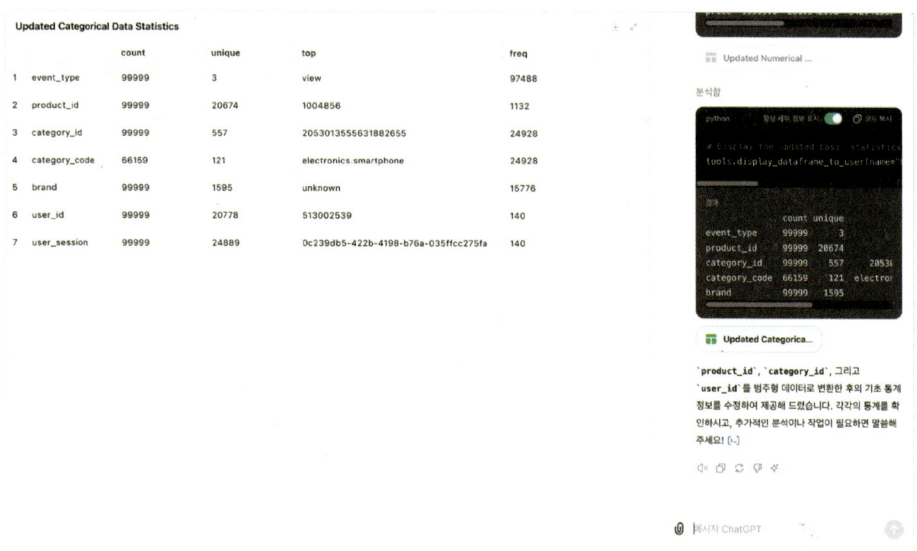

범주형 데이터의 기초 통계 표를 보면, 이벤트 타입은 세 가지인데 그중 조회(View)가 가장 많습니다. 제품 ID는 약 2만 개, 카테고리 ID는 557개, 카테고리 코드는 122개의 고유값을 가지고 있고, 브랜드는 약 1,500개가 있습니다. 샘플링한 데이터에는 약 2만 명의 고유 사용자가 있으며, 이들이 발생시킨 고유 세션 수는 24,889번입니다. 특히 세션 ID가 0c239db5-422b-4198-b76a-035ffcc275fa인 경우, 해당 세션 동안 140번의 이벤트가 발생한 것을 알 수 있습니다.

그럼, 본격적으로 사용자 행동 데이터 분석으로 들어가서 챗GPT가 제안한 내용 가운데 첫 번째 이벤트 분포를 분석해 보겠습니다.

이벤트 분포를 분석해 줘.

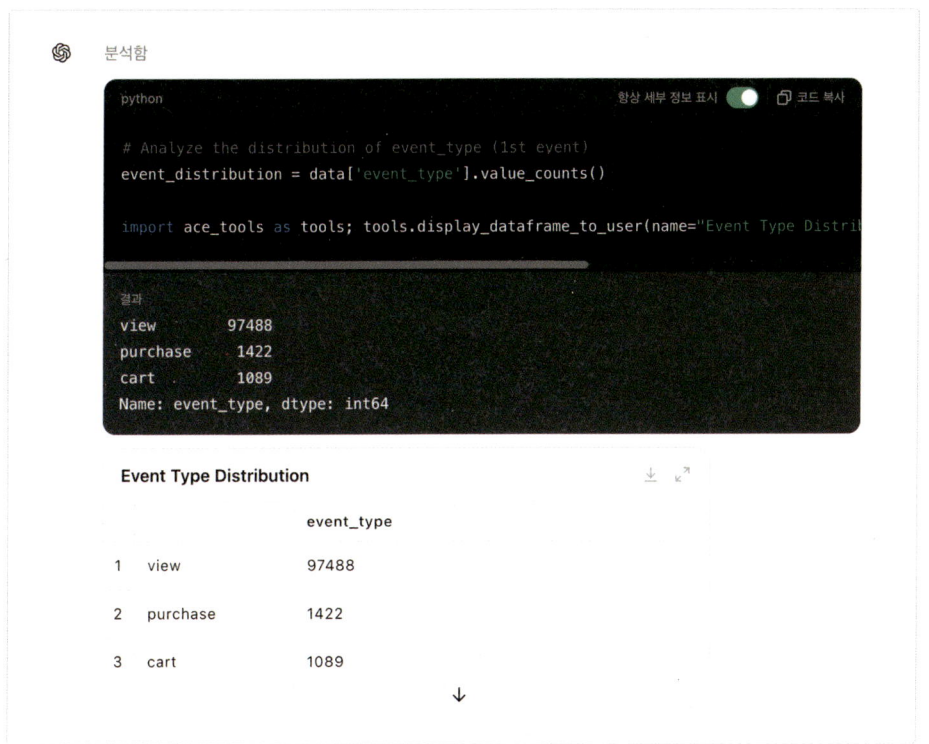

세 가지 이벤트 유형의 비율을 계산해서 표로 보여 주는데요. 조회(view)가 97,448회, 구매(purchase)가 1,422회, 장바구니(cart)가 1,089번으로 사용자의 조회가 가장 많은 것을 알 수 있습니다. 여기서 비율을 계산해서 원형그래프로 그려 달라고 하면 각 이벤트의 비중을 좀 더 시각적으로 확인할 수도 있겠습니다.

사용자 세션 분석으로 넘어가겠습니다. 사용자 세션 분석을 해 달라고 하면 챗GPT가 알아서 해 줄 수도 있지만 세션당 평균 지속 시간, 평균 이벤트 수 외에도 평균 조회수, 평균 구매수도 확인하고 싶어 추가로 요청했습니다.

사용자 세션을 분석해 줘. 세션의 평균 지속 시간과 세션당 평균 총 이벤트 수, 평균 조회수, 평균 구매 수 등을 확인해 줘

🔍 분석함

```python
# Convert event_time to datetime if not already done (ensuring it's done for analy
data['event_time'] = pd.to_datetime(data['event_time'])

# Calculate session duration
session_duration = data.groupby('user_session').agg(session_start=('event_time', '
                                                    session_end=('event_time', 'ma
session_duration['session_duration_sec'] = (session_duration['session_end'] - sess

# Calculate the average session duration
average_session_duration = session_duration['session_duration_sec'].mean()

# Calculate session-based statistics
session_stats = data.groupby('user_session').agg(
    total_events=('event_type', 'count'),
    total_views=('event_type', lambda x: (x == 'view').sum()),
    total_purchases=('event_type', lambda x: (x == 'purchase').sum())
)

# Calculate average statistics per session
average_total_events = session_stats['total_events'].mean()
average_views_per_session = session_stats['total_views'].mean()
average_purchases_per_session = session_stats['total_purchases'].mean()

average_session_duration, average_total_events, average_views_per_session, average_
```

결과
```
(209.10526738719918,
 4.017799027682912,
 3.9169110852183695,
 0.05713367351038611)
```

사용자 세션에 대한 분석 결과는 다음과 같습니다:

1. 세션의 평균 지속 시간: 약 209.1초 (약 3분 29초)

2. 세션당 평균 총 이벤트 수: 4.02개

3. 세션당 평균 조회 수: 3.92개

4. 세션당 평균 구매 수: 0.057개

분석 결과에 따르면, 세션당 평균 지속 시간은 약 209초로 약 3분 29초입니다. 또한, 세션당 평균 4.02개의 이벤트가 발생하며, 그 가운데 조회는 3.92번, 구매는 약 0.05번, 장바구니는 약 0.04번입니다. 대부분의 세션에서 사용자가 주로 조회 이벤트를 수행하며 구매나 장바구니는 상대적으로 적게 발생하는 경향을 알 수 있습니다.

다음으로 제품 인기도를 분석해 보겠습니다. 제품 인기도의 기준이 모호해서 제품별 조회수, 장바구니수, 구매수를 분석하고 우선 조회수를 기준으로 정렬해 달라고 요청했습니다.

 제품 인기도를 분석해 줘. 제품별 조회수와 장바구니수, 구매수를 분석하고 조회수 기준으로 정렬해 줘.

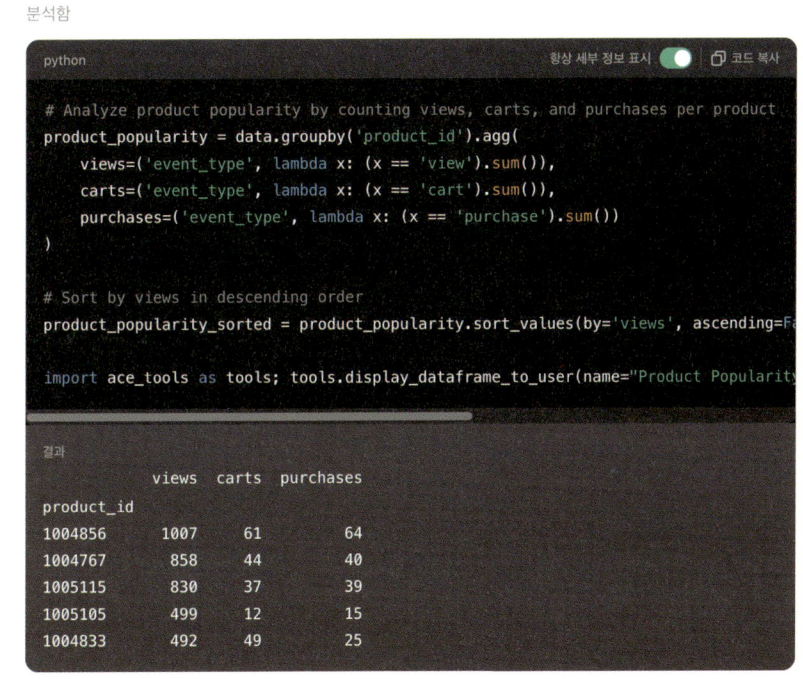

Product Popularity Analysis

	product_id	views	carts	purcl
1	1004856	1007	61	64

5장 _ 소비자 행동과 판매 예측을 위한 데이터 분석   211

2	1004767	858	44	40
3	1005115	830	37	39
4	1005105	499	12	15
5	1004833	492	49	25
6	1004249	476	24	27

제품별로 조회수, 장바구니 추가 수, 구매 수를 분석하고 조회수 기준으로 정렬한 결과를 제공해 드렸습니다. 이 데이터를 바탕으로 특정 제품의 인기도를 평가하거나 추가적인 분석이 필요하면 말씀해 주세요! [>-]

제품 ID별로 조회수와 장바구니수, 구매수를 분석하고 조회수를 기준으로 보여 주는데요. 제품 이름이 아니어서 어떤 제품인지 잘 모르겠지만 필요하다면 여기에 카테고리 코드나 브랜드 컬럼을 추가해 추측해 볼 수 있을 것 같습니다. 이 표에 조회수 대비 구매수 비율을 계산한 전환율 컬럼을 추가해 보겠습니다.

 조회수 대비 구매수 비율을 계산한 전환율 컬럼도 추가해 줘.

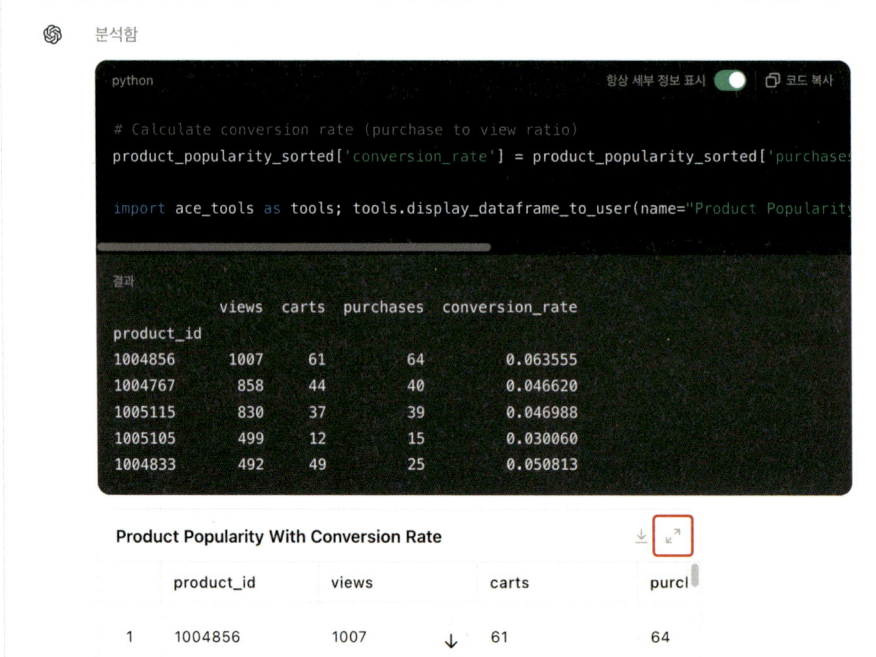

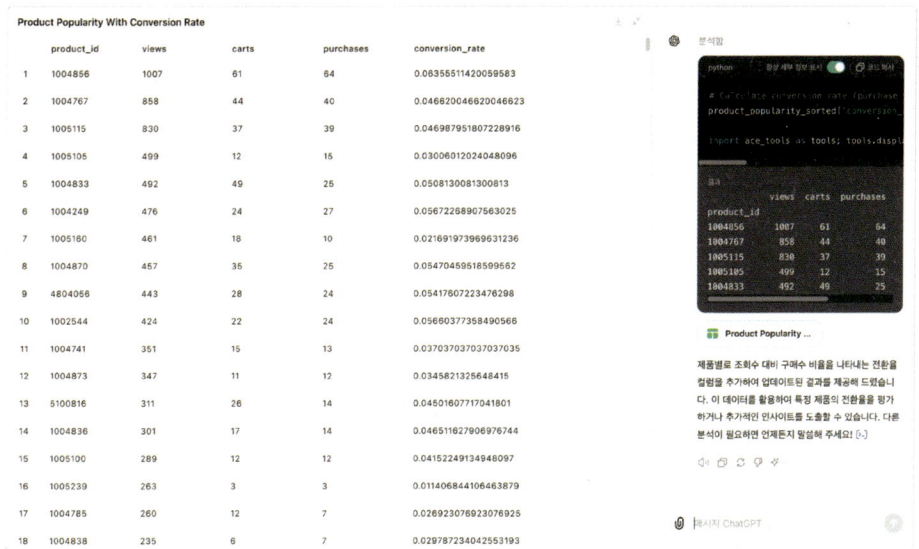

조회수를 기준으로 정렬된 표에 각 제품에 전환율(비율)을 확인하니 대부분이 0.05~0.06인 것을 알 수 있습니다. 그렇다면 전체 제품의 평균 전환율을 확인해서 이 수치가 높은 건지 낮은 건지 판단해 보겠습니다.

 전체 제품의 조회수 대비 전환율은 얼마지?

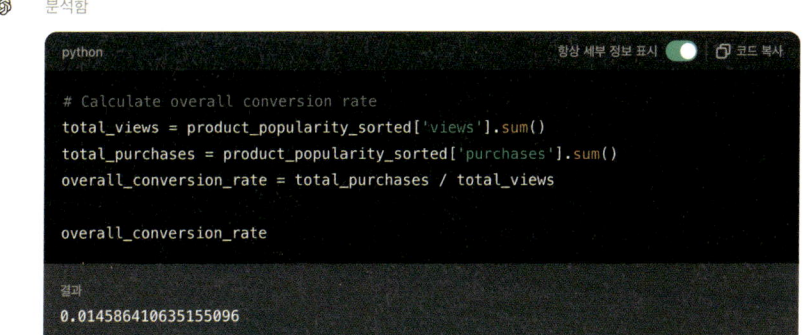

전체 제품의 조회수 대비 전환율은 약 1.46%로 조회수 기준 인기 제품들의 구매 전환율이 5~6%로 상당히 높은 것을 알 수 있는데요. 그럼, 조회수 기준 상위 10개 인기 제품의 조회수와 구매수를 함께 그래프로 나타내 보겠습니다.

 상위 인기 제품 10개의 조회수와 구매수를 시각화해 줘.

분석함

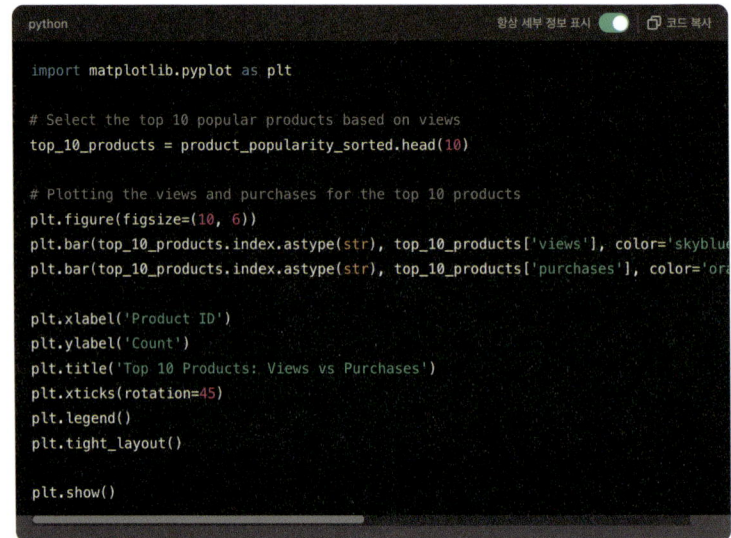

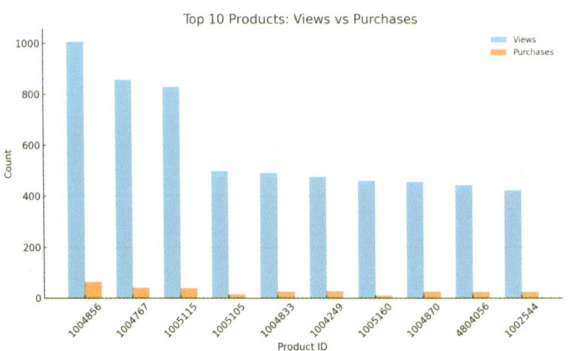

각각의 제품에 대해 `views`와 `purchases`를 별개의 막대로 나타낸 그래프를 보여드렸습니다. 이 그래프를 통해 두 변수 간의 차이를 더 명확히 시각적으로 비교할 수 있습니다. 추가적인 요청이나 분석이 필요하시면 언제든지 말씀해 주세요! [>_]

이제 카테고리 분석으로 넘어가 보겠습니다. 이번에도 카테고리 인기도를 분석해 달라고 요청했는데, 이미 앞에서 조회수를 기준으로 정렬하도록 언급했기 때문에 이번에는 별도로 요청하지는 않았습니다.

 카테고리 인기도를 분석해 줘.

 분석함

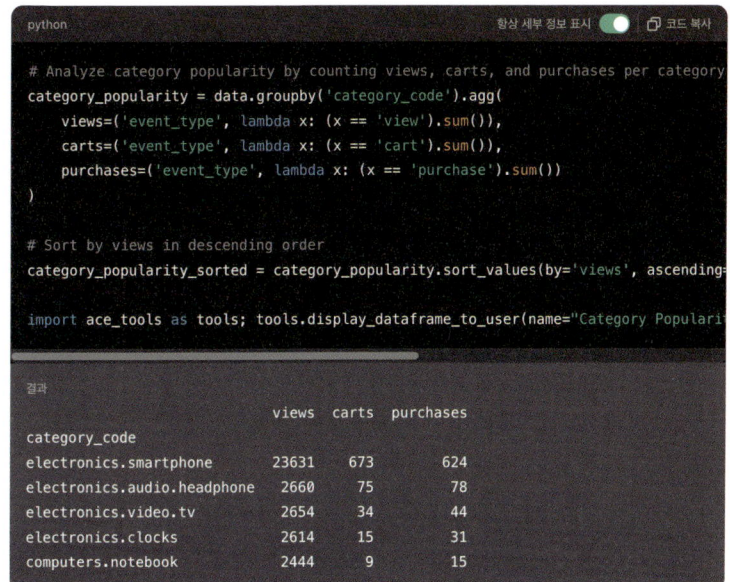

카테고리별 인기도를 분석한 결과를 조회수 기준으로 정렬하여 제공해 드렸습니다. 가장 인기 있는 카테고리는 `electronics.smartphone`이며, 그 다음으로 `electronics.audio.headphone` 등이 뒤따르고 있습니다.

5장 _ 소비자 행동과 판매 예측을 위한 데이터 분석   215

카테고리 코드를 활용해 카테고리 코드별로 이벤트를 모두 계산하고 역시 조회수 기준으로 정렬해 주는데요. 마찬가지로 전환율 컬럼도 추가해 보겠습니다.

 전환율 컬럼도 추가해 줘.

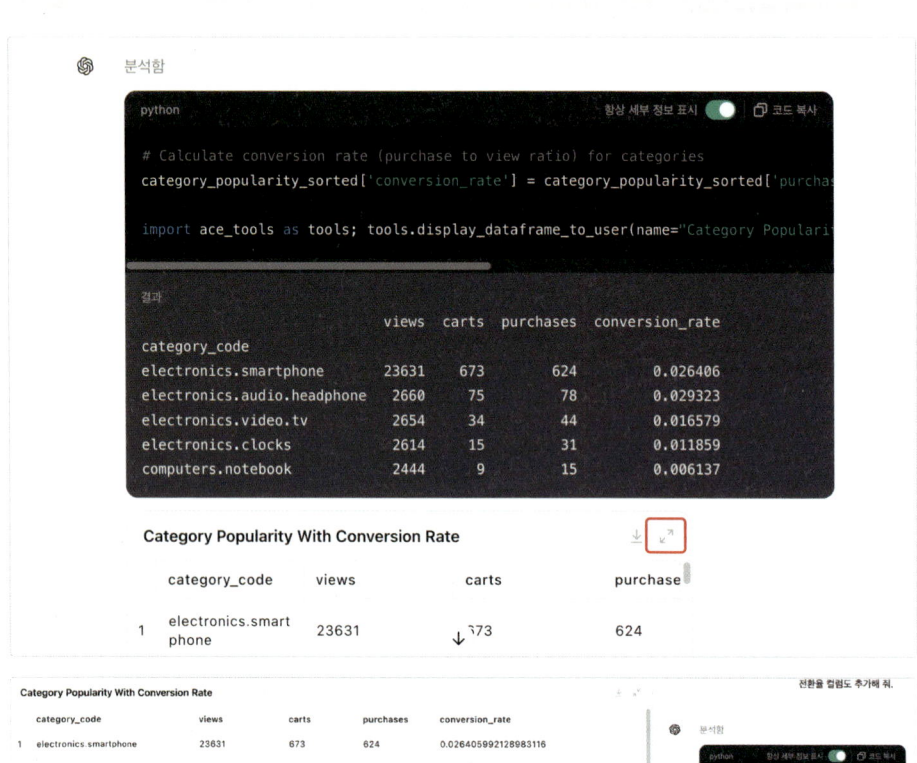

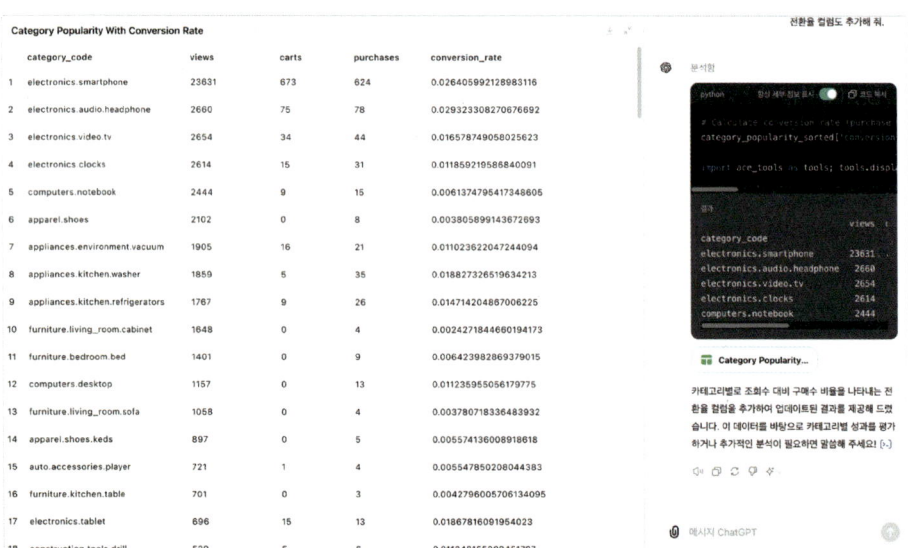

216　챗GPT로 마케팅 데이터 분석하기: 고객 리뷰 분석에서 매출 예측까지

카테고리 조회수는 여러 제품이 함께 묶여 있어서 그런지, 조회수 자체는 인기 제품보다 높지만 전환율은 상대적으로 낮은 편입니다. 반면, 스마트폰, 헤드폰, 비디오 카테고리의 전환율은 전체 평균보다 높은 것으로 나타났습니다.

그럼, 상위 인기 10개 카테고리의 조회수와 구매수도 시각화해 보겠습니다.

상위 인기 카테고리 10개의 조회수와 구매수를 시각화해 줘.

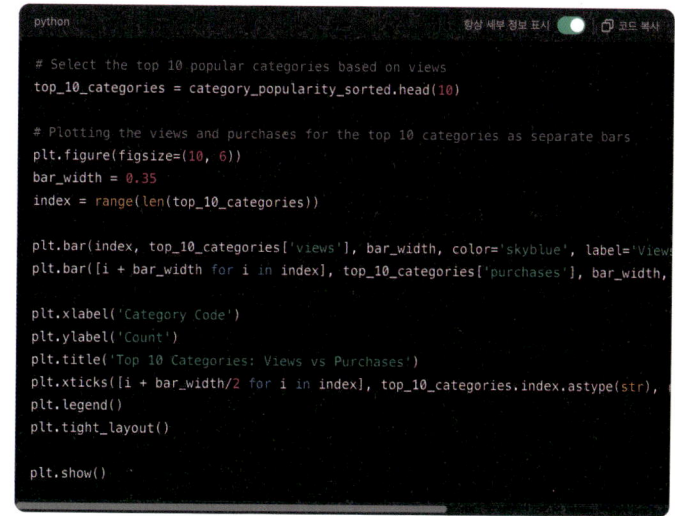

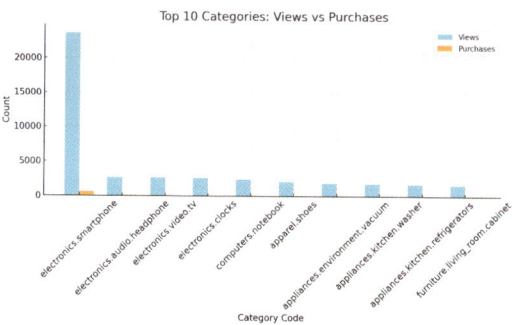

상위 인기 카테고리 10개의 조회수와 구매수를 각각 별개의 막대로 시각화한 그래프를 제공해 드렸습니다. 이를 통해 각 카테고리의 성과를 시각적으로 비교할 수 있습니다. 추가적인 요청이나 다른 분석이 필요하시면 언제든지 말씀해 주세요! [>_]

브랜드 인지도 역시 분석해 달라고 하면 인기 제품이나 카테고리와 마찬가지로 조회수 순으로 브랜드를 정렬해 줄 텐데요. 바로 상위 인기 브랜드 10개의 조회수와 구매수를 시각화했습니다.

상위 인기 브랜드 10개의 조회수와 구매수를 시각화해 줘.

분석함

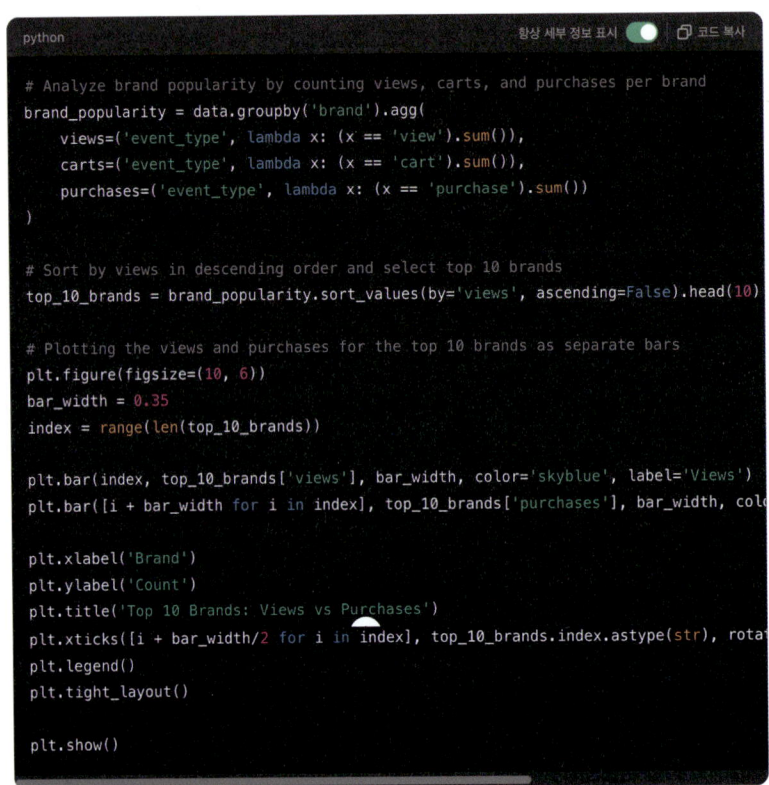

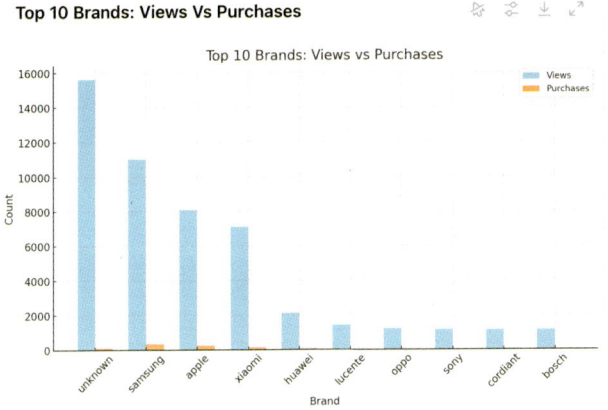

상위 인기 브랜드 10개의 조회수와 구매수를 각각 별개의 막대로 시각화한 그래프를 제공해 드렸습니다. 이를 통해 각 브랜드의 성과를 시각적으로 비교할 수 있습니다. 다른 요청이나 추가적인 분석이 필요하시면 언제든지 말씀해 주세요! 〔>_〕

카테고리에서도 스마트폰이나 오디오 등 가전제품의 조회수가 가장 많았는데 브랜드에서도 삼성, 애플, 샤오미, 화웨이순으로 조회수가 많네요. 이들 브랜드를 제외하고는 조회수 상위 브랜드라도 전환율이 전체 평균보다 높지는 않습니다.

그럼 가격 분석으로 넘어가보겠습니다. 앞서와 마찬가지로 가격대별로 조회수, 장바구니수, 구매수를 정리하고 조회수순으로 보여 줄 것 같은데요. 챗GPT가 가격 구간을 알아서 잘 나눠 줄 수도 있지만 우선 500달러 단위로 나눠 달라고 요청해 보겠습니다.

가격 분석을 해 줘. 가격 구간은 500달러 단위로 나눠 줘.

 분석함

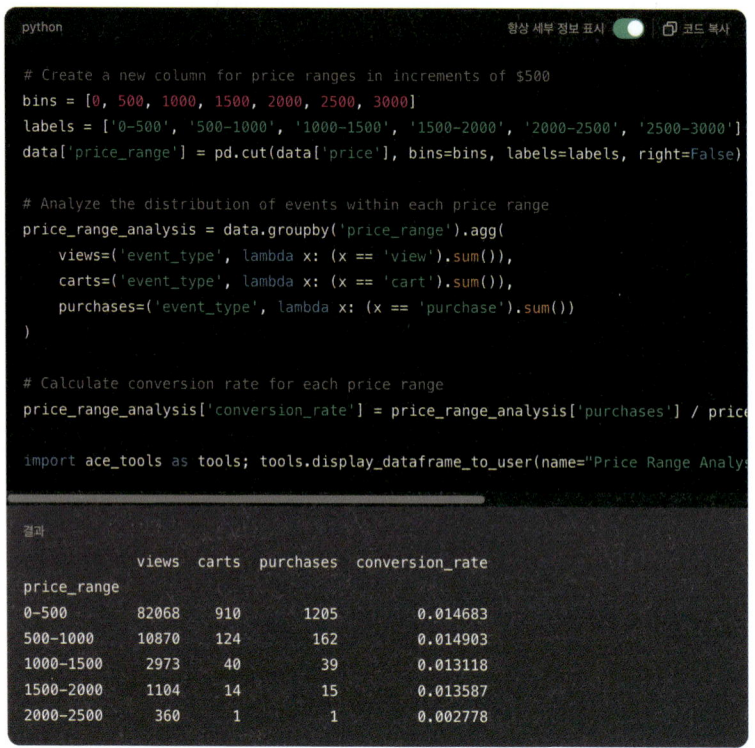

가격 구간을 500달러 단위로 나눈 후 각 구간별 조회수, 장바구니 추가 수, 구매 수, 그리고 전환율을 분석한 결과를 제공해 드렸습니다. 이 분석을 통해 가격대별로 사용자 행동의 차이를 이해할 수 있습니다.

500달러 단위로 가격 구간별로 조회수, 장바구니수, 구매수를 분석해서 표로 보여 주는데요. 구간의 개수를 정할 수도 있고, 구간의 크기를 직접 지정할 수도 있습니다. 확실히 저가일수록 조회수가 많네요. 역시 전환율도 추가해 보겠습니다.

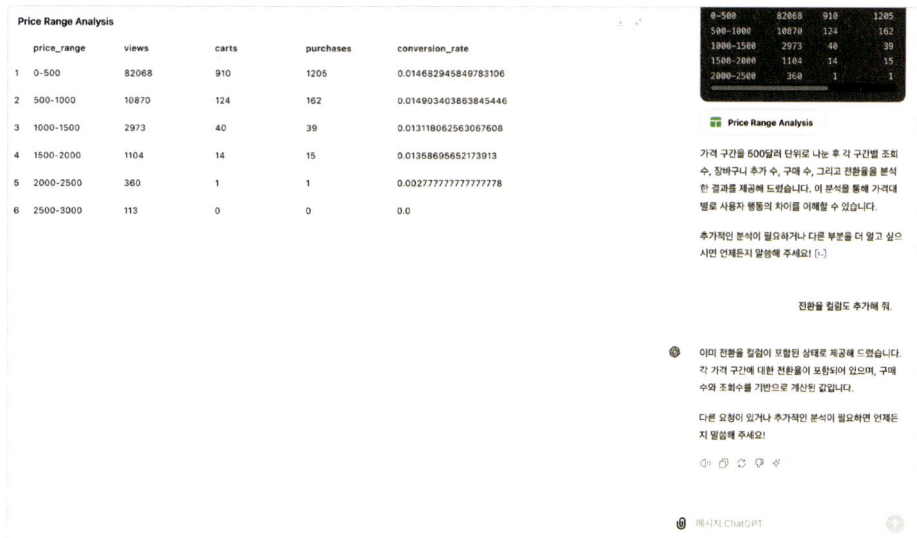

조회수는 저가 제품들이 훨씬 높은데 비해 전환율은 많은 가격 구간대에서 평균과 비슷한 값을 보이네요. 다만 2,000달러를 넘어가는 제품은 전환율이 확 떨어지면서 0에 가까워집니다. 좀 더 자세히 분석하고 싶다면 가격 구간을 더 많이 나누어 살펴보는 방법도 있겠습니다.

그럼, 가격대별 전환율을 시각화해 보겠습니다. 시간의 추이나 숫자가 커지는 경우에는 라인 차트가 효과적인데요. 라인 차트로 그려 달라고 하겠습니다.

가격 구간별 구매 전환율을 시각화해 줘. 라인 차트로 그려 줘.

분석함

python 항상 세부 정보 표시 코드 복사

```python
# Plotting the conversion rate for each price range as a line chart
plt.figure(figsize=(10, 6))
plt.plot(price_range_analysis.index.astype(str), price_range_analysis['conversion_

plt.xlabel('Price Range ($)')
plt.ylabel('Conversion Rate')
plt.title('Conversion Rate by Price Range')
plt.xticks(rotation=45)
plt.grid(True)
plt.tight_layout()

plt.show()
```

Conversion Rate By Price Range

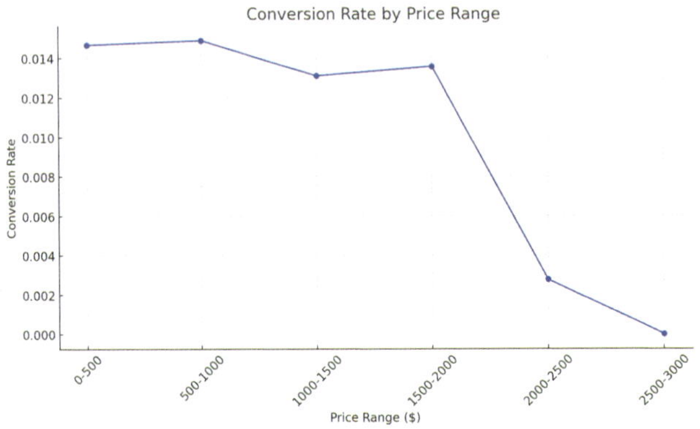

가격 구간별 구매 전환율을 라인 차트로 시각화하여 제공해 드렸습니다. 이 차트를 통해 각 가격대에서의 전환율 변화를 쉽게 확인할 수 있습니다. 추가적인 분석이 필요하면 언제든지 말씀해 주세요! [>_]

앞서 챗GPT의 제안 중에 사용자 분석으로 충성 고객과 그렇지 않은 고객을 구분해 마케팅 전략을 세울 수 있다고 하는데 저희가 샘플링한 데이터는 2019년 11월 1일 하루치 데이터라 충성도 분석을 하기에는 충분하지 않을 것 같아 8번으로 넘어가겠습니다.

다음은 시간대별 분석입니다. 우선 한 시간 단위로 분석해 달라고 요청하겠습니다.

 시간대별 분석을 해 줘. 한 시간 단위로 분석해 줘.

 분석함

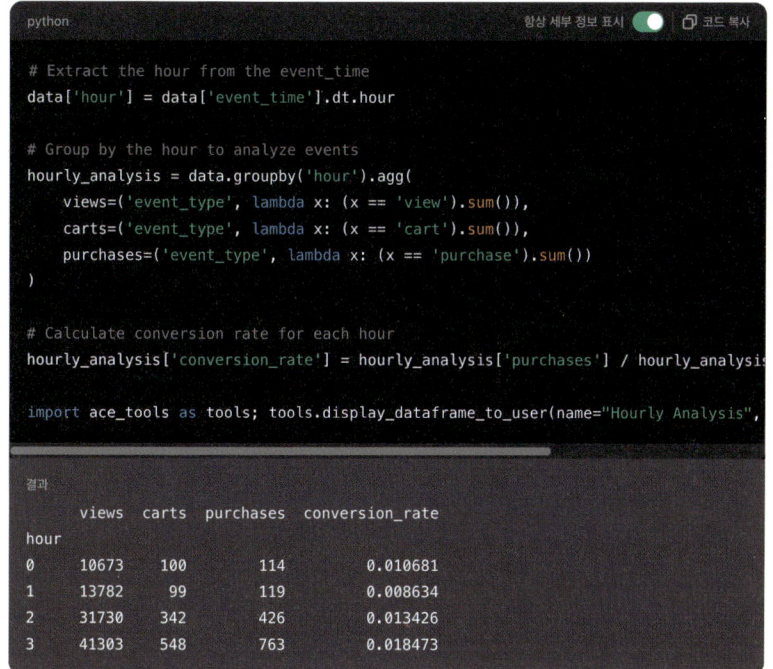

시간대별로 한 시간 단위로 분석한 결과를 제공해 드렸습니다. 각 시간대별로 조회수, 장바구니 추가 수, 구매 수, 그리고 전환율을 확인할 수 있습니다.

5장 소비자 행동과 판매 예측을 위한 데이터 분석   223

시간대별로 조회수, 장바구니수, 구매수를 보여 주는데요. 역시 전환율 컬럼을 추가해 보겠습니다.

 전환율 컬럼도 추가해 줘.

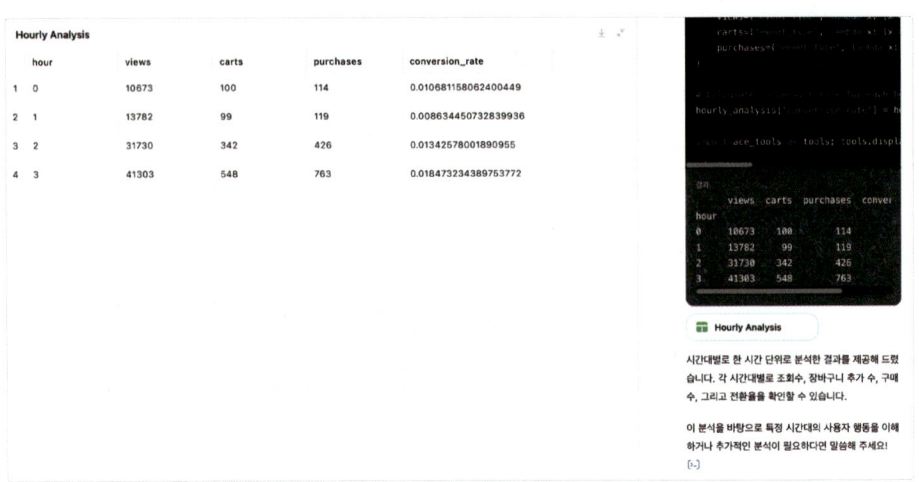

평균보다 전환율이 높은 시간대도 있고 그렇지 않은 시간대도 있는 것 같은데요. 챗GPT에게 시간대별 구매 전환율에 대해 설명해 달라고 하겠습니다.

 시간대별 구매 전환율을 설명해 줘.

시간대별 구매 전환율을 분석한 결과, 다음과 같은 인사이트를 도출할 수 있습니다:

- **0시~1시 (자정 무렵)**: 이 시간대의 전환율은 약 1.07%입니다. 이 시간대는 사용자들이 비교적 적은 구매를 하지만, 어느 정도의 전환율을 유지하고 있습니다.
- **1시~2시**: 이 시간대의 전환율은 약 0.86%로 자정 무렵보다 약간 낮아집니다. 이 시간대에는 전체적으로 활동이 줄어드는 경향을 보입니다.
- **2시~3시**: 전환율이 약 1.34%로 다시 증가합니다. 야간에 더 집중적으로 구매를 고려하거나 실행하는 사용자가 있는 것으로 보입니다.
- **3시~4시**: 전환율이 1.85%로 가장 높습니다. 이는 일부 사용자들이 이 시간대에 집중적으로 구매 결정을 내리는 경향이 있다는 것을 시사합니다.

요약

- 전반적으로, 늦은 밤(특히 3시~4시)에 전환율이 높은 경향이 있습니다. 이 시간대에 웹사이트에 머무는 사용

전반적으로 새벽 시간대(특히 3시~4시)와 이른 아침 시간대(2시, 4시)에 높은 전환율을 보이고, 아침 9시가 가장 낮은 전환율을 보인다고 하네요. 데이터셋의 시간대가 UTC로 되어 있는데, 그래서 그런 걸까요? 아니면 데이터를 샘플링했기 때문일까요? 일반적인 이커머스 사이트의 트래픽 패턴과는 다르게 보이네요.

이번에는 전환율 분석입니다. 지금까지 인기 제품이나 카테고리, 브랜드, 가격 분석, 시간 분석을 하면서 모두 전환율을 함께 확인해 왔는데요. 지금까지 전환율을 분석한 결과 전체 평균 전환율인 1.46%보다 높은 제품, 카테고리, 브랜드 상위 10개를 다시 한번 표로 정리해 보겠습니다.

 지금까지 전환율을 분석한 결과 전체 평균 전환율인 1.46%보다 높은 제품, 카테고리, 브랜드 상위 10개를 각각 표로 정리하고 조회수, 전환율 컬럼도 추가해 줘.

 분석함

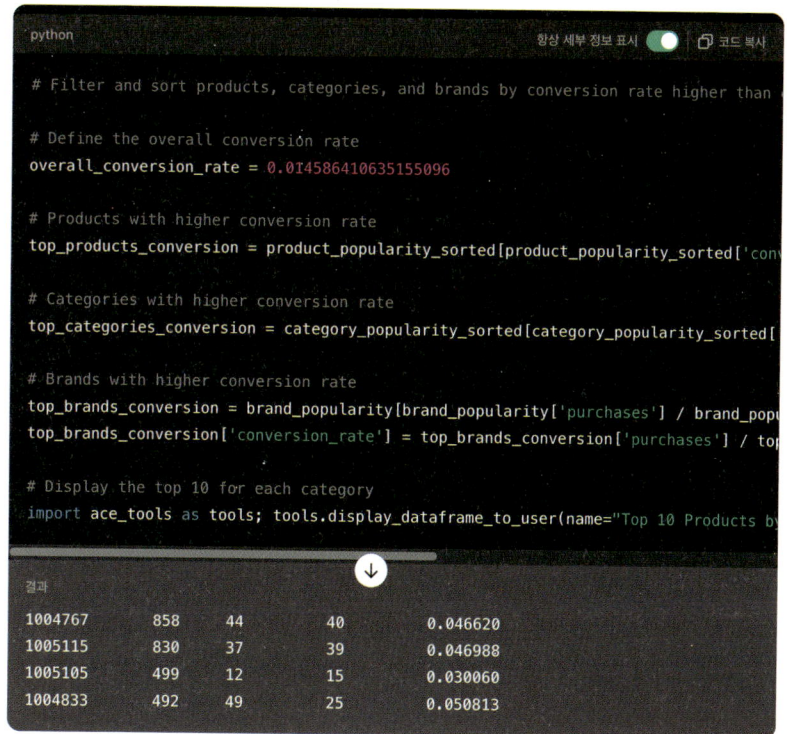

Top 10 Products By Conversion Rate

	product_id	views	carts	purchase
1	1004856	1007	61	64
2	1004767	858	44	40
3	1005115	830	37	39
4	1005105	499	12	15

Top 10 Categories By Conversion Rate

	category_code	views	carts	purchase
1	electronics.smartphone	23631	673	624
2	electronics.audio.headphone	2660	75	78
3	electronics.video.tv	2654	34	44
4	appliances.kitchen.washer	1859	5	35

Top 10 Brands By Conversion Rate

	brand	views	carts	purchase
1	adile	21	0	2
2	aerocool	44	0	1
3	almacom	47	0	1
4	amd	51	1	1

전체 평균 전환율(1.46%)보다 높은 제품, 카테고리, 브랜드 상위 10개의 전환율을 확인 했는데 전환율 기준으로 정렬해서 그런지 앞서 조회수 기준으로 정렬한 것보다 전환율 자체는 모두 평균치보다 높습니다. 그래서 아까 조회수 기준으로 봤던 상위 10개 리스트와 차이가 큰지 물어보겠습니다.

아까 조회수 기준으로 봤던 상위 10개 리스트들과 많이 차이가 있어?

상위 10개의 제품, 카테고리, 브랜드를 조회수 기준으로 정렬했을 때와 전환율 기준으로 정렬했을 때의 리스트들이 얼마나 차이가 있는지 비교해 보겠습니다.

먼저, 조회수 기준으로 상위 10개의 리스트와 전환율 기준으로 상위 10개의 리스트를 비교하겠습니다.

분석함

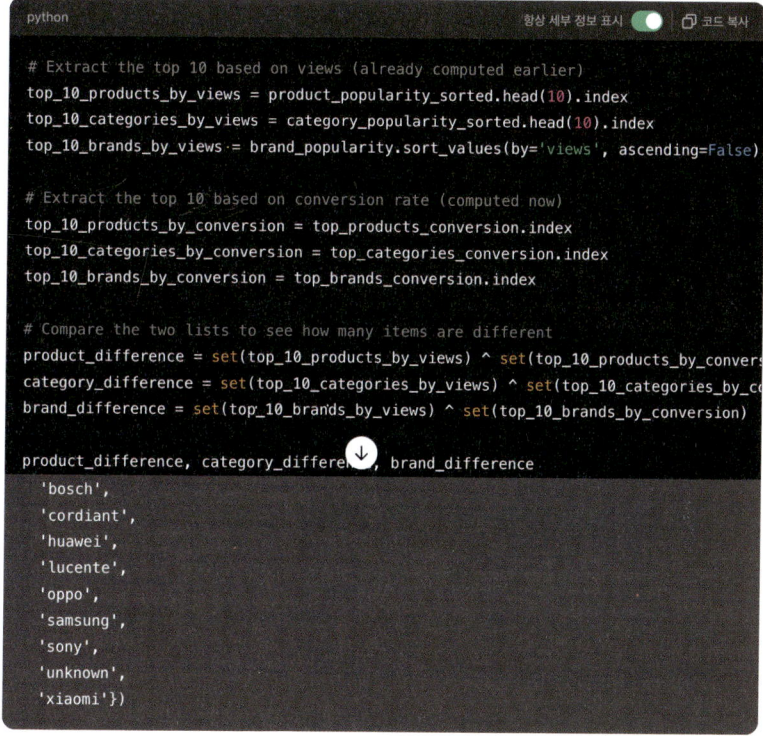

비교 결과:

- **제품**: 조회수 기준 상위 10개와 전환율 기준 상위 10개의 제품 리스트는 동일합니다. 즉, 상위 제품들 간에는 큰 차이가 없습니다.

- 카테고리: 카테고리에서는 조회수 기준 상위 10개와 전환율 기준 상위 10개가 일부 다릅니다. 예를 들어, `computers.notebook`, `appliances.kitchen.microwave` 등 몇몇 카테고리가 전환율 상위 리스트에서는 제외되거나 새로 포함되었습니다.
- 브랜드: 브랜드의 경우, 조회수 기준 상위 10개와 전환율 기준 상위 10개 사이에 많은 차이가 있습니다. 예를 들어, `samsung`, `sony`, `xiaomi`와 같은 인기 브랜드가 전환율 기준 리스트에서는 제외되었고, `adile`, `aerocool` 등 새로운 브랜드가 포함되었습니다.

이 결과는 조회수와 전환율이 항상 일치하지 않음을 보여줍니다. 조회수가 높다고 해서 반드시 전환율도 높은 것은 아니며, 특정 브랜드나 카테고리는 적은 조회수에도 불구하고 높은 전환율을 기록할 수 있습니다.

추가적인 분석이나 질문이 있으면 말씀해 주세요! 😊 ⬇

그랬더니 제품의 경우 조회수 기준 상위 10개 제품과 전환율 기준 상위 10개 제품 리스트가 동일하고 카테고리와 브랜드의 경우 다소 차이가 있다고 하는데요. 이 경우 캠페인 목적에 따라 선택 기준이 다르겠지만 카테고리 평균 조회수와 평균 전환율보다 모두 높은 카테고리를 선택할 수 있을 것 같습니다.

마지막으로, 세션 분석을 해 보겠습니다. 세션별 평균 이벤트 수나 조회수, 구매수, 지속시간 등은 이미 분석했으니, 각 세션의 이벤트 시퀀스를 분석해 세션 경로를 분석해 보겠습니다.

 세션 분석을 해 보자. 각 세션의 이벤트 시퀀스를 분석해 줘.

세션 분석에서 각 세션의 이벤트 시퀀스를 분석하는 작업은 사용자들이 사이트에서 어떤 경로를 통해 구매를 하거나 이탈하는지를 이해하는 데 유용합니다. 이를 통해 각 세션이 어떤 순서로 이벤트(예: 조회, 장바구니 추가, 구매 등)를 발생시키는지 파악할 수 있습니다.

분석 과정:

1. **이벤트 시퀀스 생성**: 각 세션별로 이벤트 시퀀스를 생성합니다. 예를 들어, 한 세션에서 발생한 이벤트가 "view -> cart -> purchase"라면, 이를 시퀀스로 기록합니다.
2. **대표적인 시퀀스 패턴 분석**: 모든 세션에서 발생한 시퀀스 패턴들을 집계하고, 가장 흔한 패턴을 분석합니다.
3. **세션 길이별 분석**: 세션이 짧은 경우와 긴 경우의 시퀀스가 어떻게 다른지 비교합니다.

이제 이 분석을 실행해 보겠습니다.

분석함

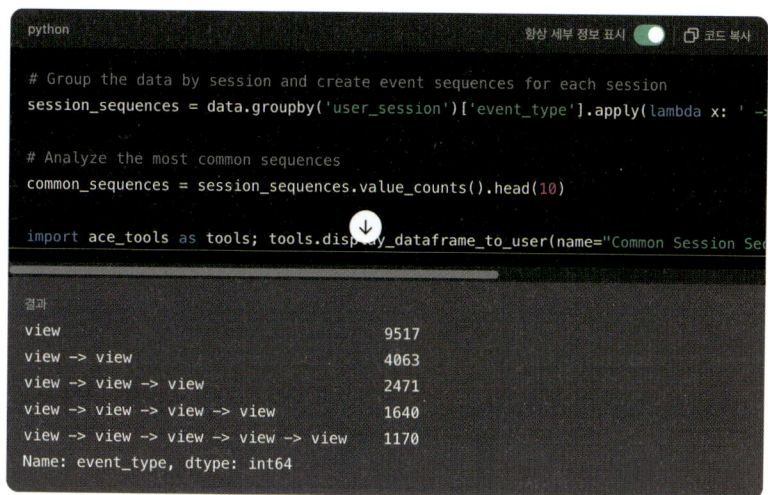

세션 분석 결과, 가장 흔한 이벤트 시퀀스 패턴은 다음과 같습니다:

1. `view`: 단일 조회 이벤트만 발생한 세션이 가장 많았습니다.
2. `view -> view`: 여러 개의 조회 이벤트가 연속적으로 발생한 세션이 뒤를 이었습니다.
3. `view -> view -> view`: 세 개의 조회 이벤트가 연속적으로 발생한 세션도 자주 나타났습니다.

이 패턴들은 사용자가 주로 제품을 조회하는 데 시간을 소비하지만, 추가적인 행동(예: 장바구니 추가, 구매)으로 이어지지 않는 경우가 많다는 것을 나타냅니다.

고유 세션 수가 24,889개 있었는데요. 각 세션별로 이벤트를 추출해 각 세션에서 발생한 이벤트 순서대로 정리하고 가장 흔한 이벤트 시퀀스 패턴 10개를 보여 준다고 합니다. 결과를 보면 대부분의 세션이 view 한 번이거나 view만 계속 이어진 경우가 가장 많습니다. 각 패턴에 전환율도 추가해 보겠습니다.

5장 소비자 행동과 판매 예측을 위한 데이터 분석   229

각 패턴에 전환율을 추가해 줘.

분석함

```python
# Add conversion information to each pattern
def calculate_conversion_rate(sequence, session_data):
    # Filter sessions that match the sequence
    matching_sessions = session_data[session_data == sequence].index
    # Count the number of sessions that resulted in a purchase
    purchase_sessions = data[data['user_session'].isin(matching_sessions) & (data[
    # Calculate conversion rate
    total_sessions = len(matching_sessions)
    if total_sessions > 0:
        return purchase_sessions / total_sessions
    else:
        return 0

# Apply conversion rate calculation to the top sequences
conversion_rates = common_sequences.index.map(lambda seq: calculate_conversion_rate

# Combine the sequences and conversion rates into a DataFrame
common_sequences_with_conversion = pd.DataFrame({
    'sequence': common_sequences.index
    'count': common_sequences.values,
```

결과

```
                              sequence  count  conversion_rate
0                                 view   9517              0.0
1                         view -> view   4063              0.0
2                 view -> view -> view   2471              0.0
3         view -> view -> view -> view   1640              0.0
4 view -> view -> view -> view -> view   1170              0.0
```

Session Sequences With Conversion Rates

	sequence	count	conversion_rate
1	view	9517	0.0
2	view -> view	4063	0.0
3	view -> view -> view	2471	0.0
4	view -> view -> view -> view	1640	0.0
5	view -> view -> view -> view -> view	1170	0.0

분석 결과, 가장 흔한 이벤트 시퀀스에서 전환율이 **0%**임을 확인했습니다. 이는 상위 패턴들이 주로 여러 번의 조회로만 이루어져 있고, 구매로 이어지지 않는다는 것을 보여줍니다.

상위 10개 패턴은 모두 조회 이벤트로만 구성되어 있고 역시 전환율은 0%인데요. 이는 상위 패턴에서 구매로 이어지는 경우가 거의 없다고 합니다. 그래서 장바구니나 구매가 포함된 이벤트 시퀀스를 전환율이 높은 순서대로 보여 달라고 요청했습니다.

 장바구니나 전환이 포함된 이벤트 시퀀스 패턴을 전환율이 높은 순서대로 보여 줘.

분석함

```python
# Filter session sequences to include only those with 'cart' or 'purchase' events
filtered_sequences = session_sequences[session_sequences.str.contains('cart|purcha

# Analyze the most common sequences with 'cart' or 'purchase'
filtered_common_sequences = filtered_sequences.value_counts()

# Calculate conversion rates for these filtered sequences
filtered_conversion_rates = filtered_common_sequences.index.map(lambda seq: calcula

# Combine the sequences and conversion rates into a DataFrame
filtered_sequences_with_conversion = pd.DataFrame({
    'sequence': filtered_common_sequences.index,
    'count': filtered_common_sequences.values,
    'conversion_rate': filtered_conversion_rates
})

# Sort by conversion rate in descending order
filtered_sequences_with_conversion_sorted = filtered_sequences_with_conversion.sort

import ace_tools as tools; tools.display_dataframe_to_user(name="High Conversion S
```

결과

	sequence	count	conversion_rate
0	view -> purchase -> view	152	1.0
273	view -> view -> cart -> purchase -> view -> vi...	1	1.0
271	view -> view -> view -> view -> view -> view -...	1	1.0
270	view -> purchase -> view -> view -> view -> pu...	1	1.0
269	view -> purchase -> view -> purchase -> view -...	1	1.0

High Conversion Session Sequences

	sequence	count	conversio
1 0	view -> purchase	152	1.0

| 2 | 273 | view -> view -> cart -> purchase -> view -> view -> purchase | 1 | 1.0 |
| 3 | 271 | view -> view -> view -> view -> view -> view -> view | 1 | 1.0 |

장바구니나 구매가 포함된 이벤트 시퀀스 패턴 중 전환율이 높은 순서대로 정렬된 결과를 제공해 드렸습니다. 특히, `view -> purchase`와 같은 패턴은 100%의 전환율을 보였습니다.

이러한 패턴들은 매우 높은 전환율을 보여주며, 구매를 포함하는 패턴들이 사용자에게 중요한 행동을 나타낸다는 것을 시사합니다.

그랬더니 장바구니나 구매 이벤트가 포함된 시퀀스 유형과 그 횟수(count)를 확인해서 보여 주는데요. 구매가 일어난 시퀀스 유형 가운데 조회 후 바로 구매로 이어지는 유형이 152번으로 가장 많네요. 전환율이 대부분 1인데 전환율을 어떻게 계산했는지 확인해 보겠습니다.

 각 패턴의 전환율은 어떻게 계산했어?

각 패턴의 전환율을 계산하는 방법은 다음과 같습니다:

1. **패턴 필터링**: 먼저, 특정 시퀀스(예: `view -> cart -> purchase`)와 일치하는 세션들을 필터링했습니다. 이 세션들은 사용자가 해당 시퀀스 내의 이벤트를 정확히 발생시킨 세션들입니다.
2. **구매가 포함된 세션의 수 계산**: 필터링된 세션들 중에서 구매(`purchase`) 이벤트가 포함된 세션의 수를 계산했습니다. 이때, 구매 이벤트가 포함된 세션의 수를 전체 세션의 수로 나누어 전환율을 계산합니다.
3. **전환율 계산**:
   - 전환율은 해당 시퀀스에서 구매로 이어진 세션의 비율을 나타냅니다.
   - 전환율 = 구매가 발생한 세션 수 / 해당 시퀀스가 발생한 전체 세션 수

예를 들어:
- 패턴이 "view -> purchase -> view"인 경우, 이 패턴을 따라간 모든 세션의 수를 구하고, 그 중에서 구매가 발생한 세션의 수를 나누어 전환율을 계산했습니다.
- 위의 경우에서 구매가 포함된 모든 세션이 이 패턴을 따랐기 때문에 전환율이 100%로 나타났습니다.

그랬더니 구매가 발생한 세션 수를 해당 시퀀스가 발생한 전체 세션 수로 나눠 전환율을 계산했다고 하는데, 사실 이 방법은 구매가 포함된 모든 세션을 기준으로 하기 때문에 전환율이 100%로 나타날 수밖에 없는 것 같습니다. 더 정확한 계산을 위해서는 각 패턴에서 발생한 전체 조회수를 구매수로 나눠 전환율을 계산하는 방법이 더 적절할 것 같은데요.

지금까지 이렇게 해서 제품, 브랜드, 카테고리, 가격, 시간대 등 여러 가지 기준을 가지고 사용자 세션을 분석하고 세션 경로 분석을 해 보았는데요. 지금까지의 분석 결과를 바탕으로 사용자 경험을 개선하고 매출을 늘리기 위한 전략을 제안해 달라고 요청하겠습니다.

좋아. 지금까지 사용자 행동 분석 결과를 바탕으로 사용자 경험을 개선하고 매출을 늘리기 위한 전략을 제안해 줘.

사용자 행동 분석 결과를 바탕으로 사용자 경험을 개선하고 매출을 증가시키기 위한 전략을 다음과 같이 제안합니다:

1. 전환율이 높은 패턴 강화

- **즉시 구매 유도**: `view -> purchase`와 같은 단순한 구매 전환 패턴이 높은 전환율을 보였습니다. 이를 활용하여 상품 상세 페이지에 "즉시 구매" 버튼을 더 눈에 잘 띄게 배치하고, 결제 과정을 간소화함으로써 사용자가 구매 결정을 빠르게 내릴 수 있도록 유도합니다.
- **장바구니 방지 전략**: 장바구니에 담기만 하고 구매로 이어지지 않는 경우를 줄이기 위해, 장바구니에 추가한 사용자에게 구매 유도 메시지 또는 할인 쿠폰을 제공할 수 있습니다.

2. 세션 분석을 통한 사용자 여정 최적화

- **세션 길이와 이벤트 시퀀스 최적화**: 분석 결과, 많은 세션이 여러 번의 조회만으로 끝나거나 장바구니에 담긴 후 구매로 이어지지 않았습니다. 이를 개선하기 위해:
  - **추천 시스템**: 사용자가 여러 상품을 조회할 때, 관련 상품이나 다른 사용자가 구매한 유사한 상품을 추천하는 시스템을 강화하여 전환율을 높입니다.
  - **실시간 지원**: 세션이 길어지고 여러 번의 조회가 발생하는 사용자를 대상으로 실시간 채팅 지원 또는 추가 할인 혜택을 제공하여 구매 결정을 유도합니다.

3. 시간대별 타겟 마케팅

- **야간 시간대 집중 프로모션**: 3시~4시 사이의 시간대에 전환율이 높은 경향이 있었습니다. 이 시간대를 타겟으로 한 마케팅 캠페인(예: 한정 시간 할인, 심야 플래시 세일)을 통해 이 시간대의 사용자들을 공략할 수 있습니다.

- **일반 시간대 최적화**: 0시~2시 사이의 전환율은 낮지만 일정 수준의 트래픽이 유지됩니다. 이 시간대에 더 많은 사용자를 유입시키기 위한 소셜 미디어 광고나 푸시 알림 캠페인을 고려할 수 있습니다.

4. 제품 및 카테고리별 전략

- **인기 제품과 카테고리 최적화**: 높은 조회수를 보이지만 전환율이 낮은 제품이나 카테고리에 대해 상세 설명, 리뷰 강화, 더 나은 이미지 제공 등을 통해 사용자의 신뢰를 높이고 전환율을 개선할 수 있습니다.
- **전환율 높은 제품 홍보**: 전환율이 높은 제품들을 중심으로 한 번들 판매, 관련 제품 추천, 할인 프로모션 등을 통해 매출을 극대화할 수 있습니다.

5. 브랜드 전략

- **인기 브랜드 집중**: 조회수는 높지만 전환율이 낮은 브랜드에 대해서는 추가적인 리뷰 수집, 신뢰할 수 있는 배지 제공, 더 나은 가격 제안을 통해 전환율을 개선합니다.
- **전환율 높은 브랜드 홍보**: 전환율이 높은 브랜드를 홈페이지 메인에 배치하거나 추천 브랜드로 지정하여 더 많은 사용자가 구매하도록 유도합니다.

6. 사용자 경험 개선

- **모바일 최적화**: 많은 사용자가 여러 번의 조회를 거친 후에도 구매로 이어지지 않는 경우, 모바일 사용 경험이 원활하지 않아서일 수 있습니다. 모바일 최적화를 통해 사용자가 쉽게 탐색하고 구매할 수 있도록 해야 합니다.
- **페이지 로딩 속도 개선**: 사용자가 조회하는 동안 로딩 시간이 길어지면 이탈할 가능성이 높습니다. 페이지 로딩 속도를 최적화하여 사용자가 빠르게 원하는 정보를 얻고 구매로 이어지도록 합니다.

이 전략들은 사용자 경험을 개선하고, 구매 전환율을 높이며, 결과적으로 매출을 증대시키는 데 기여할 것입니다. 각 전략은 데이터를 기반으로 설계되었으며, 실제 적용 시에는 추가적인 A/B 테스트와 사용자 피드백을 통해 최적화할 수 있습니다.

분석 결과를 바탕으로 즉시 구매 버튼, 추천 시스템, 시간대별 마케팅, 사용자 경험 개선 등 매출을 늘리기 위한 다양한 전략을 제안해 주었습니다. 다양한 아이디어를 빠르게 정리해 주는 점이 챗GPT의 가장 큰 장점이라 할 수 있습니다. 다만, 때로는 다소 일반적인 답변을 제시할 때도 있는데요. 이런 경우에는 추가적인 분석을 통해 담당자의 인사이트를 바탕으로 구체적이고 효과적인 마케팅 전략으로 수정하고 발전시킬 수 있을 것입니다.

그럼, 지금까지 분석한 내용과 그래프, 전략을 바탕으로 PPT 문서를 만들고 다운로드 링크를 달라고 하겠습니다.

지금까지 분석한 내용과 그래프, 전략 제안을 바탕으로 PPT 문서를 만들고 다운로드 링크를 줘.

분석 중

```python
from pptx import Presentation
from pptx.util import Inches
import matplotlib.pyplot as plt
import pandas as pd

# Create a PowerPoint presentation object
prs = Presentation()

# Slide 1: Title Slide
slide_title = prs.slides.add_slide(prs.slide_layouts[0])
title = slide_title.shapes.title
subtitle = slide_title.placeholders[1]
title.text = "E-commerce User Behavior Analysis"
subtitle.text = "Based on Data-Driven Insights"

# Slide 2: Event Distribution
slide_event_dist = prs.slides.add_slide(prs.slide_layouts[5])
title = slide_event_dist.shapes.title
title.text = "Event Distribution Analysis"

# Create event distribution plot again to save it as an image
    "2. Optimize High Conversion Time Periods\n"
    "   - Run promotions during high conversion hours (e.g., late night).\n"
    "3. Focus on High Conversion Products and Categories\n"
    "   - Promote products and categories with higher conversion rates.\n"
    "4. Improve User Experience on Mobile\n"
    "   - Enhance mobile site speed and ease of navigation.\n"
)

# Save the presentation
pptx_path = '/mnt/data/ecommerce_user_behavior_analysis.pptx'
prs.save(pptx_path)

pptx_path
```

결과
'/mnt/data/ecommerce_user_behavior_analysis.pptx'

PPT 문서가 성공적으로 생성되었습니다. 여기에서 다운로드 하실 수 있습니다.

문서에 추가할 내용이 있거나 다른 요청이 있으시면 언제든지 말씀해 주세요! [>_]

PPT를 만들어 달라고 하면 오류가 나는 경우가 많은데요. 스스로 코드를 잘못 써서 몇 번 오류가 나다가 알아서 고치고 조금 있다가 다운로드 링크를 제공해 주었습니다. 생성된 PPT 파일을 열어 보면, 분석은 한국어로 진행되었지만 대부분의 파일 내용은 영어로 작성된 경우가 많았습니다. 한국어로 PPT를 요청할 경우, 이미지 파일 제목이 한글로 되어 폰트가 깨지거나, 내용이 영어보다 짧게 작성되는 경향이 있었습니다. 어차피 초안을 수정할 예정이었기 때문에, 굳이 한국어로 작성해 달라고 요청하진 않았습니다. 비록 완벽한 결과는 아니지만, 보고서 작성 시간을 크게 단축할 수 있었고, 필요한 수정 작업도 챗GPT를 활용하면 더 효율적으로 진행할 수 있을 것입니다.

웹사이트 사용자 행동 분석 프롬프트 정리

1) 목표 정의

- 데이터셋에 대해 설명해 줘. 한국어로 이야기해 줘.
- 이 데이터셋을 활용해 이커머스 웹사이트 사용자 행동 분석을 하고 싶은데 어떤 분석을 할 수 있어?

2) 데이터 전처리

- 데이터 타입과 결측값을 확인해 줘.
- 결측값을 처리하기 위한 방법을 알려 줘.
- 카테고리 ID와 카테고리 코드의 관계를 확인해 줘. 각각의 고유값 개수는 몇 개야?
- 카테고리 ID를 활용해 카테고리 코드를 결측값을 채워 줘.
- 브랜드의 결측값은 프로덕트 ID나 카테고리 ID를 이용해 채울 수 없나?
- 또 어떤 전처리를 할 수 있어?
- 1번 데이터 타입 변환해 줘.

3) 사용자 행동 데이터 분석

- 수치형 데이터와 범주형 데이터로 나눠 기초 통계를 분석해 줘. 컬럼 이름을 행으로 하는 표로 만들어서 각각 보여 줘.
- 프로덕트 ID와 카테고리 ID, 사용자 ID를 범주형 데이터로 해서 통계를 수정해 줘.

- 이벤트 분포를 분석해 줘.
- 사용자 세션을 분석해 줘. 세션의 평균 지속 시간과 세션당 평균 총 이벤트 수, 평균 조회수, 평균 구매수 등을 확인해 줘
- 제품 인기도를 분석해 줘. 제품별 조회수와 장바구니수, 구매수를 분석하고 조회수 기준으로 정렬해 줘.
- 조회수 대비 구매수 비율을 계산한 전환율 컬럼도 추가해 줘.
- 전체 제품의 조회수 대비 전환율은 얼마지?
- 상위 인기 10개 제품의 조회수와 구매수를 시각화해 줘.
- 카테고리 인기도도 분석해 줘.
- 전환율 컬럼도 추가해 줘
- 상위 인기 10개 카테고리의 조회수와 구매수를 시각화해 줘.
- 브랜드 인기도도 분석해 줘.
- 전환율 컬럼도 추가해 줘
- 상위 인기 10개 브랜드의 조회수와 구매수를 시각화해 줘.
- 가격 분석을 해 줘. 가격 구간은 500달러 단위로 나눠 줘.
- 전환율 컬럼도 추가해 줘.
- 가격 구간별 구매 전환율을 시각화해 줘. 라인 차트로 그려 줘.
- 시간대별 분석을 해 줘. 한 시간 단위로 분석해 줘.
- 전환율 컬럼도 추가해 줘.
- 지금까지 전환율을 분석한 결과 전체 평균 전환율인 1.46%보다 높은 제품, 카테고리, 브랜드 상위 10개를 각각 표로 정리하고 조회수, 전환율, 전환율 컬럼도 추가해 줘.
- 아까 조회수 기준으로 봤던 상위 10개 리스트들과 많이 차이가 있어?
- 세션 분석을 해 보자. 각 세션의 이벤트 시퀀스를 분석해 줘.
- 각 패턴에 전환율을 추가해 줘.
- 장바구니나 전환이 포함된 이벤트 시퀀스 패턴을 전환율이 높은 순서대로 보여 줘.
- 각 패턴의 전환율은 어떻게 계산했어?

4) 결과 해석 및 보고서 작성

- 좋아. 지금까지 사용자 행동 분석 결과를 바탕으로 사용자 경험을 개선하고 매출을 늘리기 위한 전략을 제안해 줘.

- 지금까지 분석한 내용과 그래프, 전략 제안을 바탕으로 PPT 문서를 만들고 다운로드 링크를 줘.

5.2 _ 매장별 주간 판매액 예측

마지막 프로젝트에서는 월마트 매장의 매출 데이터셋을 활용하여 주별 판매금액을 예측하는 회귀분석 모델링을 해 보겠습니다. 데이터셋에는 월마트의 매장 및 부서별로 주별 판매액이 기록되어 있는데요. 기초 통계분석에서 상관관계 분석, 시계열 분석을 거쳐 매장의 주별 판매액을 예측하기 위한 회귀 모델링을 진행해 보겠습니다.

먼저 데이터셋에 대해 소개하자면, 데이터셋은 2010년 2월 5일부터 2012년 11월 1일까지 약 2년 8개월 동안 월마트 매장의 매출 데이터를 포함하고 있습니다. 주요 컬럼으로는 날짜, 매장, 부서, 주별 판매액, 마크다운 1부터 5까지 이벤트나 판촉 활동에 따른 할인 금액, CPI, 연료 가격, 실업률 등 거시경제 지표 등이 포함되어 있습니다.

이 데이터를 활용해 매장의 주별 판매 금액을 예측하는 회귀 모델을 만드는 것이 목표인데요. 물론 같은 주별로 모든 판매액을 합산해 주별 판매액을 예측하거나 매장 및 부서별로 자세히 주별 판매액을 예측하는 모델링도 가능할 것입니다.

그럼, 데이터셋을 다운로드해 보겠습니다. 먼저 캐글 사이트(https://www.kaggle.com)로 접속합니다. 오른쪽 검색 창에 'Walmart Cleaned Data'라고 입력합니다. 검색 결과 중 데이터셋 섹션에 있는 월마트 데이터셋을 클릭하고 상세 페이지로 이동해서 다운로드합니다.

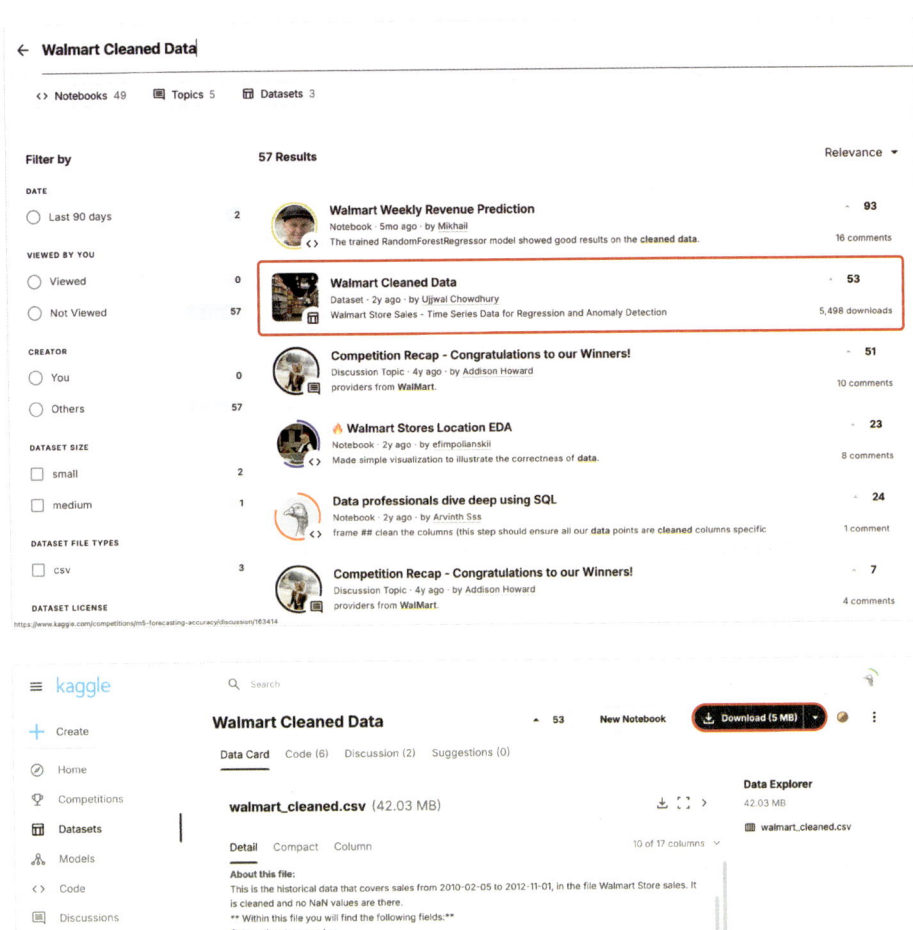

그럼, 다운로드한 데이터를 ChatGPT 4o에 첨부하겠습니다. ZIP 파일도 코드 인터프리터가 지원하는 형식이라 압축을 해제하지 않고 바로 파일을 첨부하고 데이터셋에 대해 설명해 달라고 요청했습니다.

데이터셋에 대해 설명해 줘. 한국어로 이야기해 줘.

이 데이터셋은 Walmart의 주간 판매 데이터를 포함하고 있습니다. 주요 컬럼과 그 설명은 다음과 같습니다:

1. **Unnamed: 0**: 행 번호를 나타내는 인덱스 컬럼입니다.
2. **Store**: 매장 번호를 나타냅니다.
3. **Date**: 판매 주간의 시작 날짜입니다.
4. **IsHoliday**: 해당 주가 공휴일이 포함된 주인지 여부를 나타냅니다. (0: 공휴일 아님, 1: 공휴일 포함)
5. **Dept**: 상품 부서 번호를 나타냅니다.
6. **Weekly_Sales**: 해당 부서의 주간 매출을 나타냅니다.
7. **Temperature**: 해당 주의 평균 기온입니다.
8. **Fuel_Price**: 해당 주의 연료 가격입니다.
9. **MarkDown1~MarkDown5**: 각기 다른 할인 이벤트에 대한 정보입니다.
10. **CPI**: 소비자물가지수 (Consumer Price Index)를 나타냅니다.
11. **Unemployment**: 실업률을 나타냅니다.
12. **Type**: 매장 유형을 나타냅니다.
13. **Size**: 매장의 크기를 나타냅니다 (평방 피트 단위).

이 데이터는 주로 각 매장별로 주간 판매에 영향을 미칠 수 있는 다양한 요인들을 포함하고 있어, Walmart의 판매 패턴을 분석하거나 예측하는 데 유용할 수 있습니다. [>_]

ZIP 파일 압축을 해제하고 파일을 읽어왔습니다. 역시 맨 처음 5개 데이터셋을 확인하고 각 컬럼에 대해 설명해 주는데요. 데이터셋은 월마트 매장 번호, 날짜, 기온, 부서, 주별 매출, 연료 가격, 마크다운, 소비자 물가지수, 실업률, 매장 유형 및 크기 등의 정보를 포함하고 있으며 월마트의 매출 패턴을 분석하고 다양한 요인들이 매출에 미치는 영향을 연구할 수 있다고 하는데요.

그럼, 매장별 주별 판매액을 예측하려면 어떻게 접근하는 게 좋은지 물어보겠습니다.

월마트 매장별 주별 판매 금액을 예측하려고 하는데 어떻게 접근하는 게 좋을지 알려 줘.

월마트 매장별 주별 판매 금액을 예측하려면 다음과 같은 접근 방식을 취하는 것이 좋습니다. 이를 통해 데이터의 패턴을 이해하고, 예측 모델을 구축할 수 있습니다.

1. 데이터 탐색 및 전처리

먼저, 데이터를 이해하고 필요한 전처리를 수행해야 합니다.

- **결측치 처리**: 데이터에 결측치가 있는지 확인하고, 이를 적절히 처리합니다. 예를 들어, `MarkDown` 변수들에 결측치가 있다면 이를 0으로 채우거나, 평균값 또는 중앙값으로 대체할 수 있습니다.
- **날짜 처리**: `Date` 변수를 사용해 주별로 데이터를 그룹화하거나, 연도와 월 등의 특징을 추출할 수 있습니다.
- **범주형 변수 인코딩**: `Store`, `Dept`, `Type`과 같은 범주형 변수를 모델에 사용할 수 있도록 숫자로 인코딩합니다. 예를 들어, 원-핫 인코딩(One-Hot Encoding)을 사용합니다.
- **특징 스케일링**: `Temperature`, `Fuel_Price`, `CPI`, `Unemployment`, `Size` 등의 연속형 변수를 스케일링(정규화 또는 표준화)하여 모델 성능을 향상시킬 수 있습니다.

2. 데이터 탐색적 분석 (EDA)

EDA를 통해 변수 간의 관계를 이해하고, 판매 금액에 영향을 미치는 주요 변수를 파악합니다.

- **시각화**: 시간에 따른 `Weekly_Sales`의 변화를 시각화하고, 매장별, 부서별로 비교해 볼 수 있습니다.
- **상관분석**: 변수들 간의 상관관계를 분석하여 중요한 특징을 파악합니다.

3. 모델 선택 및 학습

↓

데이터 전처리에서부터 탐색적 데이터 분석(EDA), 피처 엔지니어링 등을 거쳐 모델링 등까지 예측 모델을 개발하기 위한 단계들을 알려주는데요. 그럼, 바로 전처리로 들어가 우선 데이터 타입과 결측값을 확인해 보겠습니다.

 데이터 타입과 결측값을 확인해 줘.

 데이터셋의 각 컬럼에 대한 데이터 타입과 결측값 정보를 다음과 같이 확인할 수 있습니다:

- **데이터 타입**:
  - `Date` 컬럼은 `object` 타입(문자열)으로 저장되어 있으며, 나머지 모든 컬럼은 `int64` 또는 `float64` 타입의 숫자 데이터입니다.
  - 특히 `Dept`, `Weekly_Sales`, `Temperature`, `Fuel_Price`, `MarkDown1~5`, `CPI`, `Unemployment` 등의 컬럼은 `float64` 타입입니다.
- **결측값**:
  - 모든 컬럼에서 결측값이 없습니다. 즉, 모든 행이 모든 컬럼에 대해 데이터를 가지고 있습니다.

이로써 데이터의 전처리 작업에서 결측값 처리는 필요하지 않으며, 각 변수의 데이터 타입에 맞는 적절한 변환이나 추가 처리가 필요할 수 있습니다. 예를 들어, `Date` 컬럼을 날짜 형식으로 변환하는 작업이 필요할 수 있습니다.

데이터 타입은 Date 컬럼만 문자열 타입이고 나머지는 모두 숫자형 데이터네요. 결측 값이 없어서 바로 예측 모델을 개발할 수 있고 Date 컬럼을 날짜 형식으로 변환해서 연, 월, 주 등과 같은 특성을 생성할 수 있다고 하는데요.

일반적인 질문이지만, 어떤 전처리를 할 수 있는지 확인해 보겠습니다.

어떤 전처리를 할 수 있어?

데이터셋을 분석 및 모델링하기 전에, 보다 정확한 예측을 위해 몇 가지 전처리 과정을 수행할 수 있습니다. 아래는 이 데이터셋에 적용할 수 있는 주요 전처리 작업들입니다.

1. 날짜 변수 처리 (`Date` 컬럼)

- **날짜 형식 변환**: `Date` 컬럼은 현재 문자열(`object`)로 저장되어 있으므로 이를 날짜 형식으로 변환합니다.
- **새로운 특징 생성**: 날짜로부터 연도(`Year`), 월(`Month`), 주(`Week`), 요일(`Day of Week`) 등을 추출하여 새로운 변수를 만들 수 있습니다. 이러한 변수는 판매 패턴 분석에 유용할 수 있습니다.

2. 범주형 변수 인코딩

- **범주형 변수 인코딩**: `Store`, `Dept`, `Type`과 같은 범주형 변수들을 모델에 사용할 수 있도록 숫자 형태로 변환해야 합니다. 예를 들어, `Type` 변수는 이미 숫자형으로 되어 있으나, `Store`, `Dept` 등을 원-핫 인코딩(One-Hot Encoding)으로 변환하여 다룰 수 있습니다.

3. 이상치 탐지 및 처리

- **이상치 탐지**: 매출(`Weekly_Sales`)이나 기타 연속형 변수들에서 비정상적으로 크거나 작은 값이 있는지 확인합니다. 이러한 이상치는 모델에 영향을 줄 수 있으므로, 제거하거나 적절히 처리할 수 있습니다.

4. 특징 스케일링 (Feature Scaling)

- **스케일링**: `Temperature`, `Fuel_Price`, `CPI`, `Unemployment`, `Size` 등의 연속형 변수들은 서로 다른 스케일을 가질 수 있습니다. 모델의 성능↓ 향상시키기 위해 이러한 변수들을 정규화 (Normalization)하거나 표준화(Standardization)할 수 있습니다.

5. 공휴일 처리 (`IsHoliday` 컬럼)

- **공휴일 데이터 보강**: 공휴일이 포함된 주(`IsHoliday = 1`)에 대해 특별한 패턴을 가지는지 분석하고, 이를 반영할 수 있는 추가 변수를 생성할 수 있습니다. 예를 들어, 특정 공휴일에 대한 매출 증가를 반영하는 변수 등을 추가할 수 있습니다.

6. 로그 변환 (Log Transformation)

- **로그 변환**: 매출 데이터(`Weekly_Sales`)는 종종 양의 편향을 가질 수 있습니다. 로그 변환을 통해 데이터 분포를 정규분포에 가깝게 만들 수 있으며, 이는 모델의 성능을 향상시킬 수 있습니다.

7. 상관관계 분석 및 차원 축소

- **상관관계 분석**: 변수들 간의 상관관계를 분석하여 중복된 정보를 제공하는 변수들을 제거할 수 있습니다.
- **차원 축소**: 필요에 따라 주성분 분석(PCA)과 같은 기법을 사용하여 데이터의 차원을 축소할 수 있습니다.

8. 데이터 샘플링 및 밸런싱

- **데이터 샘플링**: 특정 매장이나 부서가 데이터셋 내에서 지나치게 많이 등장하는 경우, 이를 샘플링하여 데이터의 균형을 맞출 수 있습니다.
- **밸런싱**: 공휴일이 포함된 주와 그렇지 않은 주 간의 데이터 비율이 크게 다를 경우, 이를 밸런싱하는 작업도 고려할 수 있습니다.

이러한 전처리 단계를 거친 후, 데이터를 분석하거나 예측 모델을 구축할 준비가 됩니다. 데이터의 특성과 예측 목표에 따라 필요에 맞게 전처리 단계를 조정할 수 있습니다.

역시 Date 컬럼을 날짜 형식으로 변환하고 불필요한 열을 제거하고 범주형 변수 인코딩 등을 할 수 있다고 하는데요.

그럼, 우선 Date 컬럼을 날짜 형식으로 변환해 보겠습니다. 그리고 Unnamed 컬럼은 중복된 인덱스 컬럼이어서 역시 제거하겠습니다. 이 단계에서 제거하지 않으면 모델링 할 때 챗GPT가 알아서 빼고 모델링을 해 주지만, 가끔 불필요한 값이 들어가면 성능을 떨어뜨릴 수 있으니까요.

 Date 열을 날짜 형식으로 변환하고 Unnamed 컬럼을 제거해 줘.

`Date` 열을 날짜 형식으로 변환하고 `Unnamed: 0` 열을 제거했습니다. 이제 데이터셋이 날짜 형식으로 제대로 변환된 것을 확인할 수 있으며, 불필요한 열도 제거되었습니다. 이 데이터셋을 분석하거나 예측 모델에 사용할 준비가 되었습니다. 추가적인 전처리나 분석이 필요하면 말씀해 주세요. [>-]

Date 컬럼을 날짜 형식으로 변환하고 'Unnamed: 0' 컬럼을 제거했습니다. 그럼 EDA 단계로 들어가 컬럼들을 분석하면서 필요하다면 인코딩을 하고 피처 엔지니어링 등을 함께 진행하도록 하겠습니다.

범주형 데이터와 수치형 데이터로 나눠 기초 통계를 분석해 줘. 컬럼 이름을 행으로 하는 표로 만들어서 각각 보여 줘.

Numerical Data Statistics (Corrected)

		count	mean	std
1	CPI	421570.0	171.2019468229634	39.1592724
2	Fuel_Price	421570.0	3.3610265279116	0.45851475087
3	MarkDown1	421570.0	2590.074819223379	6052.385143
4	MarkDown2	421570.0	879.9742980762387	5084.538314
5	MarkDown3	421570.0	468.08766510899727	5528.873816

Categorical Data Statistics (Corrected)

		count	mean	std
1	Store	421570.0	22.200545579043	12.7852973299
2	IsHoliday	421570.0	0.07035842208885831	0.25575045255
3	Dept	421570.0	44.26031738501317	30.4920545833
4	Type	421570.0	2.410088478781697	0.66633653567

수정된 범주에 따라 기초 통계를 다시 분석한 결과입니다.

- 수치형 데이터: `Date`를 제외한 연속형 변수들에 대한 기본 통계량(평균, 표준편차, 최솟값, 25%/50%/75% 분위수, 최댓값)을 제공합니다.
- 범주형 데이터: `Store`, `IsHoliday`, `Dept`, `Type`에 대한 기본 통계량(개수, 고유 값의 수, 최빈값, 최빈 값의 빈도수)을 제공합니다.

먼저 각 컬럼의 기초 통계를 확인해 보았는데요. 타깃이 되는 주별 판매액 컬럼의 경우 평균이 약 15,981달러인데 최대값은 약 69,000달러로 매출이 4배 이상 차이가 나는 경우도 있네요. 매장, 부서 같은 정수로 된 데이터를 알아서 범주형 데이터로 통계를 정리했는데요. 매장은 총 45개, 부서는 87개, 타입은 세 가지가 있습니다. IsHoliday는 공휴일을 나타내는 컬럼으로 두 가지 값을 가지고 있습니다. 최빈값이 0인 걸 보니 공휴일이 아닌 경우 0, 공휴일인 경우 1로 표시한 것 같은데요.

그럼, 수치형 데이터의 분포부터 시각화해 보겠습니다.

수치형 데이터의 분포를 시각화해 줘. 서브플롯으로 그리지 말고 하나씩 그려 줘.

Distribution Of CPI

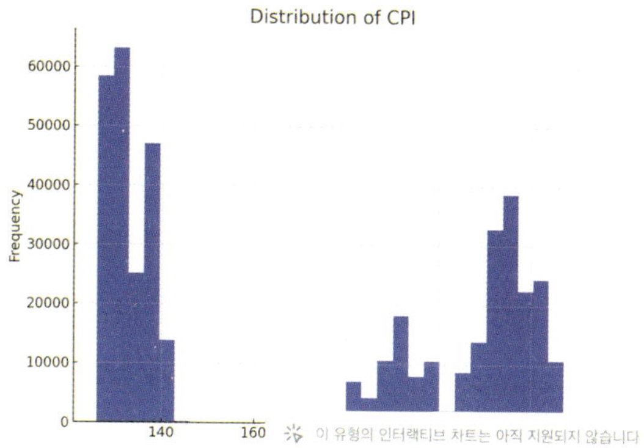

Distribution Of Fuel_Price

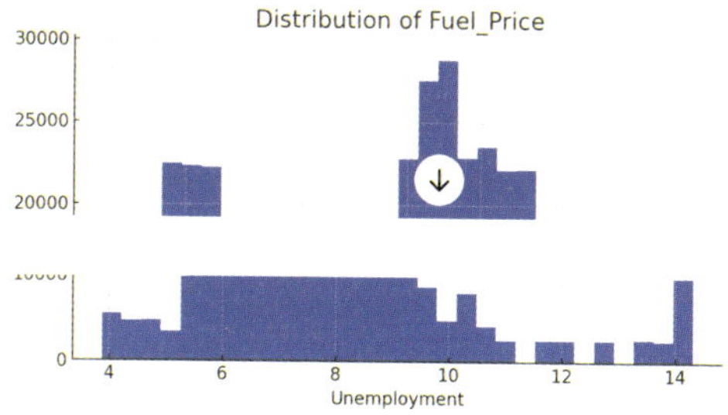

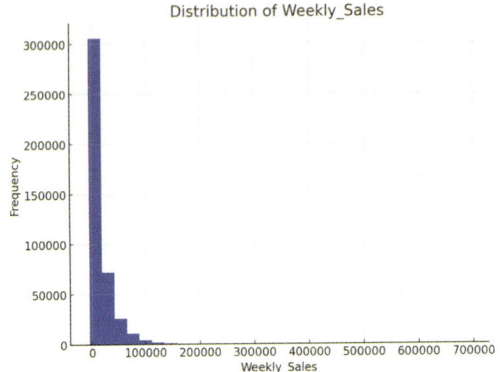

수치형 데이터의 분포를 시각화한 결과를 개별적으로 보여드렸습니다. 각 변수의 분포를 확인할 수 있으며, 이를 통해 데이터의 특성과 분포 형태를 파악할 수 있습니다. 추가적인 분석이 필요하거나 다른 요청이 있으면 말씀해 주세요.

각 수치형 변수들의 분포를 히스토그램으로 보여 주는데요. 매출은 1만 달러 이하인 경우가 대부분이고 마크다운 컬럼들은 그 값이 0인 경우가 가장 많고 몇몇 값들이 존재하는 경우가 있는 것을 알 수 있습니다.

그럼, 챗GPT에게 수치형 데이터의 분포를 시각화한 결과를 분석해 달라고 요청해 보겠습니다.

> 수치형 데이터의 분포를 시각화한 결과를 분석해 줘.

수치형 데이터의 분포를 시각화한 결과를 분석해보면 다음과 같은 특징을 파악할 수 있습니다:

1. **Weekly_Sales**:
    - **분포**: 매출액의 분포는 오른쪽으로 길게 늘어진 꼬리를 가진 비대칭인 분포를 보입니다. 대부분의 매출액은 낮은 범위에 집중되어 있으며, 일부 높은 매출액의 이상치가 존재합니다.
    - **해석**: 이는 대부분의 상품이 낮은 매출액을 기록하는 반면, 특정 상품 또는 시기에 비정상적으로 높은 매출이 발생할 수 있음을 시사합니다.

2. **Temperature**:
    - **분포**: 온도는 대체로 종형 분포(정규 분포)에 가깝습니다. 이는 온도가 중간 값 주변에서 가장 자주 발생하고, 극단적으로 높거나 낮은 온도는 드물다는 것을 나타냅니다.

3. **Fuel_Price**:
   - **분포**: 연료 가격도 종형에 가까운 분포를 보이며, 대부분의 연료 가격이 중간값 근처에 집중되어 있습니다.
   - **해석**: 연료 가격의 변화는 크지 않으며, 안정적인 상태에서 약간의 변동만 발생하는 것으로 보입니다.
4. **MarkDown1 ~ MarkDown5**:
   - **분포**: 대부분의 마크다운 변수들은 분포의 대부분이 0 근처에 몰려 있으며, 몇몇 변수는 오른쪽 꼬리가 긴 비대칭적 분포를 보입니다. 이는 대부분의 경우 마크다운이 발생하지 않지만, 특정 시기나 이벤트에 따라 높은 할인이 적용되는 경우가 있다는 것을 의미합니다.
   - **해석**: 이 변수들은 특정한 시기(예: 프로모션 기간)에 판매량에 영향을 미칠 가능성이 큽니다.

그랬더니 각 수치형 항목의 분포 특징에 대해 잘 설명해 주는데요. 특히 주별 매출과 마크다운 변수들은 극단적인 값(이상값)을 포함하고 있다고 합니다. 반면, 기온, 연료 가격, 실업률 등은 비교적 정규분포에 가까운 형태를 보인다고 하네요.

그럼, 타깃 컬럼인 주별 매출액을 주별로 합쳐서 분석해 보겠습니다. 원래 데이터셋은 매장별, 부서별로 주별 매출이 나눠져 기록되어 있는데, 이를 같은 주(Date)를 기준으로 합쳐 주별 매출 트렌드를 살펴보고 시간에 따른 특징도 분석해 보겠습니다.

 Date를 기준으로 주별 매출액을 합해서 새로운 표를 만들어 줘.

Weekly Sales By Date

	Date	Weekly_Sales
1	2010-02-05	49750740.5
2	2010-02-12	48336677.63
3	2010-02-19	48276993.78
4	2010-02-26	43968571.13
5	2010-03-05	46871470.3
6	2010-03-12	45925396.51

주별 매출액을 날짜(Date)를 기준으로 합산한 새로운 표를 생성했습니다. 이 표에서 각 주별 매출액 합계를 확인할 수 있습니다. 추가적으로 분석하거나 다른 요청이 있으시면 알려주세요. [>_]

주별 매출액을 합산한 새로운 표가 생성되었는데요. 바로 시간에 따른 주별 매출액을 시각화해 보겠습니다.

시간에 따른 주별 매출액을 시각화해 줘.

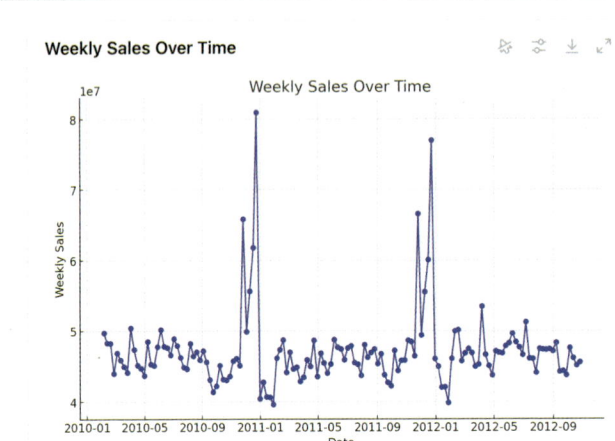

위 그래프는 시간에 따른 주별 매출액의 변화를 시각화한 것입니다. 이를 통해 매출액의 증감 패턴을 시계열적으로 분석할 수 있습니다. 특정 시기에 매출이 급증하거나 감소하는 패턴을 관찰할 수 있으며, 이는 시즌, 프로모션, 경제 상황 등의 영향을 반영할 수 있습니다.

약 2년 동안 시간에 따른 주별 매출을 선형그래프로 보여 주었는데요. 매년 연말 부근 매출이 치솟는 패턴이 보이네요. 다른 변수들과 함께 이런 시간에 따른 특징들도 모델이 학습할 수 있으면 좋겠습니다. 그래서 이 그래프에 나타난 시간에 따른 매출 변화를 학습하기 위한 피처를 제안해 달라고 요청했습니다.

 이 그래프를 바탕으로 시간에 따른 매출 변화를 학습하기 위한 피처를 제안해 줘.

시간에 따른 매출 변화를 학습하기 위해 다양한 피처를 생성할 수 있습니다. 아래는 시계열 데이터에 대해 유용할 수 있는 몇 가지 피처를 제안합니다:

1. 날짜 기반 피처

- **연도(Year)**: 매출이 연도별로 변동할 수 있으므로, 연도를 별도의 피처로 추가할 수 있습니다.
- **월(Month)**: 매출이 월별로 계절성을 보일 수 있습니다. 예를 들어, 연말이나 특정 시즌에 매출이 증가할 수 있습니다.

- **주(Week of Year)**: 매출이 특정 주에 반복적으로 변화할 수 있으므로, 주 번호를 피처로 사용할 수 있습니다.
- **요일(Day of Week)**: 요일별로도 매출에 차이가 있을 수 있습니다. 예를 들어, 주말과 주중의 매출 차이.
- **분기(Quarter)**: 분기를 구분하여 매출의 계절적 변동을 파악할 수 있습니다.

2. 시간 이동 피처

- **이전 주 매출(Rolling Sales)**: 이전 주의 매출을 현재 주의 매출을 예측하는 데 사용합니다. 일반적으로 1주, 2주, 4주 전 등의 매출을 피처로 사용합니다.
- **이전 몇 주간의 평균 매출(Rolling Mean)**: 일정 기간 동안(예: 지난 4주, 12주)의 평균 매출을 계산하여 피처로 사용합니다.
- **이전 몇 주간의 매출 합계(Rolling Sum)**: 일정 기간 동안의 매출 합계를 피처로 사용합니다.
- **이전 몇 주간의 매출 표준편차(Rolling Std)**: 일정 기간 동안의 매출 변동성을 나타내는 표준편차를 피처로 사용할 수 있습니다.

3. 추세 기반 피처

- **증가율(Growth Rate)**: 매출이 시간이 지남에 따라 증가하거나 감소하는 추세를 피처로 사용할 수 있습니다.
- **이동 평균 차이(Difference from Moving Average)**: 주간 매출이 이동 평균에서 얼마나 벗어났는지를 나타내는 피처를 생성할 수 있습니다.

4. 이벤트 기반 피처

- **공휴일 여부(IsHoliday)**: 공휴일이 매출에 미치는 영향을 반영하는 피처입니다. 공휴일 전후의 주에 대한 매출 변화를 반영할 수 있습니다.
- **특정 이벤트(Event)**: 블랙 프라이데이, 크리스마스 등과 같은 특정 이벤트에 대한 피처를 생성할 수 있습니다.

5. 외부 요인 피처

- **기온(Temperature)**: 기온과 매출 사이의 상관관계를 반영하는 피처입니다.
- **연료 가격(Fuel Price)**: 연료 가격 변화가 매출에 미치는 영향을 피처로 사용할 수 있습니다.
- **소비자 물가지수(CPI)**: 경제 상황이 매출에 미치는 영향을 반영하는 피처입니다.
- **실업률(Unemployment)**: 경제적 여건에 따라 매출이 변동할 수 있으므로, 실업률을 피처로 추가할 수 있습니다.

6. 계절성 피처

- **연도별 평균 매출(Yearly Average Sales)**: 동일한 주에 대한 과거 몇 년간의 평균 매출을 피처로 사용할 수 있습니다.
- **계절성 지수(Seasonal Index)**: 계절에 따른 매출 변동을 반영하는 지수를 피처로 추가할 수 있습니다.

이러한 피처들은 시계열 데이터를 학습하는 모델(예: ARIMA, Prophet, LSTM 등)에 유용하게 활용될 수 있으며, 시간에 따른 매출 변화를 보다 정확하게 예측할 수 있도록 도와줍니다. 추가로 궁금한 점이나 다른 요청이 있으면 말씀해 주세요.

그랬더니 연도, 월, 일 년 중 주차, 분기, 요일 등 날짜 관련 피처와 이전 주 혹은 이전 몇 주간 평균 매출 등의 시간 이동 평균 피처, 매출 증가율과 같은 추세 기반 피처, 공휴일과 같은 이벤트 기반 피처 등 시간과 관련한 다양한 피처를 제안해 주는데요.

날짜 관련 피처나 계절성, 공휴일 관련 피처는 어느 매장이나 공통적이니 Date를 기준으로 생성하면 될 것 같은데 이전 주 매출이나 이전 주와 비교한 매출 변화율과 같은 라그 피처는 날짜뿐만 아니라 매장별 기준으로 생성해야 할 것 같은데요.

날짜 관련 피처나 계절성, 공휴일 관련 피처는 Date를 기준으로 생성하면 될 것 같은데 이전 주 매출액이나 매출 변화율, 이동 평균 피처들은 매장별 Date를 기준으로 생성해야 하지 않을까? 매장별 주별 판매액을 예측하는 게 목표잖아.

맞습니다. 이전 주 매출액(Rag Features), 매출 변화율(Growth Rate), 이동 평균(rolling mean)과 같은 피처들은 매장별로 각각 생성해야 합니다. 매장별 주별 판매액을 예측하는 것이 목표이므로, 매장 간의 매출 패턴이 다를 수 있다는 점을 고려하여 피처를 생성해야 합니다.

피처 생성 전략:

1. **매장별 날짜 기반 피처 생성:**
   - **이전 주 매출(Ragged Sales)**: 각 매장의 주별 매출을 기준으로 일정 기간 이전의 매출액을 피처로 추가합니다.
   - **매장별 이동 평균 및 이동 합계(Rolling Mean and Sum)**: 각 매장의 주별 매출에 대해 일정 기간 동안의 평균 또는 합계를 계산하여 피처로 추가합니다.
   - **매출 증가율(Growth Rate)**: 각 매장의 매출이 시간이 지남에 따라 어떻게 변화했는지를 측정하는 피처입니다. 예를 들어, 전주의 매출과 비교한 매출 증가율을 계산합니다.

2. **날짜 기반 피처 (공통 피처):**
   - **연도(Year), 월(Month), 주(Week of Year), 요일(Day of Week)** 등의 피처는 모든 매장에 공통적으로 적용되며, Date를 기준으로 생성됩니다.
   - **공휴일 여부(IsHoliday)**: 매장별 공휴일 매출의 영향을 분석하기 위해 사용할 수 있습니다.

3. **계절성 피처:**
   - **계절성 지수(Seasonal Index)**: 모든 매장에 공통적으로 적용되며, 특정 시즌에 따른 매출 변동을 반영합니다.
   - **연도별 평균 매출(Yearly Average Sales)**: 각 매장별로 동일한 주에 대한 과거 몇 년간의 평균 매출을 계산하여 피처로 추가할 수 있습니다.

피처 생성 예시:

```python
import pandas as pd
```

```
# 가정: 데이터셋이 매장별로 정렬되어 있음
df_cleaned = df_cleaned.sort_values(by=['Store', 'Date'])

# 매장별로 이전 주 매출(Lagged Sales) 피처 생성
df_cleaned['Lagged_Sales_1'] = df_cleaned.groupby('Store')['Weekly_Sales'].shift(1)

# 매장별 이동 평균(4주) 생성
df_cleaned['Rolling_Mean_4'] = df_cleaned.groupby('Store')['Weekly_Sales'].rolling

# 매장별 매출 증가율 계산
df_cleaned['Sales_Growth_Rate'] = df_cleaned.groupby('Store')['Weekly_Sales'].pct_
```

이렇게 매장별로 피처를 생성하면, 각 매장의 고유한 ↓ 패턴을 반영하여 보다 정확한 예측을 할 수 있습니다. 이를 통해 매장 간의 판매 차이를 모델이 학습할 수 있게 됩니다.

> 매장별로 Lag 피처를 생성해 줘.   계절성과 공휴일 관련 피처 추가해 줘.

그랬더니 원래 데이터셋을 이용해 매장별로 주차별 매출액 합계를 계산한 새로운 표를 만들고 이를 기준으로 이전 주 매출액과 매출 변화율 계산한 새로운 컬럼을 각각 추가했습니다. 여기에 날짜 컬럼에서 연, 월, 주차, 요일, 분기 등과 같은 날짜 관련 피처를 추가하고 계절성 관련 피처도 추가해 주었습니다.

그럼, 매장별로 주차별 매출액을 예측하기 위한 데이터셋이 준비되었고요. 여기에 나머지 마크다운이나 CPI, 연료 가격, 기온 등과 같은 컬럼을 추가하면 될 것 같습니다. 먼저 마크다운 변수를 좀 더 분석해 보겠습니다.

 마크다운 변수는 어떻게 처리할 수 있을까?

MarkDown 변수들은 특정 시기(예: 할인, 프로모션)에 적용된 가격 인하와 관련된 변수로, 매출에 중요한 영향을 미칠 수 있습니다. 그러나 이러한 변수들은 일반적으로 모든 시점에서 값이 있는 것이 아니라, 특정 시기에만 값이 존재합니다. 이를 효과적으로 처리하기 위해 몇 가지 접근 방식을 고려할 수 있습니다:

1. 결측값 처리

- **결측값을 0으로 대체**: 대부분의 MarkDown 변수는 결측값이 많을 수 있습니다. 이 경우 결측값을 0으로 대체하여 "할인이 없었다"는 의미로 처리할 수 있습니다.
- **결측값 대체 전략**: 특정한 경우, 결측값을 0이 아닌 다른 값(예: 해당 변수의 평균이나 중앙값)으로 대체할 수도 있습니다. 그러나 이는 할인이 일어난 시기와 그렇지 않은 시기를 구분하기 어려워질 수 있습니다.

2. 새로운 파생 변수 생성

- **MarkDown 총합**: 각 MarkDown 변수의 합을 구하여 총 할인액을 나타내는 새로운 변수를 생성할 수 있습니다. 이를 통해 전체 할인 효과를 모델링에 반영할 수 있습니다.

- **MarkDown 발생 여부**: MarkDown 변수가 0이 아닌 경우(할인 적용 여부)를 이진 변수로 변환하여 사용합니다. 예를 들어, `MarkDown1 > 0`이면 1, 그렇지 않으면 0으로 변환할 수 있습니다.
- **MarkDown 평균**: 여러 MarkDown 변수가 있는 경우, 이들의 평균을 구해 평균 할인율을 나타내는 변수를 생성할 수 있습니다.

3. 시계열 특성을 반영한 처리

- **MarkDown의 이동 평균 및 합계**: MarkDown 변수에 대해 일정 기간 동안의 이동 평균이나 합계를 계산하여, 할인이 연속적으로 매출에 미치는 영향을 분석할 수 있습니다.
- **MarkDown의 시간 지연(Lag Features)**: MarkDown이 매출에 미치는 영향이 지연될 수 있으므로, 이전 주의 MarkDown 변수를 피처로 사용할 수 있습니다.

4. 상호작용 변수 생성

- **MarkDown과 주별 매출의 상호작용**: MarkDown 변수와 주별 매출 간의 상호작용을 나타내는 변수를 생성할 수 있습니다. 예를 들어, `Weekly_Sales * MarkDown1`과 같은 상호작용 변수를 추가하여 할인이 매출에 미치는 영향을 모델링할 수 있습니다.

5. 정규화 및 스케일링

- **MarkDown 변수 정규화**: MarkDown 변수 간의 스케일이 다를 수 있으므로, 정규화(예: Min-Max Scaling)하여 스케일 차이를 줄일 수 있습니다.
- **로그 변환**: MarkDown 값이 극단적으로 높은 경우, 로그 변환을 통해 분포를 정규화할 수 있습니다.

예시 코드:

```python
# MarkDown 변수의 결측값을 0으로 대체
df_cleaned['MarkDown1'].fillna(0, inplace=True)
df_cleaned['MarkDown2'].fillna(0, inplace=True)
df_cleaned['MarkDown3'].fillna(0, inplace=True)
df_cleaned['MarkDown4'].fillna(0, inplace=True)
df_cleaned['MarkDown5'].fillna(0, inplace=True)

# MarkDown 변수들의 총합 계산
df_cleaned['Total_MarkDown'] = df_cleaned[['MarkDown1', 'MarkDown2', 'MarkDown3',

# MarkDown 발생 여부 이진 변수 생성
df_cleaned['Is_MarkDown'] = df_cleaned['Total_MarkDown'].apply(lambda x: 1 if x >

# MarkDown의 이동 평균 (4주) 계산
df_cleaned['Rolling_MarkDown'] = df_cleaned.groupby('Store')['Total_MarkDown'].rol
```

고려할 사항

- **할인 효과의 타이밍**: MarkDown 변수가 매출에 미치는 영향이 즉각적이지 않을 수 있습니다. 예를 들어, 할인이 공지된 이후 몇 주간 매출이 영향을 받을 수 있으므로, 이를 피처로 반영하는 것이 중요합니다.
- **할인 종류와 강도**: 각 MarkDown 변수는 다른 할인 유형을 나타낼 수 있으므로, 이들 간의 차이도 고려해야 합니다. 단순히 합산하는 것이 아니라, 개별적으로 모델에 포함시키는 것도 고려할 수 있습니다.

이러한 피처들은 모델이 할인이 매출에 미치는 복잡한 영향을 학습하는 데 도움이 될 것입니다. 추가적으로 궁금한 사항이 있거나 다른 요청이 있으시면 알려주세요.

마크다운 변수는 여러 개 컬럼으로 나눠져 있어 이를 합해서 새로운 피처를 계산할 수 있다고 하고요. 역시 이전 주의 마크다운 값을 피처로 활용할 수도 있다고 합니다. 마크다운은 이벤트 할인 금액이라고 했는데 이 역시 주차별로 모두 같은 값인지 아니면 주차별 매장별로 같은 값이 입력되어 있는지 확인해야 할 것 같은데요.

이를 확인하기 위해 1번 매장에서 특정 날짜의 마크다운 값을 확인하고 다른 매장에서도 같은 날짜에 같은 값을 사용했는지 확인해 보겠습니다. 마크다운 값들은 대부분 0이어서요. 그래서 마크다운 1번이 0이 아닌 경우의 데이터셋을 보여 달라고 했습니다. 그렇다고 다 보여 달라는 게 아니라 가장 빠른 날짜의 데이터만 보여 달라고 요청해 보겠습니다.

 1번 매장에서 마크다운 1이 0이 아닌 경우의 데이터셋을 보여 줘. 가장 빠른 날짜(Date)의 데이터들만 보여 줘.

1번 매장에서 마크다운 1의 값이 0이 아닌 경우 중 가장 빠른 날짜의 데이터는 2011년 11월 11일 데이터라고 하는데요. 1번 매장의 부서별로도 마크다운 1~5번 컬럼 값이 모두 같은 것을 확인할 수 있습니다.

그럼, 같은 날짜의 2번 매장 데이터셋을 보여 달라고 요청하겠습니다.

같은 날짜의 2번 매장 데이터셋을 보여 줘.

1번 매장의 2011년 11월 11일 마크다운 1의 값은 10382.9이었는데 2번 매장의 경우 같은 날짜 마크다운 1의 값은 10797.64로 매장별로 할인 금액이 기록된 것 같습니다. 2번 매장의 경우도 부서별로는 모두 같은 마크다운 값이 기록되어 있습니다.

그래서 마크다운 변수는 주별 매장별로 같은 값을 가지고 있으니 주별 매장별로 맨 처음 값을 사용하거나 아니면 평균값을 사용해 업데이트된 데이터셋에 추가해 달라고 요청했습니다.

마크다운 변수는 주별 매장별로 같은 값을 가지고 있으니 주별 매장별로 맨 처음 대표값을 사용하거나 아니면 평균값을 사용해 업데이트된 데이터셋에 추가하면 될 것 같아.

MarkDown 변수들이 주별 매장별로 같은 값을 가지고 있으므로, 각 주별 매장별로 대표값(첫 번째 값) 또는 평균값을 사용하여 데이터를 업데이트하는 것은 합리적인 접근입니다. 이를 통해 데이터셋의 중복을 줄이고, 계산 효율성을 높일 수 있습니다. 다음은 그 과정을 단계별로 설명합니다:

1. 주별 매장별 대표값(첫 번째 값)으로 업데이트
각 매장별, 주별로 MarkDown 변수들의 첫 번째 값을 선택하여 업데이트하는 방법입니다.

2. 주별 매장별 평균값으로 업데이트
각 매장별, 주별로 MarkDown 변수들의 평균값을 계산하여 업데이트하는 방법입니다.

1번: 주별 매장별 대표값으로 업데이트

```python
# 주별 매장별 첫 번째 값을 사용해 MarkDown 변수 업데이트
df_representative_markdown = df_cleaned.groupby(['Store', 'Date']).first().reset_i

# MarkDown 변수들만 추출하여 대표값을 사용하여 업데이트
markdown_columns = ['MarkDown1', 'MarkDown2', 'MarkDown3', 'MarkDown4', 'MarkDown5
df_cleaned = df_cleaned.drop(columns=markdown_columns)
df_cleaned = pd.merge(df_cleaned, df_representative_markdown[['Store', 'Date'] + ma
```

2번: 주별 매장별 평균값으로 업데이트

```python
# 주별 매장별 평균값을 사용해 MarkDown 변수 업데이트
df_avg_markdown = df_cleaned.groupby(['Store', 'Date'])[markdown_columns].mean().re

# 원본 데이터에 평균값을 사용하여 업데이트
df_cleaned = df_cleaned.drop(columns=markdown_columns)
df_cleaned = pd.merge(df_cleaned, df_avg_markdown, on=['Store', 'Date'], how='left
```

선택 및 적용
- **대표값**: 첫 번째 방법은 각 주별 매장별로 가장 먼저 나타나는 값을 사용하여 데이터를 업데이트합니다. 이 방법은 단순하며, 데이터를 손쉽게 정리할 수 있습니다.
- **평균값**: 두 번째 방법은 매장별 주간 할인에 대한 전체적인 평균을 반영하므로, 조금 더 정교하게 할인의 영향을 모델링할 수 있습니다.

업데이트된 데이터셋을 사용하여 이후 분석이나 모델링을 진행할 수 있습니다. 어떤 방법이 더 적합할지 선택한 후 실행하면 됩니다. 도움이 필요하거나 다른 요청이 있으면 알려주세요.

그럼 주별 매장별 대표값으로 업데이트해 달라고 하겠습니다.

 주별 매장별 대표값으로 업데이트해 줘.

Updated Dataset With Representative MarkDown

	Store	Date	IsH...
1	0	1	2010-02-05	0
2	1	1	2010-02-05	0
3	2	1	2010-02-05	0
4	3	1	2010-02-05	0
5	4	1	2010-02-05	0
6	5	1	2010-02-05	0

주별 매장별로 MarkDown 변수의 대표값을 사용하여 데이터셋을 업데이트했습니다. 이 데이터셋은 이제 각 매장과 주별로 MarkDown 변수의 첫 번째 값을 반영하고 있습니다. 추가적인 분석이나 다른 요청이 있으시면 언제든지 말씀해 주세요. [>-]

이제 업데이트된 데이터셋에는 매장별, 주차별 매출액에 앞서 생성한 시계열 피처, 그리고 마크다운 컬럼 5개가 추가되었습니다. 그 외 CPI, 연료 가격, 실업률 등 거시경제 지표가 있는데요. 이 역시 매장별, 주별로 같은 값이어서 가장 맨 처음 나오는 값으로 업데이트된 데이터셋에 추가해 달라고 요청했습니다.

 CPI, 연료 가격, 실업률 등 거시경제 지표 역시 주별, 매장별로 맨 처음 나오는 값으로 업데이트된 데이터셋에 추가해 줘.

Updated Dataset With Representative Economic Indicators

	Store	Date	IsH...
1	0	1	2010-02-05	0
2	1	1	2010-02-05	0
3	2	1	2010-02-05	0

4	3	1	2010-02-05	0
5	4	1	2010-02-05	0
6	5	1	2010-02-05	0

거시경제 지표인 CPI, 연료 가격, 실업률을 주별, 매장별로 맨 처음 나오는 값으로 업데이트하여 데이터셋에 추가했습니다. 이제 이 데이터셋은 매장과 주별로 MarkDown 변수와 함께 거시경제 지표의 대표값을 반영하고 있습니다.

이 데이터셋을 기반으로 추가적인 분석이나 모델링을 진행할 준비가 되었습니다. 다른 요청이나 추가 분석이 필요하시면 언제든지 말씀해 주세요. [>_]

지금까지 수치형 변수들을 분석하면서 매장별 주별 매출을 예측하기 위한 데이터셋을 만들어 왔는데요. 이제 범주형 데이터를 분석해 보겠습니다. 범주형 변수로는 매장, 부서, 공휴일 여부, 매장 타입이 있는데요. 범주형 데이터의 분포를 시각화해 보겠습니다.

 범주형 데이터의 분포를 시각화해 줘. 서브플롯으로 그리지 말고 하나씩 그려 줘.

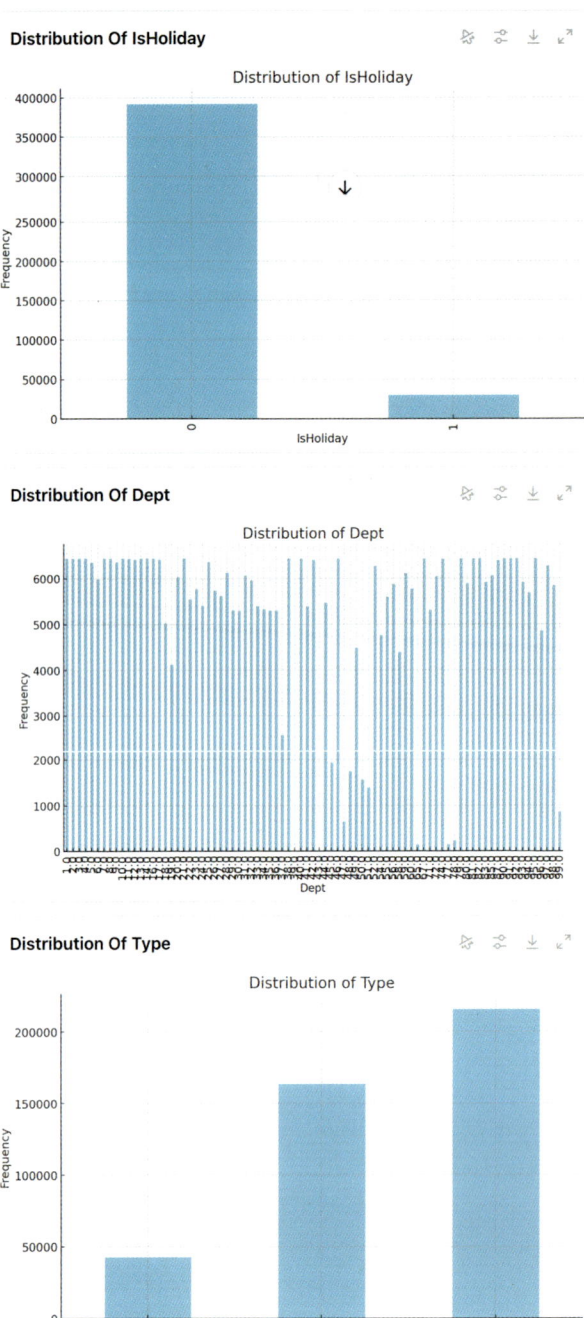

범주형 데이터의 분포를 각각 시각화하여 보여드렸습니다. 이 시각화를 통해 각 범주형 변수의 값이 데이터셋에서 어떻게 분포되어 있는지 확인할 수 있습니다. 추가적인 분석이나 다른 요청이 있으시면 말씀해 주세요. [>-]

원래 데이터셋을 활용해 범주형 데이터의 분포를 보여 주는데요. 매장별로 데이터 수는 거의 비슷한 거 같고 공휴일이 아닌 날이 훨씬 많네요. 부서별 데이터 수의 경우 차이가 나는 경우가 많고 매장 타입은 3번이 가장 많은 것 같습니다.

그럼 이들 범주형 데이터와 주별 매출의 관계도 시각화해 보겠습니다. 범주형과 수치형 컬럼 관계를 분석할 때 바 플롯(막대그래프)을 사용하면 범주형 컬럼의 고유값별로 수치형 컬럼의 평균을 막대 형태로 보여 주는데요.

범주형 데이터와 주별 매출의 관계를 바 플롯으로 시각화해 줘.

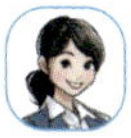

분석 오류 발견됨

python 항상 세부 정보 표시 코드 복사

```python
# Plotting the relationship between each categorical column and weekly sales using
for column in categorical_columns:
    plt.figure(figsize=(12, 6))
    sns.barplot(x=column, y='Weekly_Sales', data=data, palette="viridis")
    plt.title(f'Weekly Sales by {column}')
    plt.xlabel(column)
    plt.ylabel('Average Weekly Sales')
    plt.xticks(rotation=45)
    plt.show()
```

Weekly Sales By Store

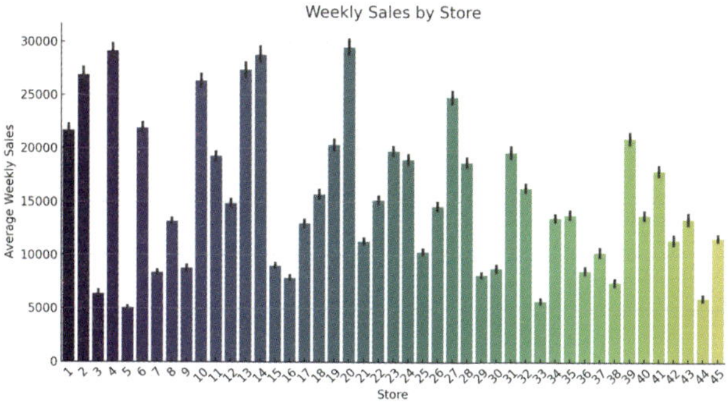

매장별 평균 매출을 보여 주고 나머지는 오류가 나는데 이유를 보니 공휴일이나 타입 컬럼이 없어서 그런 것 같습니다. 이번에는 원래 데이터셋이 아닌 각 매장별로 주별로 매출을 합친 업데이트된 데이터셋을 사용해서 오류가 났는데요. 여기에 아직 범주형 데이터가 추가되어 있지 않죠? 원래 데이터셋의 컬럼들을 이용해 다시 그려 달라고 하겠습니다.

원래 데이터셋의 컬럼들을 이용해서 다시 그려줘

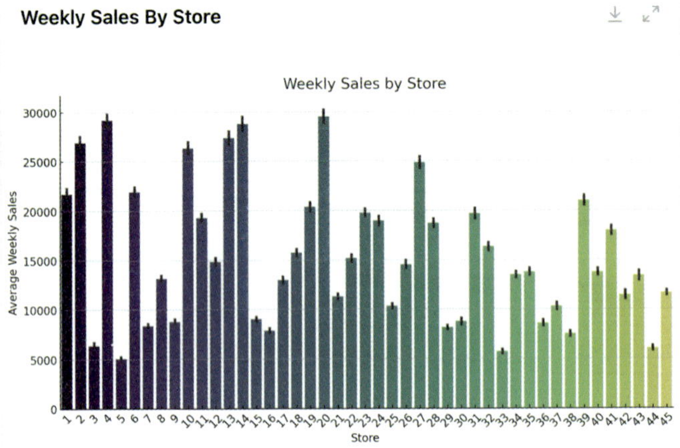
Weekly Sales By Store
Weekly Sales by Store
Average Weekly Sales
Store

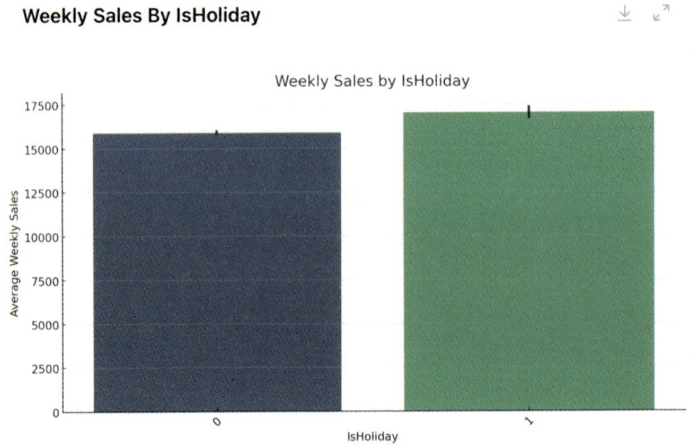
Weekly Sales By IsHoliday
Weekly Sales by IsHoliday
Average Weekly Sales
IsHoliday

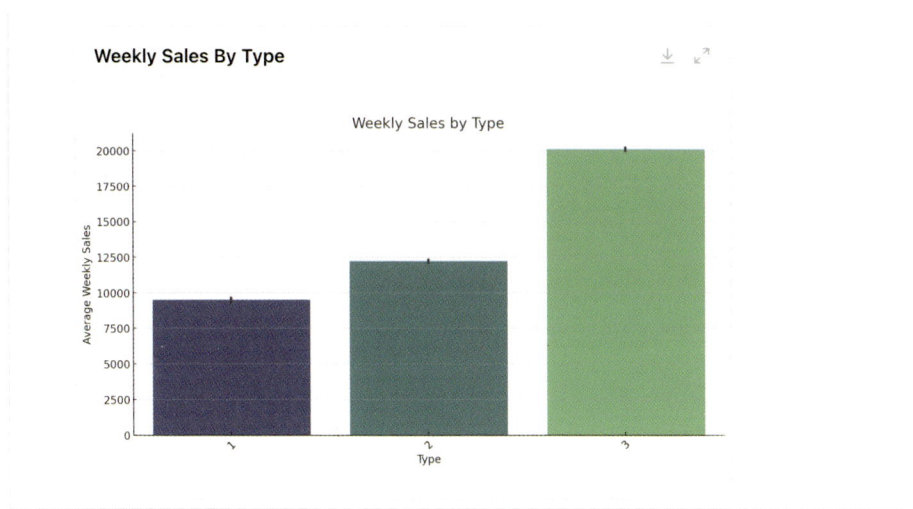

매장별 매출 차이가 확인되었고, 매장 타입 3번이 평균 매출이 가장 높게 나타나네요. 따라서 범주형 데이터도 업데이트된 데이터셋에 포함시켜야 할 것 같습니다. 매장은 이미 추가되어 있고 공휴일 정보는 이미 시간 관련 피처에 반영되었습니다. 따라서 매장 타입 컬럼만 업데이트된 데이터셋에 추가하겠습니다.

이제 그럼 모델링에 사용할 데이터셋이 완성되었는데요. 문자로 된 범주형 변수는 인코딩하고 주별 매출과 모든 변수들의 상관관계를 히트맵으로 확인해 보겠습니다. 마찬가지로 값이 큰 순서대로 내림차순으로 보여 달라고 요청했습니다.

범주형 변수를 원핫 인코딩하고 주별 매출과 상관관계를 히트맵으로 보여 줘. 내림차순으로 보여 줘.

분석함 ∧

```python
# One-hot encode categorical variables
store_weekly_sales_encoded = pd.get_dummies(store_weekly_sales_final, columns=['Store', 'T

# Calculate correlation matrix
correlation_matrix = store_weekly_sales_encoded.corr()

# Sort the correlation matrix by 'Weekly_Sales' in descending order
correlation_sorted = correlation_matrix[['Weekly_Sales']].sort_values(by='Weekly_Sales', a

# Plot the correlation heatmap
plt.figure(figsize=(10, 12))
sns.heatmap(correlation_sorted, annot=True, cmap='coolwarm')
plt.title('Correlation of Features with Weekly Sales')
plt.show()
```

STDOUT/STDERR
/tmp/ipykernel_12/3051483944.py:5: FutureWarning: The default value of nume
  correlation_matrix = store_weekly_sales_encoded.corr()

Correlation Of Features With Weekly Sales

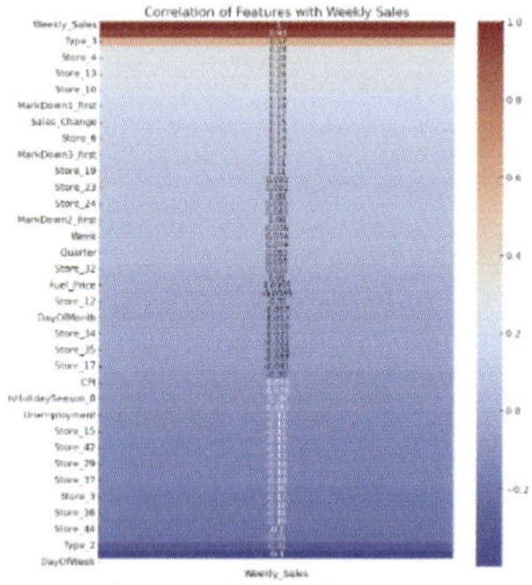

위의 히트맵은 주별 매출과 각 피처 간의 상관관계를 내림차순으로 정렬하여 보여줍니다. 이를 통해 매출과 가장 강한 상관관계를 가지는 피처들을 한눈에 파악할 수 있습니다.

이전 주 매출이 주별 매출과 상관관계가 가장 높고 매장 타입이 3번인 경우, 그리고 4번 매장, 13번 매장 등이 주별 매출과 상관관계가 높다고 하는데요. 값들이 너무 많아서 제대로 표시되지 않는 것 같으니 가장 높은 상위 변수 10개를 확인해 달라고 했습니다.

주별 매출액과 상관관계가 높은 상위 변수 10개를 확인해 줘.

분석함

```python
# Get the top 10 features most correlated with 'Weekly_S
top_10_correlated_features = correlation_sorted.head(11)  # Including 'Weekly_Sales' itsel
top_10_correlated_features
```

결과

```
                    Weekly_Sales
Weekly_Sales         1.000000
Previous_Week_Sales  0.934856
Type_3               0.571413
Store_20             0.283363
Store_4              0.279900
Store_14             0.260202
Store_13             0.255565
Store_2              0.234763
Store_10             0.227730
Store_27             0.194548
MarkDown1_first      0.179107
```

주별 매출액과 상관관계가 높은 상위 10개 변수는 다음과 같습니다:

1. **Previous_Week_Sales**: 0.934856
2. **Type_3**: 0.571413
3. **Store_20**: 0.283363
4. **Store_4**: 0.279900
5. **Store_14**: 0.260202
6. **Store_13**: 0.255565
7. **Store_2**: 0.234763
8. **Store_10**: 0.227730
9. **Store_27**: 0.194548
10. **MarkDown1_first**: 0.179107

이 변수들은 주별 매출액과 높은 상관관계를 가지며, 예측 모델 개발 시 중요한 피처로 고려할 수 있습니다. 추가적인 분석이나 다른 작업이 필요하면 말씀해 주세요. [>-]

그랬더니 이전 주 매출이 0.93으로 상관관계가 가장 높고, 매장 타입 3번이 주별 매출과 0.57로 높은 상관관계를 보입니다. 특정 매장과 같은 범주형 데이터의 상관관계도 모두 0.1 이상으로 상관관계가 있는 편입니다.

그럼, 상위 변수 10개를 사용하여 랜덤 포레스트로 모델링을 해 보겠습니다. 일반적으로 회귀 분석이나 분류와 같은 모델링에서 랜덤 포레스트나 XGBoost와 같은 의사결정 나무 계열의 알고리즘들의 성능이 좋은데, XGBoost는 데이터셋이 작지 않은 한 코드 인터프리터에서는 오류가 많이 발생합니다.

 상위 10개 변수를 입력값으로 랜덤 포레스트 모델로 학습해 줘. 평가 지표는 RMSE와 R^2로 해 줘.

랜덤 포레스트 모델을 사용하여 주별 매출액을 예측한 결과, 평가 지표는 다음과 같습니다.

- RMSE (Root Mean Squared Error): 165,411.93
- R^2 (R-squared): 0.9151

이 결과는 모델이 주별 매출액을 예측하는 데 있어서 상당히 높은 정확도를 보인다는 것을 의미합니다. RMSE 값이 비교적 낮고 R2 값이 1에 가까워 모델이 데이터의 변동성을 잘 설명하고 있음을 나타냅니다.
추가적인 분석이나 다른 요청이 있으면 말씀해주세요. [>_]

맨 처음 데이터셋이 약 42만 개 행이었는데 매장별, 주별로 데이터를 합쳐서 데이터셋 크기가 많이 줄어든 것 같습니다. 바로 학습 결과가 나오는데요. 평균 제곱근 오차는 약 165,411달러로 부서별로 모두 합친 각 매장의 주별 매출을 예측할 때 이 정도 오차가 발생할 수 있다는 뜻입니다. 업데이트된 데이터셋에서 매장별 주별 평균 매출을 확인해서 이 값을 판단해 보는 것도 좋겠습니다. 또한 R^2는 0.9라고 하는데 R^2 값이 1에 가까울수록 모델이 데이터의 변동성을 잘 설명하고 있음을 나타내는데 괜찮은 모델인 것 같습니다.

그럼, 주별 매출과 상관관계가 높은 상위 20개 변수를 입력값으로 다시 학습해 보겠습니다. 일반적으로는 많은 변수들을 테스트하고 변수 개수를 줄여 가는 방식으로 진행하는데, 혹시 코드 인터프리터가 런타임 오류가 날까봐 10개부터 진행해 본 건데요.

주별 매출액과 상관관계가 높은 상위 20개 변수를 확인하고 이를 입력값으로 다시 학습해 줘.

주별 매출액과 상관관계가 높은 상위 20개 변수를 사용하여 랜덤 포레스트 모델을 학습한 결과는 다음과 같습니다.

- **RMSE (Root Mean Squared Error)**: 35,777.44
- **R² (R-squared)**: 0.9355

이 결과는 모델이 주별 매출액을 예측하는 데 있어서 상당히 높은 정확도를 보인다는 것을 의미합니다. RMSE 값이 비교적 낮고 R2 값이 1에 가까워 모델이 데이터의 변동성을 잘 설명하고 있음을 나타냅니다.

사용된 상위 20개 변수는 다음과 같습니다.

1. Previous_Week_Sales
2. Type_3
3. Store_20
4. Store_4
5. Store_14
6. Store_13
7. Store_14
8. Store_10
9. Store_27
10. Markdown_first
11. Store_6
12. Store_1
13. Store_35
14. Store_19
15. Store_23
16. Store_24
17. Store_5
18. Store_11
19. Store_18
20. Store_33

이 변수들은 매출 예측에 중요한 역할을 하고 있습니다. 추가적인 분석이나 다른 작업이 필요하면 말씀해 주세요.

어떤 방법으로 모델을 개선할 수 있을까? 상관관계가 낮은 변수는 무엇이야?

상위 20개 변수를 이용해 랜덤 포레스트로 다시 모델링한 결과 RMSE는 3배 이상 줄어든 35,777이고 R^2 값은 0.93으로 모델의 정확도가 높아졌음을 알 수 있습니다.

어떤 피처들이 모델 성능에 영향을 많이 미쳤는지 피처 중요도를 시각화해 보겠습니다.

 피처 중요도를 시각화해 줘.

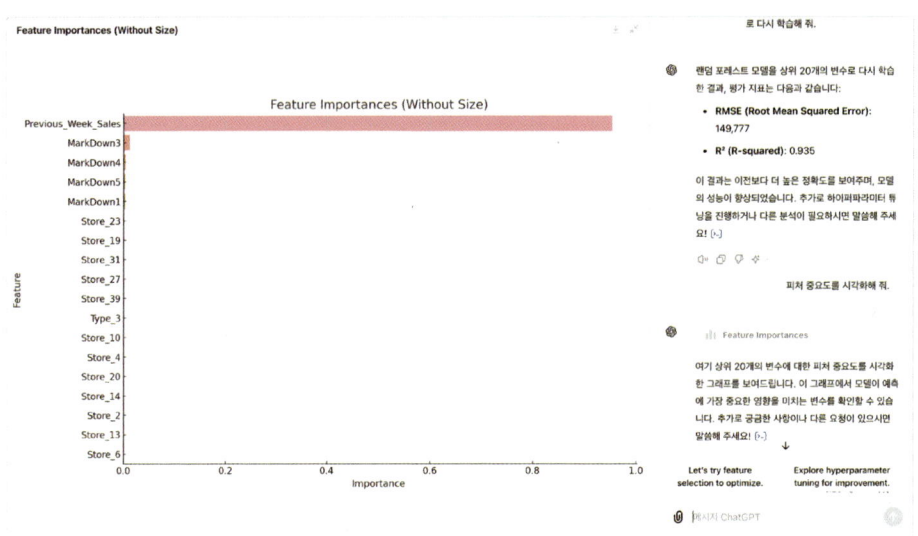

랜덤 포레스트를 사용한 예측 모델의 피처 중요도를 시각화한 결과, 이전 주 매출이 가장 중요한 피처로 나타났고, 마크다운 3이 두 번째로 중요한 피처로 확인되었습니다. 그 외 Store_23, Store_19 등 특정 매장도 모델링에 영향을 미치는 피처로 나타났습니다.

이 분석을 통해 이전 주 매출액이 현재 주 매출액을 예측하는 데 매우 중요한 역할을 한다는 것을 알 수 있습니다. 이는 매출 데이터에서 시간적 패턴이 강하게 작용하고 있다는 의미일 텐데요. 그러나 이러한 모델은 새로운 데이터나 예상치 못한 돌발 변수에 대해 일반화하는 능력이 떨어질 수 있음을 감안해야 합니다. 이를 개선하기 위해 더 많은 연도의 데이터를 포함하여 모델을 학습시킨다면 시간에 따른 변수는 물론이고 그 외 다양한 변수 추가에 따른 패턴이나 트렌드를 더 잘 예측할 수 있을 것입니다.

따라서 이러한 부분을 고려하여 모델을 사용하고, 필요한 경우 추가적인 데이터 수집 및 모델 개선 작업을 통해 예측 성능을 더욱 높일 수 있을 것입니다.

매장별 주간 판매액 예측 프롬프트 정리

1) 목표 정의
- 데이터셋에 대해 설명해 줘. 한국어로 이야기해 줘.
- 월마트 매장별 주별 판매 금액을 예측하려고 하는데 어떻게 접근하는 게 좋을지 알려 줘.

2) 데이터 전처리
- 데이터 타입과 결측값을 확인해 줘.
- 어떤 전처리를 할 수 있어?
- Date 컬럼을 날짜 형식으로 변환하고 Unnamed 컬럼을 제거해 줘.

3) 탐색적 데이터 분석
- 범주형 데이터와 수치형 데이터로 나눠 기초 통계를 분석해 줘. 컬럼 이름을 행으로 하는 표로 만들어서 각각 보여 줘.
- 수치형 데이터의 분포를 시각화해 줘. 서브플롯으로 그리지 말고 하나씩 그려 줘.
- 수치형 데이터들의 분포를 시각화한 결과를 분석해 줘.
- Date를 기준으로 주별 매출액을 합해서 새로운 표를 만들어 줘.
- 시간에 따른 주별 매출액을 시각화해 줘.
- 이 그래프를 바탕으로 시간에 따른 매출 변화를 학습하기 위한 피처를 제안해 줘.
- 날짜 관련 피처나 계절성, 공휴일 관련 피처는 Date를 기준으로 생성하면 될 것 같은데 이전 주 매출액이나 매출 변화율, 이동 평균 피처들은 매장별 Date를 기준으로 생성해야 하지 않을까? 매장별 주별 판매액을 예측하는 게 목표잖아.
- 마크다운 변수는 어떻게 처리할 수 있을까?
- 1번 매장에서 마크다운 1이 0이 아닌 경우의 데이터셋을 보여 줘. 가장 빠른(Date) 날짜의 데이터들만 보여 줘.
- 같은 날짜의 2번 매장 데이터셋을 보여 줘.

- 마크다운 변수는 주별, 매장별로 같은 값을 가지고 있으니 주별 매장별로 맨 처음 대표값을 사용하거나 아니면 평균값을 사용해 업데이트된 데이터셋에 추가하면 될 것 같아.
- 주별 매장별 대표값으로 업데이트해 줘.
- CPI, 연료 가격, 실업률 등 거시경제 지표 역시 주별, 매장별로 맨 처음 나오는 값으로 업데이트된 데이터셋에 추가해 줘.
- 범주형 데이터의 분포를 시각화해 줘. 서브플롯으로 그리지 말고 하나씩 그려 줘.
- 범주형 데이터와 주별 매출의 관계를 바 플롯으로 시각화해 줘.
- 원래 데이터셋의 컬럼들을 이용해서 다시 그려줘
- 범주형 변수를 원핫 인코딩하고 주별 매출과 상관관계를 히트맵으로 보여 줘. 내림차순으로 보여 줘.
- 주별 매출액과 상관관계가 높은 상위 10개를 변수를 확인해 줘.

4) 모델링

- 상위 10개 변수를 입력값으로 랜덤 포레스트 모델로 학습해 줘. 평가지표는 RMSE와 R^2로 해 줘.
- 주별 매출액과 상관관계가 높은 상위 20개 변수를 확인하고 이를 입력값으로 다시 학습해 줘.
- 피처 중요도를 시각화해 줘.

A

Advanced Data Analysis	35
Anthropic	14
Attention is All You Need	11

B

Bar Chart	52
bins	102
Boolean	64
Box Plot	53

C

Clustering	56
col	111
Confidence Interval	51
Context Window	14

D

Descriptive Statistics	50
Dictionary	68
Dimensionality Reduction	56

E

Elbow	180
else	72
Exploratory Data Analysis	48

F

Feature Importance	168
Float	63
for	72
Function	76

G

Generative Pre-trained Transformer	11

H

Histogram	53
hue	105
Hypothesis Testing	51

I

if	71
Inferential Statistics	51
Integer	63

K

Kaggle	17

L

List	66
LTV	146

M

Mean	50
Median	50
Mode	50

N

Natural Language Generation	13
Natural Language Understanding	13
Neuron	56
Number	63
Numpy	37

O

Outlier	50

P

Pairplot	97
Pandas	37
Pie Chart	52
Plugins	33
PPT	234
Python	59

R

Regression Analysis	51
Reinforcement Learning	56

S

Sampling	51
Sentiment Analysis	119
Set	70
Standard Deviation	50
Sum of Squared Errors	180
Supervised Learning	56
Swarm Plot	53

T

Transformer	11
Tuple	67

U

Unsupervised Learning	56

V

Variance	50
Violin Plot	53
Visualization	52

W

while	72

찾아보기

ㄱ

가설 검증	51
감정 분석	119
강화학습	56
결측값	48
고급 데이터 분석	35
군집화	56
기술통계	50

ㄴ

내 플랜	16
넘파이	37
노이즈	56
뉴런	56

ㄷ

데이터 분석	46
데이터 타입	62
딕셔너리	68
딥러닝	56

ㄹ

런타임 오류	38
리뷰	119
리스트	66

ㅁ

막대그래프	52
맷플롯립	37, 83
머신러닝	55
모델링	48
목표	47

ㅂ

바이올린 플롯	53
박스 플롯	53
반복문	72
범주형 데이터	52
변수	60
분산	50
불린형	64
비지도학습	56

ㅅ

사칙연산	65
색상 인수	105
서드파티	33
세그멘테이션	175
세트	70
수치형 데이터	52
숫자형	63
스웜 플롯	53
시각화	52
신뢰구간	51
실수형	63
씨본	83

ㅇ

업로드	19
엘보 방법	180
연속 팔레트	116
연속형 데이터	52
오차의 제곱합	180
워드 클라우드	136
이산형 데이터	52

찾아보기

이상값	50
인터랙티브 차트	44
인터랙티브 테이블	44

ㅈ

자연어 생성	13
자연어 이해	13
전처리	48
정수형	63
조건문	71
주피터 노트북	32
중앙값	50
지도학습	56
질적 팔레트	115

ㅊ

차원 축소	56
챗GPT	10
최빈값	50
추론통계	51

ㅋ

캐글	17
컨텍스트 윈도우	14
컬럼 인수	111
코드 인터프리터	15
코랩	32

ㅌ

타이타닉 생존자 예측	47
탐색적 데이터 분석	48
텍스트 마이닝	41
튜플	67
트랜스포머	11

ㅍ

파이썬	58
파이차트	52
판다스	37, 78
페어플롯	97
평균	50
폰트	140
표본 추출	51
표준편차	50
플러그인	33
피처	48
피처 중요도	168

ㅎ

하이퍼파라미터 튜닝	49
함수	76
회귀분석	51
히스토그램	53
히트맵	97, 180